U0604430

研发补贴政策的有效性研究

王海绒◎著

Research on
the Effectiveness of
R&D Subsidy Policies

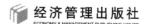

经济管理出版社
ECONOMY & MANAGEMENT PUBLISHING HOUSE

图书在版编目（CIP）数据

研发补贴政策的有效性研究 / 王海绒著. -- 北京：
经济管理出版社，2025. -- ISBN 978-7-5243-0252-0

Ⅰ．F279.23

中国国家版本馆 CIP 数据核字第 2025BX6586 号

组稿编辑：郭丽娟
责任编辑：范美琴
责任印制：张莉琼
责任校对：蔡晓臻

出版发行：经济管理出版社
　　　　　（北京市海淀区北蜂窝 8 号中雅大厦 A 座 11 层　100038）
网　　　址：www. E-mp. com. cn
电　　　话：(010) 51915602
印　　　刷：唐山昊达印刷有限公司
经　　　销：新华书店
开　　　本：720mm×1000mm/16
印　　　张：12.5
字　　　数：236 千字
版　　　次：2025 年 6 月第 1 版　　2025 年 6 月第 1 次印刷
书　　　号：ISBN 978-7-5243-0252-0
定　　　价：88.00 元

前　言

　　在当今全球化浪潮汹涌澎湃、科技变革以惊人速度重塑世界的时代大背景下，创新已然跃升为驱动国家持续进步、重塑国际竞争格局的核心引擎。中国作为全球经济格局中举足轻重的第二大经济体，毅然迈向依靠科技创新引领的高质量发展新征程。企业作为创新舞台上的主体之一，其研发实力的强弱和创新效率的高低与国家的发展紧密相连。

　　本书聚焦于研发补贴政策这一政府激励企业创新的关键手段，深入探究其有效性。多年来，中国各级政府持续加大研发补贴投入，旨在激发企业创新活力，助力产业升级。然而，政策实施效果究竟如何？补贴资源是否精准流向最具潜力的创新主体？受资助企业又能否将补贴转化为高质量的创新成果？这些问题亟待深入剖析。

　　本书通过研究两大核心问题，即影响企业获取研发补贴的因素及内在机制，以及研发补贴对企业创新产出数量与质量的影响，试图探究政策如何分配与进行政策效果评估。在研究过程中，本书引入社会网络嵌入与制度嵌入的视角，拓展对政策分配环节的认识；同时，从创新产出的数量、质量双重维度评估研发政策成效，结合公司治理理论探讨公司治理机制的情境作用，力求在理论上有所创新，为政策优化与企业实践提供有益参考。希望本书能为关注创新政策的学界同仁、政策制定者及广大企业管理者带来启发，共同推动中国创新驱动发展战略的深入实施。

目　录

第一章　导　论

当前，全球新一轮技术和产业变革正加速演进，科学探索在各个领域向纵深拓展，颠覆性的技术不断涌现。全球创新版图的加速重构将引发国际产业分工的重大调整，进而改变国家间的力量对比。因此，创新驱动发展成为国家谋求竞争优势的必然选择和核心战略。反观国内发展形势，随着中国经济进入"新常态"，迫切需要由依靠要素和投资驱动的增长模式向依靠创新驱动的发展模式转变。综观国内外的局势，科技创新已经成为国家间竞争的制高点和国家转型发展的根本驱动力，如何有效提升国家和企业的自主创新能力，始终是政策界和学术界关注的重大命题。

在中国实施创新驱动发展战略的实践中，企业被认为是技术创新的主体。从中央到地方，各级政府相继出台了直接资助、税收优惠、贴息贷款、政府采购、政府风险投资基金等一系列激励企业创新的政策措施，其中研发补贴被视为政府支持企业创新的重要手段之一。如何有效利用研发补贴等政府创新政策引导和激励微观企业提升自主创新能力和创新效率，一直是政府政策制定者和学术研究者重点关注且持续探索的课题之一。

第一节　现实背景

创新是推动技术进步和经济持续增长的核心动力，而企业的研发能力和创新效率对推动经济发展具有举足轻重的作用。当前，中国经济处于由高速增长向高质量发展转型的关键时期，企业自主创新能力的有效培育和提升是实现高质量发展、建设创新型国家的重要微观基础。

经过40多年的改革发展，中国企业在创新活动中的主体地位更加凸显，企业创新也取得了较为明显的进步。特别是国家通过推出各种类型的企业科技计划项目资助和财政补贴等政策措施，有效调动了企业从事研发创新活动的积极性。

2004 年，我国规模以上工业企业中仅有 6.2% 的企业开展了研究与试验发展活动，而到了 2020 年，这一比例已上升到 36.7%，拥有研发机构的规模以上工业企业共计 9.4 万家，占全部规模以上工业企业的 23.6%[①]，越来越多的企业参与到研发和创新活动中去。从创新活动的投入来看，来自企业部门的研发资金投入规模逐年增加。1995 年我国研究与试验发展经费仅有 40% 是来自企业部门的投资，而到了 2022 年各类企业部门研发经费投资为 238.78.6 亿元，比上年增长 11.0%，企业研发经费投入占全社会研发经费投入的比重上升到 77.6%，对全国研发经费增长的贡献率达到 83.7%[②]。从创新活动的产出来看，来自企业部门的发明专利申请数量和发明专利授权数量已从 1999 年的 3490 件和 462 件，增加到 2019 年的 89.9 万件和 26.8 万件[③]。在 2020 年被授权的发明专利中有 60.9% 是企业产生的，而在 1999 年这一比例仅有 27.4%（数据来源于国家知识产权局），企业在创新发展中的地位和作用日益增强。

然而，企业作为创新主体的强大潜力还未充分释放，企业创新的内在动力仍有待提升。具体表现在：第一，从企业研发经费的投入情况来看，尽管我国规模以上工业企业的研发投入强度（与营业收入之比）稳步提升，从 2016 年的 0.94% 提高到 2022 年的 1.39%[④]，但与其他创新型国家相比仍存在差距，企业创新主体地位有待进一步巩固。第二，从企业对研发资金的分配来看，企业研发多投向试验发展活动，而投向基础科学研究领域（基础研究和应用研究）的则很少。以 2016 年数据为例，我国企业执行的研发费用中有 96.75% 被投入试验发展活动中，仅有 3.25% 的经费被用于科学研究，远低于其他发达国家水平。第三，企业中具有硕士、博士学历的研发人员的比例较低，专业人才的缺乏是制约企业创新及专利产业化转化的最大障碍之一。根据 2008～2015 年工业企业科技活动统计数据，企业研发机构中博士的比例不足 2%，而硕士的比例也只有 10% 左右（数据来源于国家统计局）。第四，企业专利申请授权数量虽然逐年增加，但是质量并不高。我国企业申请的专利中以实用新型和外观设计为主，发明专利占比较低。例如，根据国家知识产权局数据，2019 年我国企业申请的专利中，发明专利占 28.6%，实用新型占 58.4%，外观设计占 13.6%。相比之下，2019 年日本企业整体专利中有 86.1% 是发明专利，而实用新型和外观设计的比例分别只有 1.2% 和 12.7%（数据来源于 WIPO Statistics Database）。总之，我国企业的创新

---

① 《2020 年我国规模以上工业企业 R&D 活动统计分析》。
②④ 《2022 年全国科技经费投入统计公报》。
③ 《2020 年我国专利统计分析》。

活动依然面临着研发资金投入不足、创新人才紧缺、创新质量欠佳等亟待解决的问题（宋建波、张海清，2020）。

为破解当前实体经济部门所面临的创新动力不足、自主创新能力发展滞后和关键核心技术受制于人等问题，长期以来中国各级政府出台了大量面向企业的科技创新激励政策，作为引导和激励微观企业创新的主要政策工具和实现高质量发展的重要手段（张杰，2021）。《2022 年全国科技经费投入统计公报》的数据显示，中国在 2022 年的研发经费投入总量已突破 3 万亿元，达到 30782.9 亿元，延续了较快的增长势头，且超过了"十四五"规划所制定的"全社会研发经费投入年均增长 7% 以上"的目标。就研发经费投入强度（研发经费与 GDP 之比）来看，我国 2022 年的研发经费投入强度位居世界第 13 位，介于欧盟和 OECD 国家平均水平之间，且与 OECD 国家的差距进一步缩小。其中，政府财政补贴资金重足而立，全国研究与试验发展经费中政府出资规模由 2006 年的 742.1 亿元增加到 2022 年的 5470.90 亿元，政府资金占全国研究与试验发展经费总支出的比例一直维持在 20% 以上（数据来源于国家统计局）。虽然近年来我国财政科技支出增长率受到政府财政收入下滑的影响而有所下降，但是财政科技支出占财政总支出的比重一直呈现稳中有升的态势。由此可见，研发补贴作为政府激励企业创新活动的重要财政支出方式之一，其规模和影响力日益突出，为企业开展创新活动提供了充足的资源支持（李世奇、朱平芳，2019）。

作为创新追赶的发展中国家，中国各级政府制定和实施的研发补贴等科技创新激励政策，除了要解决市场机制配置创新资源的失灵问题之外，还肩负着引导和激励微观企业提升自主创新能力、推动经济高质量发展、实现创新型国家发展目标等重任。因此，对当前中国各级政府积极实施的科技创新政策进行全面反思和科学评估显得尤其重要。

需要关注的一个事实是，当前中国政府实施的以研发补贴为主要形式的政策属于典型的政府主导的、选择性的产业政策（江飞涛、李晓萍，2010）。各级政府根据所掌握的市场和技术信息以及对未来行业、技术发展的规划与判断，对符合政策条件的行业、企业及特定的技术、工艺或产品给予政府财政补贴、税收减免、奖励等政策优惠（江飞涛、李晓萍，2010；张杰，2021）。尽管中国政府给予企业研发补贴的范围和规模在不断扩大，但不同企业获取研发补贴的可能性、规模、强度等方面仍存在差异（Lee，Walker and Zeng，2014；Feldman et al.，2022）。因此，要探索完善政府研发补贴政策实施效果，需要厘清"研发补贴分配给了谁以及为什么"的问题，即企业获取政府研发补贴受到哪些因素的影响（Wang，Li and Furman，2017；Kok，Faems and de Faria，2022）。另外，研发补贴绩效的提升也有赖于受资助企业对补贴资金的合理、规范及有效使用，当前企业创新实践出现了"重数量而轻质量"的现象，也需要从创新产出数量和创新产出质量的双重视角全面地评价研发补贴政策效果，并探索产生这种现象的内在机理及改善方案。

第二节　理论背景

创新活动的"市场失灵"理论是西方经济学均衡理论中讨论政府介入市场研发创新活动的主要理论依据。市场失灵根源于创新活动的不确定性和创新成果的外部性与非独占性，会导致微观企业主体创新意愿降低（Arrow，1962），因此需要政府的力量予以纠正。在政府干预思潮的影响下，许多国家和地区政府都实施了形式多样的研发补贴等创新激励政策。可惜的是，这些研究大多集中在美国、日本、欧盟等发达国家和地区，而对发展中经济体的研究相对较少（Dimos and Pugh，2016）。并且，已有的基于发展中经济体的研究大部分也只是进行重复的实证研究，而从理论上探讨政府研发补贴等科技创新政策在不同制度环境和经济体制下的区别及原因解释的研究则比较少（Guo，Guo and Jiang，2016；Wang，Li and Furman，2017）。

总览当前关于政府科技创新政策的研究议题，主要集中在两个方面：一是关于政府创新政策理论基础的争论；二是从结果端（包含研发投入、研发产出、财务绩效等方面）对政府创新激励政策的有效性进行评估。与传统的以结果为导向的政策效果评价类研究相比，关注创新政策分配环节的文献数量更少（Boeing，2016；Wang，Li and Furman，2017），现有文献对研发补贴等创新政策分配机制的理解仍然存在不足（Feldman et al.，2022）。尽管也有部分研究尝试对企业获得政府研发补贴等创新政策支持的成因做出解释，但这些研究大多集中于关注宏观的政府治理因素和微观的企业特征，而忽略了中微观层面因素，即企业所嵌入的组织间社会关系网络的影响，将企业看作孤立的个体来研究（Dorobantu，Kaul and Zelner，2017）。现有的研究需要跳出围绕政府和企业的立场的争论，从更多元的视角来分析企业获得政府创新政策支持的影响因素。此外，政府财政科技支出效能的提高也有赖于企业对财政补贴等优惠创新政策资源的合理、规范、高效利用，现实中，企业的逆向选择和道德风险等行为容易导致受资助企业的短视行为，如片面追求创新数量而忽略了创新质量。因此，需要从数量和质量的双重视角重新审视创新政策对企业创新绩效的影响，并探索有助于提高企业对创新政策资源规范、高效利用的公司治理实践。

第三节　理论研究问题与可能的创新点

一、研究问题的提出

由此，本书试图回答以下两个研究问题：

第一，探究政府创新激励政策分配环节，以政府研发补贴政策为例，寻找影响企业获取政府研发补贴的因素及其内在机制。特别地，企业并不是在真空中独立行动的主体，面对相同的政策环境，企业获取研发补贴政策支持的机会和强度存在差异，除了受到企业自身内部资源和能力差异的影响之外，企业还会对外部环境中的其他关联企业进行观察和学习，这些可以成为企业获取政策知识的重要来源，因此，与外部其他组织的联系和互动关系可能是影响企业决策和行为的重要因素（Briscoe，Gupta and Anner，2015；李晨光，2016）。与此同时，组织间的社会关系网络本身也是嵌入在更宏大的制度背景当中的，制度嵌入的特征会影响网络嵌入特征作用的发挥（Vasudeva，Zaheer and Hernandez，2013）。尤其是，政府创新激励政策作为一个国家制度体系的一部分，必然与国家的政治体制、经济结构、社会规范等其他制度性安排有着较强的内在关联（Mazzucato，2013）。因此，在对政府创新激励政策进行讨论时，尤其是涉及政府与企业之间的互动关系问题时，离不开对一国制度安排及其变化特征的考察（陈玲，2017）。据此，对于企业获取研发补贴的影响因素这一研究问题的回答，本书将从两个方面开展：①企业的社会网络嵌入特征是否以及如何影响企业获取政府研发补贴？②企业网络伙伴的影响作用又是怎样与制度因素相联系的？也就是说，网络嵌入和制度嵌入有着怎样的互动关系，进而共同影响企业获取政府研发补贴的。

第二，评估政府所实施的研发补贴这一创新激励政策的实际效果，即政府研发补贴对企业创新产出的数量和质量分别产生了怎样的影响？特别地，在分析研发补贴对企业创新绩效影响的基础之上，进一步探讨公司内部治理实践可能发挥的作用。从政府资助企业到企业将研发资助投入创新活动的过程，涉及政府对企业、企业所有者对管理者的两重委托—代理关系（陈红等，2018）。由于委托人与代理人之间目标的不一致，在信息不对称的情况下，企业的逆向选择和道德风险行为严重损害了研发补贴绩效（黎文靖、郑曼妮，2016）。许多企业为了"寻补贴扶持"而操纵研发活动，对创新资源的利用呈现重"数量"而轻"质量"的倾向（黎文靖、郑曼妮，2016；Jia，Huang and Zhang，2019；应千伟、何思怡，2022）。结合公司治理的相关文献会发现，设计合理的激励、监督制度有助于缓解代理风险，减少代理人的自私自利和短视行为，进而提高企业投资决策的合理性和有效性。可见，公司治理质量对于企业如何利用研发补贴这一优惠政策资源也有着不可忽视的作用。由此，本书将综合企业创新数量和创新质量的双重视角，收集研发补贴影响企业创新绩效的现实证据，并从公司治理的角度出发去探究公司治理质量对研发补贴与企业创新绩效之间关系所可能发挥的情境作用。

二、可能的创新点

通过对上述问题的研究，本书可能从以下三个方面对相关研究做出贡献：

首先，本书对影响企业获取政府研发补贴的因素进行了探索，拓展和深化了我们对于政府创新激励政策分配过程的认识。在针对政府研发补贴等面向企业的创新激励政策的研究中，对政府创新激励政策的正当性和必要性以及对政策实施效果的评估，一直是该研究领域重点关注且被大量研究的两个议题，而对政府创新激励政策资源分配环节的研究，尤其是对企业获取政府研发补贴影响因素的关注则很少（Boeing，2016；Wang，Li and Furman，2017）。因此，本书的研究有助于了解政府创新激励政策分配过程，对当前政府研发补贴等创新激励政策的理论研究做出补充。具体来说：一方面，本书首次引入了社会网络嵌入的视角，探索影响企业获取研发补贴的因素。区别于已有研究所采取的"原子型"的视角去观察企业，本书考察了被以往研究所忽略的企业所嵌入的社会关系网络，尤其是中观层面的企业与企业之间的社会联系的影响作用。另一方面，本书通过引入制度情境的因素，构建了网络嵌入与制度嵌入交互作用的模型，有助于我们更好地理解微观企业之间的社会互动关系是如何与更为宏大的制度背景和制度逻辑相联系的，同时也丰富了我们对影响企业获取研发补贴的因素的认识。

其次，本书从创新产出的数量和质量的双重视角出发，评估政府研发补贴这一创新政策的效果，并结合了公司治理的视角探讨公司治理特征对企业创新绩效的影响，这是对现有创新政策评估文献的有益补充。具体来说：一方面，本书着眼于企业在使用研发补贴资源时可能出现的逆向选择和道德风险问题，以及在宏观层面上所出现的国家整体研发投入和产出数量大幅增加但技术创新质量没有同步跟进的现象，在评估研发补贴对企业创新绩效的影响时，不仅考察了企业创新产出的数量，而且分析了企业创新产出的质量。另一方面，本书还从公司内部治理的视角出发，探索公司治理质量对研发补贴绩效的影响，拓展了有关研发补贴政策评估的研究。以往文献在公司治理对企业创新的直接影响方面已经进行了丰富的研究，但是较少关注公司治理水平对研发补贴政策效果的影响。本书的研究可以参与有关政府研发补贴政策的争论，通过改善公司内部治理来促进我国研发补贴政策的有效实施，进而激励企业高质量创新。

最后，本书所选择的研究情境也对既有研究进行了拓展。一方面，现有的关于政府研发补贴等创新激励政策的文献研究大多是基于市场经济发达、创新领先的发达国家背景所开展的，而来自发展中经济体的经验研究尤其是理论研究则相对匮乏。本书以世界上最大的发展中国家，并且又是"新兴+转型"经济体为研究情境，可以为该领域增加更多的理论发现和中国的经验证据。另一方面，以往基于中国经济转型背景的研究重点讨论的是政府研发补贴对企业自身研发投入和产出是否具有促进作用，但尚未得出一致的结论。部分原因在于这些研究大多忽略了对政府研发补贴等创新政策资源分配过程的关注（Wang, Li and Furman, 2017），也忽略了转型经济独特的制度特征（Guo, Guo and Jiang, 2016）。本书的研究有助于深入理解中国情境下社会网络关系影响企业获取政府创新政策支持的特定制度情境特征及其影响机制，同时也为系统地评估政府创新政策的实际效果增添了现实证据。

三、研究内容与安排

全书的结构安排如下：第一章为导论，介绍了本书研究的现实背景和理论背景，交代了研究问题和可能的创新点。第二章为文献回顾与研究综述，分别对政府研发补贴政策、公司治理与企业创新、社会网络理论以及制度理论四个方面的文献研究进行了梳理和总结，可以为后续构建研究框架和论述研究假设提供新思路。第三章为企业获取研发补贴的影响因素及效果，构建了"社会网络嵌入与制度嵌入共同作用影响企业获取研发补贴"以及"研发补贴对企业创新成果的影响"的理论框架，并逐一论述具体的研究假设。第四章为研究设计与研究方法，介绍了研究样本选择、数据来源和数据处理以及变量测量等过程。第五章为实证分析与结果，汇报了实证分析的过程和研究结果。第六章为研究结论与贡献，简要总结了本书的研究结论和研究贡献，阐述了研究的理论贡献和实践意义，并对本书研究所存在的局限性进行了反思。

第二章　文献回顾与研究综述

本章将对与研究问题相关的文献和理论进行梳理，主要分为五个部分：第一部分对研发补贴政策相关的研究进行整理，形成对研发补贴政策研究领域整体上的认识，评述了既有文献对企业获取研发补贴前因的理论解释存在的不足，进而对本书的研究问题和研究定位形成较为清晰的认识，并提出要从社会网络嵌入和制度嵌入的视角加以探索。第二部分梳理了公司治理与企业创新之间关系的研究，探讨了公司治理对研发补贴效果的影响。第三、第四部分则分别对社会网络理论和制度理论的观点进行阐述，并对相关的实证研究发现进行了梳理和总结，为后续构建研究框架和论述研究假设奠定了基础。第五部分简要评述了已有研究，并提出企业社会网络嵌入特征和制度嵌入特征可能是影响其获取政府研发补贴的重要因素，同时，研发补贴对企业创新的激励效应可能是政府支持与企业治理制度互动的结果。

第一节　政府研发补贴政策的文献回顾

一、研发补贴的含义

政府财政补贴是一国政府基于一定时期的政治、经济、社会发展等目标无偿将财政资源分配给企业或个人的一种财政支出行为（宋建波、张海清、苏子豪，2020）。政府给予私营部门的补贴，是政府实施产业政策的最主要的工具之一（聂辉华、李光武、李琛，2022）。因此，补贴政策的实施主体是政府，它为私营部门提供了无偿的资金支持、低于市场价格的商品或服务（Robinson，1967）。在企业的会计科目上，政府补贴被计为"政府补助"，是指企业从政府无偿取得的货币性或者非货币性资产（宋建波、张海清、苏子豪，2020）。在多边贸易框架下，世界贸易组织（WTO）在其发布的《2006 年世界贸易报告》中，将补贴分为了三类①：第一类是直接或间接的资金转移，政府可以直接将资金转移给生产者或者消费者，或者利用其权利指示私人实体进行资金的转移。在现实中，大量的政府补贴来源于预算内的直接拨款，贷款担保则是潜在预算支出的典型做法。第二类是实物援助，即政府提供低于市场价格的产品或服务，受益人得到的是实物援助而非可支配的资金。第三类是监管政策。一些政府监管工具可以规避直接补贴的形式，产生与补贴相同的效果。尽管"补贴"一词被广泛应用于经济学、会计学、管理学等领域，但在实践和研究中，界定补贴的标准却是十分复杂和不同的。

研发补贴（R&D Subsidies）属于政府补贴的范畴，是政府为了鼓励一国研究开发、技术创新等活动，推动科学技术创新而无偿转移给企业（或研发机构）的经济资源（Dimos and Pugh，2016；宋建波、张海清、苏子豪，2020）。研发补贴的实施主体应当是政府或公共部门，政府包括中央政府、地方政府或政府直属部门。具有公共机构属性的实体是指政府利用国有资本建立的具有公共性质的研究机构等事业单位，政府可以将自身权利委托或指示给这类公共机构，由其完成研发财政资助。研发补贴主要包含拨款、直接贷款、贷款担保、政府采购、税收优惠、财政激励措施等形式。其中，拨款的形式较为多样，财政直接拨款、研发基金、付息拨款、合作开发协议等都属于拨款的范畴（贾瑞哲，2020）。

根据世界贸易组织颁布的《补贴与反补贴措施协定》（以下简称《SCM 协定》），一部分与科研活动相关的研发补贴属于不可诉补贴，可以被豁免，研发补贴政策被各国广泛采用。例如，一向标榜自由市场经济的美国就实施了大量的研发补贴政策。根据世界银行的数据统计，美国研发费用支出规模和强度持续位居世界第一，2021 年美国的研发支出占其 GDP 的比重为 3.46%，超过世界平均水平的 2.61% 和 OECD 国家的 2.95%。美国设立的"小企业创新研究项目"（U. S. Small Business Innovation Research Programs，SBIR）专门为小型科技企业的研发活动提供无偿资助，是最典型的且被研究得最多的政府研发补助项目之一。欧盟也非常重视研发补贴政策，通过设立"地平线 2020 计划""欧共体技术研发相关活动""欧洲原子能共同体框架计划"等给企业研发提供支持。除发达经济体外，研发补贴政策也逐渐被许多处于创新落后或创新追赶阶段的国家政府所采用（张杰，2021）。政府对科技的发展展现出更加积极的态度，参与或干预程

---

① WTO. World Trade Report 2006：Defining subsidies［R/OL］. 47-54. https：//www.wto-ilibrary.org/content/books/9789287044938s009-c003.

度不断上升。东亚与太平洋地区国家（不包括高收入国家）的研发经费支出强度也逐年增加，2021 年的研发支出占 GDP 的比重均值达到了 2.35%，接近世界平均水平。

二、研发补贴政策的理论基础

政府为什么要不遗余力地对企业等私营部门进行大量的研发补贴呢？这就涉及研发补贴政策的理论基础，即研发补贴政策的合理性与合法性的问题。学术界关于政府研发补贴究竟是"陷阱"还是"馅饼"的争论由来已久且仍在持续发酵中。争论的焦点本质在于政府与市场的二元关系，即政府是否有必要干预市场主体的创新活动，是否需要制定和实施研发补贴等产业政策来干预市场对创新资源的配置。

一方面，弥补研发活动的市场失灵问题，是理论界支持政府对企业研发活动实施干预的最重要的且使用最为广泛的理论依据。以 Arrow（1962）和 Nelson（1959）为代表的新古典主义经济学家认为研发创新活动存在市场失灵问题，并以此作为支持政府运用研发补贴等产业政策干预企业创新活动的理论依据。具体来说，与研发创新活动相关的市场失灵主要来源于三个方面：第一，研发活动的外部性。企业研发具有非竞争性和非排他性的公共产品属性，研发活动产生的信息、技术知识等结果及收益无法被私人企业单独占有（Arrow，1962）。当企业承担了全部的研发创新成本，却不能独享全部的研发收益时，企业从事研发活动的私人收益就会远远低于社会收益，研发投入和回报不相匹配会削弱企业从事研发创新的积极性。与此同时，企业也可能产生等待其他企业先行投入进而享受创新溢出效应的"搭便车"心理。当企业等市场主体之间的创新竞争变成了等待博弈，社会总体的创新投入便会低于社会最优水平（Aghion et al.，2015）。因此，政府需要进行财政科技补贴以缩小企业私人收益与社会收益的差距，分担企业的研发成本，减少企业研发投入动力不足的问题。第二，降低研发风险。研发活动虽然具有高收益的可能，但也具有高度的不确定性和极高的风险，且投资回报周期漫长。基于此，需要政府部门的资助以降低企业的研发风险。第三，资本市场的不完备性和信息不对称也增加了企业获得外部资金来支撑研发创新的难度，或者企业需要以较高的成本获得研发资金。由于研发活动的机密性、道德风险以及逆向选择的存在，企业无法或不愿意提供全部的研发信息给投资者，外部投资者难以对企业研发项目的潜力和价值进行准确评估（Hall，2002），从而增加了企业融资的难度与成本。总之，为缓解创新活动的市场失灵问题，需要政府的干预和介入，通过研发补贴等手段缓解企业研发资金不足的压力、提高企业从研发活动中获得的收益，进而使企业部门的研发投入在社会总体层面上达到均衡和最优水平。

一些实证研究也为市场失灵理论提供了证据支持。比如，与研发相关的市场失灵会导致组织层面的研发投入不足，进而阻碍了企业研发能力的发展（Jourdan and Kivleniece，2017）。当政府补贴政策向技术溢出效应比较强的项目倾斜时，可以提高技术创新的私人边际收益，从而缓解由于技术溢出导致的企业研发投入不足的问题（Hall，2002；Feldman and Kelley，2006）。除此之外，政府的财政补助不仅可以直接缓解企业的资金短缺压力，而且还可以发挥"认证效应""信号传递"作用为企业背书，缓解企业和外部投资者之间的信息不对称问题，进而帮助企业获得更多的外部融资或降低融资成本（Kleer，2010）。可见，研发补贴政策是政府应对与研发创新活动相关的市场失灵问题的重要干预措施。

此外，国家竞争优势理论也为政府提供研发补贴等产业政策提供了理论支持。迈克尔·波特在其著作《国家竞争优势》一书中系统阐述了国家竞争优势理论（Theory of Competitive Advantage of Nations）。该理论系统阐述了一国企业在国际竞争中取得竞争优势的条件，包括生产因素、需求因素、相关和支持性产业、企业因素和政府作用五个方面。其中，波特特别强调了国家环境对产业竞争成功有着关键性的影响，它可以是产业发展的推动力，也可能是障碍。国家与产业竞争优势的关系，正是国家如何刺激产业发展和提升创新的关系，国家应该创造一个良好的、支持性的制度环境。特别是在技术创新成为国际竞争核心要素的阶段，政府实施研发补贴等产业政策，能够促进技术创新，进而扩大一国产业的竞争优势。

也有学者在多边贸易体制的框架下分析研发补贴政策的必要性。由于多边贸易体制把出口补贴认定为禁止性补贴，传统的通过提供援助来促进出口的措施是不被允许的。因此，在战略性贸易政策理论的框架下，研发补贴的作用凸显出来。研究发现，国家技术实力逐渐成为影响一国贸易地位的重要因素之一，对于实施补贴政策的国家来说，研发补贴能够刺激企业增加研发、提高企业的全要素生产率和出口产品质量，显著改善出口绩效（黄先海、谢璐，2005；刘啟仁等，2023）。研发补贴不属于《补贴与反补贴措施协定》完全禁止的、具有直接贸易扭曲效应的出口补贴，但本质上属于促进出口的战略性贸易政策，对于一国政府来说，如果无法实施出口补贴，研发补贴很有可能成为次优选择。

另一方面，以奥地利学派为代表的一批学者则反对政府对市场创新活动的干预，并从不同的理论视角出发给出了反驳的观点。第一，公共选择理论（Public Choice Theory）指出，市场失灵理论有一个重要的前提假设，即政府是全知全能的、政府官员是正直公正的，因而忽略了政府部门知识和能力的不足、政府官员有机会主义行为的可能性（Link and Siegel，2007）。特别是在选择性的研发补贴政策框架下，政府从众多的行业或企业中挑选出需要重点扶持的技术、工艺和产品项目，这就需要政府部门能够对众多技术路线或研发项目进行评估和筛选，这对于不具备技术专业优势且面临信息劣势的政府来说几乎是不可能完成的任务（Link and Siegel，2007）。因此，政府的选择和判断不仅不能代替市场机制，而且很有可能会限制甚至破坏市场竞争机制，削弱了企业的创新意愿。此外，政府官员也可能采取机会主义行为。为了更快地促进地区的经济发展、提高官员的声誉和升迁机会，政府官员通常偏向于资助那些更有潜力、更可能成功的企业或项目，但是这些项目即使没有得到政府资助，企业也仍然会投资开展（Dimos and Pugh，2016）。政府的这种挑选赢家的"摘樱桃策略"（Cherry-picking Strategy）使有能力的企业获得更多的资源优势，却打击了落后企业的积极性，也就无法激励那些面临创新资源约束、但仍有创新潜力和意愿的企业进行研发创新（Dimos and Pugh，2016）。第二，根据寻租理论（Rent-seeking Theory），政府干预市场创新资源的分配还可能会导致政府部门和企业部门之间的双向寻租行为。对于企业来说，政府的无偿补贴是一种成本相对较低的资金来源（Aschhoff，2009）。在信息不对称的条件下，企业有很强的动机隐瞒一些私人信息去迎合政府的政策偏好和利益取向，以尽可能地获得更多的财政补贴（赵璨等，2015）。现有的研究也发现，企业会通过粉饰利润、操纵研发投入水平等方式骗取政府的财政补贴（Wang，Stuart and Li，2021），还有一些企业会"策略性"地只进行创新水平较低的研发活动（黎文靖、郑曼妮，2016；申宇、黄昊、赵玲，2018）。总之，企业的这些政策套利行为严重扭曲了政府研发补贴对企业创新活动的激励作用。

随着争论的持续，逐渐有一些学者提议跳出需要还是不需要政府研发补贴的"二元化争论"，转而关注"研发补贴等产业政策何时有效"这一真正重要的问题（杨瑞龙、侯方宇，2019）。例如，应该将研究的重点转向政府在多大程度上可以干预以及如何干预企业的创新活动。Yeung（2000）认为，政府干预没有好坏之分，而在于对政府干预的"度"的把握。他将政府干预分成了两种类型：一类是命令型的政府干预（Directive Intervention），政府为实现预先设定的目标，会选择一些行业或企业对其投资和生产活动进行干预和控制。在这类政府干预下，政府制定的研发补贴等产业政策具有鲜明的政府选择色彩（Yeung，2000；

Wang，2018）。另一类则是促进型的政府干预（Facilitative Intervention），即为企业创造有利于创新的制度环境和文化氛围，通过环境的优化来清除造成企业创新动力不足和创新资源紧缺的障碍（Yeung，2000；Wang，2018）。还有一些学者提出了"竞争友好型产业政策"的概念（Aghion et al.，2015），基于中国工业企业的数据分析结果，研究者认为科学合理的产业政策要与运转良好的市场竞争机制相兼容。也就是说，在实施研发补贴政策的同时还必须保证目标产业内的企业仍然能够开展适度且有效的竞争，比如政府财政补贴惠及的对象范围要足够广。黄先海和宋学印（2021）在总结和吸收工业革命200多年以来出现过的守夜型政府、规制型政府以及发展型政府的理论成果和政策经验的基础之上，提出了"赋能型政府"的概念，即在中国特色社会主义市场经济制度的框架下，政府为市场主体提供中立的资源配置和竞争能力赋能，规避知识约束和俘获困境，提高市场主体的资源横向配置能力和代际更新能力，以更好地发挥政府的作用。

总之，学术界尚不能就政府研发补贴政策的必要性、合理性和正当性等问题给出一致的结论。由此，也有许多的研究者借助实证研究的方式去寻找研发补贴政策是否必要、是否有效的现实证据。

三、研发补贴政策的有效性评价研究

以政府财政补贴为核心的一系列创新激励政策是各国政府提升本国技术创新水平的重要政策手段，全球范围内的研发补贴实践热潮也激发了学术界的研究热情。研发补贴政策评估类研究致力于回答的一个问题就是：研发补贴政策究竟是否激励了微观企业主体的创新。对于这一问题的研究可谓卷帙浩繁，从总体上来说，学者们主要从研发投入、研发产出和研发行为三个方面来评价研发补贴绩效。

（一）研发补贴对企业研发投入的影响

政府实施研发补贴政策的目的之一就是弥补私营部门研发投入不足的市场失灵问题，因此早期的研究主要着重考察研发补贴对企业研发投入的影响，以此来衡量和评价研发补贴政策的有效性。国内外学者分别从宏观区域、中观产业和微观企业三个层面开展了大量的实证研究。一部分研究证明了研发补贴政策具有投入附加性，即与没有获得补贴的情况相比，研发补贴激励企业增加了自身的研发投入水平。例如，Wolff 和 Reinthaler（2008）分析了1981~2002年OECD成员国的数据，发现政府提供研发补贴可以显著提高企业部门的研发投入水平。在中国情境下，学者基于地区和行业数据也得到了类似的证据（廖信林、顾炜宇、王立

勇，2013）。在微观企业层面，解维敏等（2009）、Hewitt - Dundas 和 Roper（2010）、Cerulli 和 Potì（2012）、Guo 等（2016）基于不同国家的中小企业或高新技术企业数据的研究，都支持了研发补贴可以激励企业增加研发投入的观点。然而，也有一些研究发现政府研发补贴对企业的研发投入具有抑制作用或没有影响，政府研发补贴政策没有实现预期的效果。比如，Wallsten（2000）对美国小型科技企业的调查研究发现，"小企业创新研究计划"的资助显著挤出了企业的研发投资。Clausen（2009）以挪威企业为研究对象，发现基础性的研发补贴可以激励企业增加研发投入，而试验性的研发补贴却显著地挤出了企业的研发投入。李万福等（2017）对中国上市公司进行了调查研究，发现一些企业在获得了政府研发补贴之后不仅没有增加企业研发投资，反而还将一部分研发补贴资金挪作他用。

更多的研究则表明，研发补贴对企业部门研发投入的影响不是一贯的，并探究了许多可能影响补贴政策效果的情境因素。越来越多的研究关注到企业层面的异质性属性是影响研发补贴效果的关键因素。李婧（2013）以 2000～2010 年中国高新技术企业为研究对象，发现研发补贴对国有企业和非国有企业的作用相反，研发补贴对国有企业的研发投入具有显著的挤出效应，但对非国有企业的研发投入产生了显著的激励作用。此外，李万福等（2017）、陈红等（2018）的研究表明，当企业内部控制水平较高时，研发补贴可以如愿以偿地对企业研发投资起到正向的激励效应。

在产业层面，研发补贴对企业研发投入的激励效应还受到企业所处产业的技术发展水平的制约。例如，Hall、Lotti 和 Mairesse（2009）对意大利的企业进行了研究，发现研发补贴对于高技术产业企业的研发投入的促进作用更加显著。Boeing（2016）基于 2001～2006 年中国上市公司的数据分析也得出了类似的结论，即在高新技术行业，没有发现研发补贴对企业研发投入的挤出效应。然而，Becker 和 Hall（2013）基于英国企业的研究却得出了相反的结论，政府研发补贴对于低技术产业中的企业的研发支出产生的正向激励效应更为显著。

在宏观层面，企业所处的制度环境也会影响研发补贴的效果。例如，Görg 和 Strobl（2007）发现，研发补贴的规模会影响研发补贴政策的效果，当研发补贴金额规模较小时，政府补贴可以有效刺激企业增加研发支出，而当政府补贴规模较大时，政府补贴反而挤占了企业部门的投资。国内学者也得出了类似的结论，建议将研发补贴控制在适当的水平，不宜过高或过低（毛其淋、许家云，2015）。许国艺、史永和杨德伟（2014）分析了中国深圳中小板上市公司的数据，发现只有在市场竞争水平中等的情况下，政府研发补贴才会对企业的研发投入产生激励作用。刘啟仁等（2023）的研究表明，当企业所在地区的税收征收力度较大时，企业进行财务操纵的动机会得到遏制，高新技术企业认定政策不仅能够显著提高企业的研发投入，而且能够增加企业对固定资产、人力资本的投资，体现了企业对研发相关的互补性投资的重视。

总之，现有研究关于政府研发补贴对企业研发投入的影响尚未得到一致的结论。并且，这类研究都忽略了一个基本事实：研发投入仅仅意味着研发资源的增加，并不必然导致创新产出的增加，研发投入与研发产出之间往往存在非线性的关系（Clarysse，Wright and Mustar，2009）。因此，即使研发补贴激励了企业增加自身的研发投入，也不一定意味着企业、产业甚至社会整体创新产出水平会相应提高，实际的过程往往是非常复杂且不可预测的。据此，一些学者直接对研发补贴与企业研发产出之间的关系进行了研究。

（二）研发补贴对企业研发产出的影响

部分学者从研发产出的角度对政府研发补贴的有效性进行了评价。对研发产出的衡量主要依据企业专利产出、新产品数量或新产品销售收入等指标（Clarysse，Wright and Mustar，2009）。研发补贴对研发产出的影响作用究竟如何，现有研究的结论也并不一致。一部分研究表明，政府研发补贴显著促进了企业创新产出，具体表现在企业专利产出数量的增加（Alecke et al.，2012；郭玥，2018）、企业研发效率的提高（Kang and Park，2012）或新产品产值增长（Hussinger，2008）等方面。然而，也有一部分学者得出了相反的结论。比如，Peters等（2012）的研究就没有发现政府研发补贴与企业研发产出之间的因果关系。吴剑峰和杨震宁（2014）也指出，我国政府实施的研发补贴政策并没有显著提高企业的专利申请数量和新产品销售额。

除了关注企业研发产出的数量之外，近年来，学者们发现一些企业会采取策略性的创新战略，为了完成更易量化的、容易实现的创新数量指标，片面追求创新成果的数量而不惜牺牲创新的质量。因此，部分研究开始从仅关注企业研发产出的数量转向研究企业在研发产出数量与质量之间的权衡问题。由于政府部门在验收政府研发资助项目时，一般使用创新产出数量（如专利申请数量）作为标准，企业如果没有达到创新数量要求，则需返还已获得的财政补贴资金，并且未来若干年都不能再次申请研发项目资助（Jia，Huang and Zhang，2019）。因此，一些企业为了顺利通过验收或者获得较好的政府评价，有动机去从事产出快、难度低的创新活动。在这样的研发补贴项目验收机制之下，企业会为了片面追求创新数量而牺牲创新的质量。Jia、Huang 和 Zhang（2019）基于中国国有上市公司样本，应千伟和何思怡（2022）基于上市公司中的高新技术企业样本都验证了这一观点。除了现有的验收扭曲机制之外，也有学者探究了企业寻租的影响。以往研究发现，政府在分配研发补贴等优惠政策资源时可能会向寻租企业进行一定程度的利益倾斜（余明桂、回雅甫、潘红波，2010），向其分配更多的财政补贴资源。但这些寻租企业在获取研发补贴之后，仍需要利用政府补贴提升创新数量以满足政府官员的政绩需求（应千伟、何思怡，2022）。由于寻租成本高昂，导致企业决策者不愿意花费大量资金去从事风险高、耗时长的高质量创新活动。这一观点也得到了一些实证研究的支持，如申宇、黄昊和赵玲（2018）的研究发现，当地方政府存在"创新崇拜"时，研发补贴会导致企业中出现"专利泡沫"，高质量的专利产出难以增加。

尽管直接观察研发补贴对企业研发产出的影响可以帮助政策制定者和研究者更直观地评价研发补贴政策的效果，但是这类研究也存在一些问题。其中，最关键的就是对研发产出的衡量问题。一方面，用专利、论文发表、新产品收入等指标来间接代表研发产出存在一些缺陷，比如专利和论文是创新的中间产品，而新产品等指标则会受到时间效应、溢出效应等因素的影响，并且这些影响因素往往又是难以穷尽和准确衡量的。如果对研发产出没有一致、准确的定义，那么就很难评估研发补贴和研发产出之间的联系（Georghiou，2002）。另一方面，学者还在不断探索和研究能够有效衡量研发产出质量的指标。已有的研究使用专利类型（Jia，Huang and Zhang，2019；应千伟、何思怡，2022）、专利授予比率（Dang and Motohashi，2015）、专利被引次数（Fisch，Block and Sandner，2016）、知识宽度（康志勇，2018）等指标来衡量专利的质量，不过这类指标却难以反映创新结果的经济价值和市场认可度，因而尚未能全面地对研发产出的质量进行刻画。此外，受政府补贴资助的研发项目层面的产出通常也是难以测量的，学者们往往使用企业层面的专利产出、新产品销售收入等指标作为替代，而不是用某一个具体研发项目的产出来衡量（Clarysse，Wright and Mustar，2009），这一做法也会导致研究结论出现偏差。正因为如此，评估研发补贴与研发产出之间关系的实证研究数量相对更少（Dimos and Pugh，2016）。根据 Dimos 和 Pugh（2016）在其综述性文章中的统计，2000~2013 年学者们发表的 52 篇研发补贴政策评估类的文章中，有 48 项研究评估了研发补贴对企业研发投入的影响，其中有 15 项研究同时评估了研发补贴对研发产出的作用，相比之下，专门讨论研发补贴与企业研发产出之间联系的文章则只有 4 篇。

（三）研发补贴对企业研发行为的影响

研发补贴政策的初衷是解决与创新相关的市场失灵问题，以期激励私营部门的创新主体提高研发投入。然而，后来出现的"行为附加性"的概念则超越了研发活动市场失灵的理论范畴，进而关注更大范围的与研发活动相关的失灵，即系统失灵（System Failure）（Smith，2000）。目前学术研究中主要有两种系统失灵：一种是与知识创造和学习能力相关的系统失灵（Antonioli and Marzucchi，2012）。比如企业知识存量不足或者人力资本不足阻碍了企业对外部知识的学习和吸收。这种系统失灵还可能是由于企业创新战略和组织惰性引起的，当企业的研发活动探索性比较低而利用性比较高时，企业会习惯于将资源集中于利用现有的、熟悉领域的技术知识，进而导致路径依赖（Antonioli and Marzucchi，2012）。另一种系统失灵则来源于企业在创新系统中的结构、位置等问题（Malerba，2009），即当企业缺乏或者无法与创新系统内的其他创新主体进行适当的互动时，会阻碍企业通过学习、协作来获取与创新有关的关键资源和创新能力的发展。不同于以往学者强调利用政府研发补贴对企业的研发投入和产出产生直接的作用，现在学者们开始关注要基于创新系统的视角去提升企业的创新能力，以及研发补贴对企业所处的创新系统的影响。因此，对研发补贴等创新激励政策的评价不仅要思考如何克服市场失灵，更需要思考如何克服系统失灵，包括如何扩大和更新企业的知识资源、提高企业的学习和吸收能力、增进创新主体之间的学习和协作的深度与广度等。由此，一部分文献开始从研发补贴对企业创新行为影响的角度去评价研发补贴政策的有效性。

因此，行为附加性的概念逐步出现在学术研究中。行为附加性的概念最早是由 Buisseret、Cameron 和 Georghiou（1995）提出的，用以描述政府创新激励政策的干预可能会引起企业创新行为与战略的变化。比如，政府的扶持会不会鼓励企业从事风险更高的研发活动，或者与外部组织建立更多的研发合作关系。后来，Falk（2007）进一步提炼和明晰了行为附加性的内涵，提倡研究者去观察企业的研发过程和创新战略是否发生了符合政策目标的变化。从企业研发行为的角度来评估政府干预的有效性，可以帮助我们更好地理解研发补贴政策是怎样改变受补贴企业的研发过程和创新能力的。因此，使用行为附加性的概念来对研发补贴政策的有效性进行评价具有重要的理论和现实意义，可以帮助我们更好地理解政府的政策干预是如何从本质上改变企业的研发决策和行动，以及如何更好地帮助企业从事更为持久、更为有效的创新活动的。对企业研发行为的研究也逐步被纳入研发补贴政策评估的范畴中。

在实证研究中，行为附加性的概念不断被拓展、细分和验证。从企业行为层面出发，国内外学者研究发现，研发补贴能够发挥信号传递的作用，来自政府的资源支持和声誉背书可以向潜在的合作者传递企业研发实力的信号，因而那些受到政府补贴的企业更可能与外部企业、大学或科研院所开展合作（高雨辰等，2018；Bianchi，Murtinu and Scalera，2019）。Clarysse、Wright 和 Mustar（2009）还从组织学习的角度出发，指出参加政府研发补贴项目可以改变企业在获取、吸收、创造知识等方面的行为。比如，获得了研发补贴的企业更倾向于通过与大学和研究机构合作来获取新知识（Clarysse，Wright and Mustar，2009）；企业也可能招募更多高质量的研发人员，以提高组织的知识吸收能力（Hewitt-Dundas and Roper，2010）。除了对外部知识来源更加开放以外，企业内部对新知识的接受度也会发生改变，企业更愿意承担知识重组的风险，从而产生更具突破性的技术变革（高雨辰等，2018）。

研发补贴对企业的影响不仅仅局限于企业的某一项组织决策和行为，还可能会影响企业研发项目管理方式。从研发项目实施层面出发，学者们关注的内容主要分为研发规模、范围和速度三个方面。就研发项目的规模而言，Falk（2007）发现，在政府研发补贴的支持下，企业会对研发项目进行更大规模的投资，也可能会将研究项目向新的市场、技术领域探索。但由于缺乏相关的业务知识和技术能力，企业也可能会面临更高的商业风险和技术风险。就研发项目的实施范围而言，学者们关注研发补贴是否以及如何影响受资助企业的外部合作情况。一方面，Clarysse、Wright 和 Mustar（2009）的研究表明，政府研发补贴可以促进企业与外部创新主体建立更多的合作关系网络，进而扩大企业知识学习的范围和提升学习能力；另一方面，Falk（2007）提到，与外部伙伴建立和维持较好的合作关系需要付出较高的协调和控制成本，还会面临知识流失的风险等。就项目的研发速度而言，Georghiou（2002）观察到政府研发补贴会促使企业加快推进项目的进度，从而能够及时地捕捉市场窗口、更早地将技术创新的成果推向市场。这是因为政府补贴缓解了企业的资源短缺问题，使研发项目可以更早开始、更快完成（Georghiou，2002；Falk，2007）。

总之，从企业行为的角度评估研发补贴政策，是对基于研发投入和研发产出评估的重要补充，可以帮助我们进一步理解研发补贴政策对企业产生影响的潜在作用机制。目前，关于政府研发补贴对企业研发行为影响的研究尚处于起步阶段，特别是在中国情境下，还鲜有关于政府研发补贴对企业创新行为影响的研究。并且，目前的研究理论多集中于信号理论和组织学习理论，相关的实证研究还比较少，对行为附加性的定义还需要进一步聚焦和具体化，因而还存在诸多的研究缺口。

四、企业获取研发补贴的影响因素研究

关于政府研发补贴政策，还有一个备受关注和争议的问题是：政府研发补贴究竟分配给了哪些企业？政府研发补贴是否存在某种歧视或偏向（聂辉华、李光武、李琛，2022）？可惜的是，就数量而言，目前有关企业获取研发补贴影响因素的研究远没有关于研发补贴理论基础和补贴政策有效性评估的研究那么丰富。但这一问题也同样重要，因为政府补贴的分配情况与补贴的最终效果是密切相关的（Wang，Stuart and Li，2021；聂辉华、李光武、李琛，2022）。由于政府研发补贴的分配主要涉及政府和企业双方，现有的研究也主要从政府和企业两类主体出发，试图对企业获取研发补贴的成因进行解释。本部分将从政府的选择偏好和企业的迎合行为两个方面对影响企业获得研发补贴的因素进行梳理。

（一）政府的选择偏好

一部分研究重点关注政府部门对研发补贴对象的选择。因为政府是补贴政策的制定者和执行者，政府部门的政策目标和政府官员的动机或偏好是决定哪些企业能够获得研发补贴的重要因素。现有的文献研究从不同的理论视角，对影响企业获得研发补贴的成因进行了探索和解释。

1. 公共选择理论

公共选择理论将新古典经济学的理论假设和分析方法推广到政治科学，进而研究政府是如何运行的，特别是公共政策是如何制定和执行的问题。公共选择理论认为，政府并非超越个体的有机体，而是由一群动机行为与普通人无异的政治家和官员组成的，也是自利的、理性的、追求效用最大化的"经济人"。作为"理性经济人"的政治家和官员也会为了追求权力、地位、声誉、经济资源等利益，在激励、约束和监督机制不健全的情况下，利用手中的职权做出自私自利的机会主义行为（Dimos and Pugh，2016）。也就是说，政府公共决策的制定和实施会受到所有相关"经济人"动机的驱动，政治权力或许会成为政治家和官员谋取私利的工具，变成政府与个人或组织之间进行的一场政治交易，导致政府在提供公共物品时出现有失公共性、公正性的现象。政府研发补贴等创新激励政策作为公共政策的一种，政府部门在制定和执行研发补贴政策时也不可避免地会偏离政策目标。具体来说：

首先，政府为了更快更好地实现经济、技术、社会发展等目标，在选择补助

对象时往往会出现"扶优扶强"或"锦上添花"的倾向，将优惠的政府补贴资源向本就比较成功的企业倾斜（Dimos and Pugh，2016）。此外，政府通常还承担着稳定就业、提供地方性公共产品、发展地方经济等目标，因此，企业创造的就业机会、缴纳的税费规模、经营状况、技术创新能力等也就成为政府筛选研发补贴对象时的重要标准（唐清泉、罗党论，2007；Boeing，2016；Wang，Li and Furman，2017）。在欧盟，Radicic 等（2016）分析了欧盟实施的针对中小型制造业企业的创新激励项目，发现那些已经具备研发基础和创新实力的企业更可能得到项目资助，这是因为政府官员希望受资助的项目能在短期内取得成功，从而可以为自己带来良好的声誉和政绩。还有学者发现，一些国家的政府在分配研发补贴资金时，出现了少数规模较大的企业获得大部分资助的现象。例如，根据美国一家补贴监控组织（Good Jobs First）的统计，2000～2015 年联邦政府以拨款、税收抵扣等方式向私人企业提供了至少 680 亿美元的补贴，其中有 67%的补贴金额流向了 582 家大公司，这在美国被称为 Mills 现象（Feldman et al.，2022）。作为各国资助中小型创新企业的模仿对象，"小企业创新研究项目"（SBIR）在资助分配过程中，研发补贴项目向少数企业过度倾斜的现象也非常具有代表性，一小部分企业在受资助的频率、强度和连续性方面明显高于其他企业，研发资助项目的分布曲线出现了显著的向右侧倾斜的现象（Feldman et al.，2022）。在中国，唐清泉和罗党论（2007）以 2002～2004 年中国上市企业为研究对象，考察了政府实施财政补贴的动机。他们发现，财政补贴是帮助政府实现社会发展目标的重要手段，企业获得补贴的规模与公司员工的数量、税率水平、提供的公共产品正相关（唐清泉、罗党论，2007）。此外，国有上市公司通常会获得更多的政府补贴，因为它们承担了一部分政府目标（Chen，Lee and Li，2008）。类似地，Boeing（2016）及 Wang、Li 和 Furman（2017）研究了中国政府研发补贴或创新激励项目的分配过程，他们发现政府在选择补贴对象时也会采取"摘樱桃的策略"，研发补贴更多地向财务表现好、创新产出多的企业偏斜。

其次，为了维护地区的经济发展形象，政府在选择补贴对象时也会出现"扶弱"或"雪中送炭"的倾向。邵敏和包群（2011）基于 2000～2006 年工业企业数据分析了地方政府对企业的补贴行为，发现政府倾向于补助那些面临亏损、全要素生产率水平低等市场竞争力较弱的企业。耿强和胡睿昕（2013）的研究也指出，地方政府补贴的目的往往是保护那些经营不善、濒临亏损的企业免于倒闭，而不是去支持技术创新能力强、有发展潜力的"雏鹰"企业。另外，对于地方政府来说，上市公司的"壳资源"也有很大的价值。因此，当上市公司面临被摘牌的危险时，地方政府会通过财政补贴帮助上市公司粉饰业绩，亏损的、在保壳或配股边缘的上市公司更可能获得更多的政府补贴资源（唐清泉、罗党论，2007）。如此一来，政府帮助了本该被市场淘汰的企业，在一定程度上限制甚至扭曲了市场竞争机制，不利于财政资源的优化配置。

2. 寻租理论

政府在选择补贴对象时还有可能受到企业与政府官员之间寻租关系的影响。寻租理论认为：一方面，政治家可能会利用行政干预手段设租，诱使企业提供一些好处作为获得这种租的条件；另一方面，企业也有动机与政府官员或政治家建立联系，通过影响政策环境、政策决策过程来为某些利益集团获得租金（吴文锋、吴冲锋、芮萌，2009；余明桂、回雅甫、潘红波，2010）。总之，政府官员通过财政支出的方式向企业提供补贴可能为政府官员和企业家之间的双向寻租行为提供空间。

Shleifer 和 Vishny（1994）的理论模型表明，政府官员为了争取更多的选票，就有动机向企业家寻租，比如要求企业聘用超过实际生产经营所需的员工数量或支付超过平均水平的工资。与此同时，政府官员会给企业提供相应的财政补贴作为回报。因此，有政治联系的企业可以获得更多的政府财政补贴也可能是寻租的结果。Aobdia、Koester 和 Petacchi（2018）考察了美国州政府的研发补贴分配过程，揭示出政府补贴分配过程其实是政府官员和企业家之间"任人唯亲"（Insidious Cronyism）的交换行为（A Quid Pro Quo Relationship），企业政治行动委员会（Corporate-Sponsored Political Action Committees，PACs）的政治献金与其获得政府补贴的可能性和规模有着显著的正向关系。英国学者 Raghunandan（2024）研究了在美国的政治竞选中州政府与受补贴的企业之间的政治和经济联系，发现州政府更倾向于将现金补助、减税和退税等定向补贴给那些能够创造就业的企业，因为受补贴企业创造就业机会可以帮助政客创造政治业绩，有助于州长实现连任，而出于晋升动机，政客对于受补贴企业的违规行为也更加容忍或者包庇，企业在获得州政府补贴后，更有可能在补贴州从事不当行为，而在其经营所在的其他州则不会。

在转型经济体国家，与政府官员建立政治联系也可能成为企业争取更多研发补贴支持的手段（余明桂、回雅甫、潘红波，2010）。Wang、Li 和 Furman（2017）分析了 2005~2010 年 1086 份北京中关村示范区内科技型中小企业申请"科技型中小企业技术创新基金"的申报材料，再结合专家评审结果，发现项目评审和分配环节存在与政策目标和资助规则相悖的现象：一些具有政治联系的企业，即使评审得分没有达到项目设定的资助门槛，仍然能够获得资助。这是因为政府官员在分配财政补贴时具有较高的自由裁量权，个别官员可以通过设定不同的门槛或者模糊的补贴标准，为那些有政治联系的企业量身定制优惠政策，这本质上也是一种设租行为（Wang，Li and Furman，2017）。并且，在市场发育水平低、政府官员自由裁量权大、政府官员权力行使缺乏有效监督的地区，政府研发补贴等优惠政策资源的分配更加容易受到政治关联的影响（Boeing，2016）。

（二）企业的迎合行为

政府的无偿补助不仅直接给企业带来了一笔可观的收入，而且还可以向外界传递该企业受到政府认可和支持的信号，从而能够间接地帮助企业降低外部融资成本、开拓新的市场、增加外部研发合作机会（Kleer，2010；Lim，Wang and Zeng，2018）。但由于政府财政补贴资源有限，不同企业得到政府补贴的可能性和补贴的规模往往存在差异，研发补贴成为一种稀缺的优惠政策资源（赵璨等，2015；Dorobantu，Kaul and Zelner，2017）。因此，企业也有很强的动机去迎合政府的补贴发放标准和利益取向，以获取更多的优惠政策支持（王红建、李青原、邢斐，2014；赵璨等，2015）。现有研究从不同的理论视角讨论了企业为获取政府补贴而采取的主动迎合行为及其背后的动机。

1. 信息不对称理论

信息经济学的理论指出，当市场交易中的一方具有信息优势并可以通过这种优势获利时，处于信息劣势的一方就难以做出相应的决策。在信息不对称的情况下交易，处于信息优势一方的容易做出与市场信息相违背的逆向选择行为，导致资源错配和经济效率扭曲（柳光强，2016）。同样，政府和企业作为市场交易中的重要参与主体，双方掌握的信息也存在差异，也存在逆向选择的可能。针对财政补贴的制定和实施过程，以往文献多将政府视为处于信息劣势的一方，由此提出了"政府失灵""有限理性的政府"等观点（Dimos and Pugh，2016；柳光强，2016），并揭露了一些企业为了争取政府补贴支持而采取的逆向选择行为。

具体而言，由于目前企业技术评价体系和企业信息披露机制存在缺陷，再加上政府官员的专业知识门槛和认知局限的影响，政府部门很难获得关于企业研发能力、项目发展前景和预期收益等的完整信息（柳光强，2016）。在完全的市场信息条件下，企业只有如实地披露自身经营状况和技术水平的信息，才能获得政府财政补贴政策的支持。然而，在政企信息不对称的情况下，企业可能会通过刻意隐瞒信息、虚报材料或有选择地披露信息等方式来迎合政府的标准和偏好，以享受政府的优惠政策（安同良、周绍东、皮建才，2009；周燕、潘遥，2019；

Wang，Stuart and Li，2021）。在现实中，企业骗取财政补贴的案件频频被曝光就是有力的佐证。这些现象也引起了部分学者的关注，他们的研究揭示了企业的迎合行为及其与企业获得研发补贴之间的关系。企业为获取政府研发补贴而采取的逆向选择行为表现在以下几个方面：

第一，一些企业会采取不合规、不合法的手段骗取政府的财政补贴。关注近年来有关政府补贴的新闻报道不难发现，企业以虚报研发费用、利润额等方式骗取政府财政补贴的现象仍大量存在。此外，学者通过实证研究也发现了部分企业的政策套利行为。Wang、Stuart 和 Li（2021）对"科技型中小企业技术创新基金项目"的申请者和最终获得者进行了比较，发现一部分企业会粉饰利润来迎合补贴项目的选拔标准，并且这类"骗子"企业反而更有可能得到政府的创新补助。此外，由于一些政府补助政策把企业的营业额作为筛选标准之一，导致部分企业会借助于数据造假的"过票"方式增加企业营业额（周燕、潘遥，2019）。王红建、李青原和邢斐（2014）及赵璨等（2015）剖析了中国上市公司的盈余管理行为，他们发现那些盈利状况较差的上市公司会利用政府想尽力保护本地区上市公司"壳资源"的心理，进行负向盈余管理，即粉饰报表使当期财务表现不佳而未来盈利潜力较大，以此迎合政府从而获得更多的政府财政补贴。并且，在地方政府官员晋升压力较大的地区，企业为寻求补贴而采取逆向选择行为的现象更突出（赵璨等，2015）。

第二，部分企业会通过采取"策略性创新"来寻求更多的政府补贴（黎文靖、郑曼妮，2016）。为了在任期内快速提升地区的创新水平，政府官员有动机选择科技成果多的企业进行大力扶持。再加上政企信息不对称，政府部门难以准确评估企业的技术前景，导致一些企业会故意传递虚假的创新信号以获取政府补贴支持（安同良、周绍东、皮建才，2009）。比如，在审批国家技术创新资助项目时，人才队伍或研究团队通常是一个重要的评审指标。一些企业为获得研发补贴便去"高薪"聘请高校学者、研究员到企业挂名，但这些通过兼职、顾问等方式聘请的研发人员实际不参与企业的研发工作，只是向政府释放了虚假的创新信号，却为企业赢得了更多的研发补贴支持（安同良、周绍东、皮建才，2009）。还有学者研究发现，在国家高新技术企业认定的税收优惠激励下，企业研发投入显著增长，体现了企业对研发补贴政策的积极响应。与此同时，企业的研发强度是高新技术企业认定的主要筛选标准之一，面对较大力度的税收政策优惠，一些企业做出了操纵财务数据的行为（比如将管理费用挪至研发支出），从而为企业赢得了高新技术企业认定的资格（杨国超、芮萌，2020；Chen et al.，2021；刘啟仁等，2023）。但是，企业依赖于过度的财务账面操纵，而没有进行实质性的固定资产和人力资本配套投资，这种虚假的研发投入行为最终也会损害政策的效果（刘啟仁等，2023）。

政府研发补贴政策的初衷是扶持和培育一些具有潜力的、有战略性意义的产业和企业。但是，在现实中却有一部分企业患上了"补贴依赖症"，采取虚构研发项目、伪造或粉饰申报材料等违规手段骗取政府财政补贴资金（安同良、周绍东、皮建才，2009；Wang，Stuart and Li，2021；Chen et al.，2021）。更有甚者，一些企业一味地追随政府的补贴政策来安排生产经营和研发活动，将政府补贴作为企业获利的主要来源，逐渐丧失了研发创新的源动力（安同良、周绍东、皮建才，2009），造成了政府财政补贴资金的严重误用和浪费（杨国超、芮萌，2020）。由此可见，如何在补贴的分配环节改善政企信息不对称，筛选合适的政策受益者、淘汰动机不良的逐利者，是发挥政府研发补贴政策积极效应的重要前提。

2. 资源依赖理论

资源依赖理论最早是由 Pfeffer 和 Salanick（1978）提出的，该理论将组织研究的焦点转向组织所处的外部环境。由于企业需要从外部环境获取生产经营所需要的资源，因而会对外部的资源持有者（包括政府、投资者、供应商、顾客等）产生依赖（Pfeffer and Salanick，1978）。为了降低对外部重要的资源提供者的依赖、减少因资源供给波动而产生的不确定性，企业需要管理好与外部资源持有者之间的关系。

在企业所处的非市场环境中，政府是最为重要的资源持有者之一（Dorobantu，Kaul and Zelner，2017）。政府不仅控制着重要且稀缺的政策资源，而且掌握着分配和利用这些资源的权力。在面对这种依赖关系时，企业可以与政府官员建立个人或组织层面的关系，由此降低因资源依赖而产生的不确定性（Sun，Mellahi and Wright，2012）。以往的研究也表明，建立政治联系是帮助企业获得政府财政补助的一个重要手段。政治联系可以帮助企业及时获取补贴政策信息，同时政府也更容易获得有政治关联的企业的真实信息（吴文锋、吴冲锋、芮萌，2009）。余明桂、回雅甫和潘红波（2010）以 2002~2007 年中国沪深两市民营上市公司为研究对象，发现如果民营企业的高管曾担任一些职务，他们就可以利用任职期间积累的社会关系，在企业申请政府财政补贴时更容易获得认定和审批。并且，在正式制度环境比较差的地区，民营企业家更倾向于通过政治联系来影响政府官员关于补贴等优惠政策资源的分配决策（余明桂、回雅甫、潘红波，2010；毛其淋、许家云，2015）。除此之外，Aobdia、Koester 和 Petacchi（2018）以美国企业为研究对象，也发现了类似的现象：无论是企业的政治献金、游说策略，还是企业家与政治家之间建立的社会关系都有助于企业获得更多优惠的政策待遇。

还有一些观点认为，国有企业由于与政府存在天然的政治关联，因此更容易获得政府补贴。例如，邵敏和包群（2011）、步丹璐和郁智（2012）、耿强和胡睿昕（2013）、孔东民等（2013）等的研究发现，国有企业获得了更多的政府财政补贴。长期以来，国际社会认为中国政府对企业实施的补贴具有歧视性，优待国有企业而歧视非国有企业，但新近的证据驳斥了这种"所有制歧视"的观点。例如，在公开的政府研发补贴政策文件中，并没有明确出现对企业所有权的限制或关键词（如"国有企业""产权""所有权"），可见官方的文件并没有表现出对国有企业的偏爱或对非国有企业的歧视。聂辉华、李光武和李琛（2022）还对 2003～2020 年上市公司的补贴情况进行了分析，比较了国有企业与民营企业在获取政府补贴强度（补贴金额除以企业规模）方面的差异，发现自 2009 年以来，国有企业获得的补贴强度是低于民营企业的，以实际数据证伪了"所有制歧视"的看法。

综上所述，目前有关企业获取研发补贴影响因素的研究，还远没有关于研发补贴理论基础和补贴政策有效性评估的文献那么丰富。尽管如此，仍有一些研究发现，政府研发补贴资源的分配并非完全遵循社会资源最优分配的逻辑，而是受到了制度环境、政府和企业行为、市场竞争、政企互动等多重因素的制约。学者们越来越意识到研发补贴政策精准分配的重要性，提倡减少"一刀切"的补贴标准，为不同行业、不同发展阶段的企业实施精准的补贴政策，减少政府财政资源的浪费与误用。可见，厘清企业获取研发补贴的影响因素及其作用机制，也是提高研发补贴等产业政策有效性的重要一环。

第二节 公司治理与企业创新的文献回顾

公司治理是现代企业中最根本的制度安排之一，是公司所有者为了保证公司资源的有效配置、提升公司经营业绩而实施的一系列监督、激励、协调和控制的制度安排。公司治理对企业的影响是多方面的，部分学者重点关注了公司治理对企业创新的影响作用，本章节将对这部分的文献研究进行梳理总结。

一、公司治理对企业创新的影响

公司治理与企业创新原本是相对独立的两个研究范畴。公司治理的研究主要依托于委托代理理论和利益相关者理论，其根本目的在于解决因所有权和经营权分离而产生的代理问题，以及如何保证所有者和利益相关者的利益。逐渐地，创新管理领域的研究者发现代理风险也会对企业创新活动产生不利影响，比如代理人的避责倾向不仅会导致企业对创新活动的投入不足，而且还会降低企业对创新资源的配置效率（He and Wang，2009；Jia，Huang and Zhang，2019），这些问题的解决很大程度上受制于与公司治理机制相关的制度安排。由此，公司治理成为影响企业创新的一项重要的制度安排而受到重视。现有研究主要从股权结构、董事会和管理层治理三个方面的治理要素出发，研究公司治理对企业创新的影响。

第一，作为公司治理的核心要素之一，股权结构被认为与企业创新决策密切相关。以企业的股权集中度为例，一部分学者认为过度集中的股权难以分散风险，使得大股东更加厌恶风险和保守，因而降低了企业从事创新等高风险活动的动机（Lee and O'neill，2003）。相反，也有部分研究发现将股权集中在少数人手中可以防止管理层对资源的低效配置，因为大股东可能更愿意投资于有助于公司长期发展的研发项目（Lee and O'neill，2003）。此外，不同类型的投资者对于创新战略也有着不同的偏好。比如，相比于其他的投资者，机构投资者在激励、监督和提供资源方面的能力更强，可以减轻管理人员对创新活动的风险规避倾向（Pahnke，Katila and Eisenhardt，2015）。在转型经济国家，政府持股对企业创新的影响也较为复杂：一方面，国有企业在创新资源获取方面具有明显的优势。由于国有企业天然与政府之间关系密切，它们通常可以以更低的利率获取银行贷款、政府财政补助、税收优惠及其他补偿金，并且为了响应政府建设创新型国家的政策号召，国有企业也会投入更多的资源从事研发创新活动（Zhou，Gao and Zhao，2017）。另一方面，国有企业对创新资源的利用效率却受制于国有企业的代理问题，特别是丰富的冗余资源会进一步削弱国有企业的冒险意愿和短视行为，这也削弱了国有企业将创新投入转化为高质量创新产出的能力（Zhou、Gao and Zhao，2017）。Sun、Deng 和 Wright（2021）对一类特殊的企业——跨国合资制造业企业开展了调研，发现国家所有权对跨国合资企业的创新投入有促进作用，但对其创新产出的影响却不显著。除此之外，企业还需要注意平衡不同投资者的利益，因为不同类型所有者的创新偏好可能存在冲突（Aghion，Van Reenen and Zingales，2013）。

第二，董事会为股东和管理层之间提供了正式的联系通道，对企业创新也有着显著的影响。现有研究从董事会规模、董事会独立性、董事会组成以及董事特征等方面讨论了董事会治理的作用。关于董事会规模对企业创新的影响，现有的研究结论尚不统一。有研究表明，董事会规模大的企业在信息、技术、知识等资源获取上有优势，可以帮助企业应对研发创新的不确定性；但也有研究发现大规模的董事会比较难以协调各种不同的观点、更容易发生冲突，因而难以形成一致的创新战略，且不利于创新活动的开展（Zona，Zattoni and Minichilli，2013）。此外，提高董事会的监督职能则有助于遏制代理风险，比如增加董事会会议频次、引入独立董事、提高董事会多样性均有助于企业创新成功（Lee and O'neill，2003）。另外，董事会成员较高的受教育水平、较好的技术背景也能帮助企业更好地从事研发创新活动（郭玥，2018）。

第三，作为公司主要战略决策者的公司高管对企业创新投资和创新管理过程有着直接的影响，因此也有学者从管理者或管理团队的特质、对管理者的监督和激励等方面考察了管理层治理与企业创新之间的关系。基于高阶理论，高管的年龄、性别、教育水平、职业经历、社会资本等都对企业创新有着显著的影响。此外，设计恰当的激励机制，特别是股权激励、高管薪酬等，也有助于降低股东与管理者之间的代理风险，遏制管理者的短视、风险厌恶和机会主义行为，尽可能使管理层做出有利于企业长期发展的、最大化股东利益的创新投资决策（He and Wang，2009）。

总之，现有研究主要围绕以上某个或多个公司治理要素去讨论公司治理与企业创新之间的关系，产生了较为丰富的研究成果。研究的思路主要围绕如何通过有效的公司治理降低代理风险和兼顾利益相关者利益而展开，研究的重点因关注的治理主体和治理要素而存在差别，且随着对公司创新过程和成果的细分而不断深化。

二、研发补贴、公司治理与企业创新

尽管以往文献对公司治理与企业创新之间的关系进行了广泛的讨论，但是针对政府研发补贴绩效去探讨公司治理的影响的研究则比较少。陆国庆、王舟和张春宇（2014）认为补贴扶持是目前我国政府推动战略性新兴产业发展的重要途径，虽然政府创新补贴对于单个企业的影响作用不大，但是良好的公司治理机制（体现为独立董事占比和第一大股东持股比）有助于改善补贴政策的实施效率。杨洋、魏江和罗来军（2015）利用中国工业企业数据库，比较了不同所有制企业利用政府补贴进行创新的效果，结果发现：企业的国家所有权削弱了政府补贴绩效，政府补贴对民营企业创新绩效的激励效应更大。Jia、Huang 和 Zhang（2019）考察了中国政府为鼓励企业自主创新而实施的政府采购政策对国有企业创新绩效的影响，研究发现：改善公司治理手段有助于减少企业在利用政策资源时的道德风险行为，即防止企业代理人片面追求专利产出的数量而牺牲了专利的新颖性。此外，为解开政府的慷慨补贴与企业绿色创新绩效之间"逆势"发展的谜题，王旭和王兰（2020）探讨了大股东治理在政府财政补贴驱动企业绿色创新过程中的作用，研究发现：在股权制衡较低的情况下，大股东攫取私利的动机和非专业的过度干预会挤占企业的创新投入并降低企业的绿色创新效率，这是导致政府财政补贴低效的重要原因之一。可见，公司治理机制不仅影响着企业代理人对公司自有创新资源的投资与使用，必然也会影响企业对政府研发补贴资源的使用。

由此可知，对政府研发补贴政策实际效果的解释也需要建立在对企业内部创新资源的配置和使用效果的理解之上。其中，公司治理机制正是决定着谁来进行创新的相关决策、做出何种创新决策、如何配置和管理创新资源以及如何分配创新所得收益等的制度安排。因此，在实施研发补贴等创新激励政策时，需要充分考虑企业内部的治理机制与质量的影响。

第三节　社会网络理论的文献回顾

社会网络理论和社会网络分析技术起源于社会学的研究。最早可以追溯到1922 年，德国社会学家 Georg Simmel 在其著作 *Conflict and the Web of Group Affiliations* 中首次提出了"网络"的概念。以 Georg Simmel 为代表的社会学学者发现当时主流的社会学研究只关注个体的行为，而忽略了个体行为的社会属性，即个体与个体之间的互动和影响。逐渐地，学者们开始关注个体之间的关系，从个体间联系的视角研究个体的行为，从而发展出了丰富的社会网络理论和社会网络分析工具。随后，组织行为和企业战略管理领域的学者也认识到，企业的经济活动、决策和行为不是孤立的或是在真空下进行的，而是嵌入在具体的、多样的且不断变化的社会互动情境之中（Granovetter，1985）。在经济、技术迅速发展的今天，几乎每一家企业都以某种形式与其他外部组织产生了各种各样的社会联系。

在概念上，社会网络指的是在社会行动者之间通过各种社会联系而形成的一种网络形状的社会结构。社会网络理论以及社会网络分析技术借鉴了数学"图论"的方法，将社会网络中的社会行动者看作图论中的节点（Node），而网络中的社会联系就用图论中的边（Edge）来表示。社会网络中的节点可以是任何一个个人或者组织，比如个人、企业中的部门、企业、非营利组织、政府部门、国家或地区等。社会网络中的边代表了社会行动者之间的社会联系，社会行动者通过社会联系彼此相连进而形成了社会网络。在社会网络的研究中，社会联系的内涵非常丰富。比如，在一个团队中某位成员可以与另一位成员合作从而形成社会联系，这种联系意味着团队成员之间可以进行学习、交流等活动；再如，组织之间也可以通过商业交易、人员任职、合作等形式产生联系，企业组织之间的社会联系内容非常丰富，通常可以包括战略联盟、合资企业、产业集群、供求关系、商业集团、行业协会会员等。

一、社会网络嵌入的内涵及影响作用

Granovetter 在其经典文献 *Economic Action and Social Structure：The Problem of Embeddedness* 中发展了 Polanyi 提出的嵌入性（Embeddedness）的概念，批评了新古典经济学中将经济行为原子化（Automized）而忽略其社会化属性的分析视角，强调经济行为是嵌入在社会结构当中的，社会行动者的行为受到了其所嵌入的社会网络结构因素的制约和影响。网络嵌入的内涵包括两个方面，分别是关系嵌入（Relational Embeddedness）和结构嵌入（Structural Embeddedness）（Granovetter，2005）。

（一）社会网络嵌入的内涵

1. 关系嵌入

关系嵌入是指社会行动者的经济行为嵌入在具体的社会关系之中，社会关系的具体特性包括互惠的原则、对相互认同的期待、对规则的遵守等，都会影响社会行动者的决策和行为。从关系嵌入视角开展的研究重点关注社会联结的特性及其影响，常见的社会联系的特性包括关系的类型、关系的强度、信任关系、互惠关系等。

在有关关系嵌入的文献中，强关系和弱关系是一组经常被研究的概念。研究者根据关系强度将社会关系分成了强关系和弱关系两种类型。强关系区别于弱关系的关键特征在于社会行动者之间互动频繁、感情基础较为深厚、亲密程度也更高。对关系强度的研究重点探讨了哪一种关系类型更有价值，并逐渐形成了强关系理论（Strong Tie Theory）和弱关系理论（Weak Tie Theory）。在强关系理论中，强关系意味着社会行动者之间交流和互动更加频繁、信任水平也更高，有利于隐性的知识和经验在网络成员之间传播，也更容易形成稳定的合作关系。弱关系理论则更关注知识和经验的异质性，弱关系网络往往是连接不同的社会圈子（一般通过强关系联结）的桥梁或中介，能够为网络成员提供异质性的、非冗余的信息和知识等资源（Granovetter，1974）。不同领域的学者也开展了大量的实证研究，对这两种不同的理论观点进行检验。最典型的是 Granovetter（1974）所做的关于社会网络关系影响个体求职结果的研究，研究发现弱关系能够给求职者带来非冗余的信息，从而对求职者的求职结果产生积极的正向影响。Bian（1997）基于中国情境的研究却发现了不同的结果。他认为，不同于市场经济体制下的职业市场，在过去中国的计划经济体制下，职位的分配掌握在政府部门手中，因此，个人求职成功的关键不在于他/她获得了多少有关职业机会的信息，而在于通过强关系获得对决策机构的影响力，在这种情况下，反而是强关系对求职结果有正向的影响。

2. 结构嵌入

结构嵌入关注的是社会行动者嵌入的网络关系的模式，重点考察的是社会行动者在社会网络中的位置、地位、角色等，分析不同的社会关系模式对社会行动者决策、行为及绩效的影响。在结构嵌入的研究中常常使用中心性、结构洞、网络闭合度、网络密度、网络开放度等概念来定义和描述社会网络的结构特征。在讨论占据什么样的社会网络位置才有利这一问题时，中心度和结构洞是最重要的，也是被研究得最多的一对网络结构特征。

中心度是社会网络的一个重要的结构属性，中心度的概念既存在于社会网络的节点层面，也存在于社会网络整体层面。对于某一个节点（社会行动者，包括个人、组织等）而言，中心度的概念描述的是这个节点在多大程度上处在网络的中心；对于网络整体而言，中心度衡量的是这个网络中的节点之间联系的紧密程度（Freeman，1978）。管理学研究者将中心度的概念引入战略管理研究领域，研究了网络中心度对组织的行为和绩效的影响。比如，Ahuja（2000）考察了企业之间的研发合作网络对企业创新绩效的影响，发现中心度高的企业借助于更多社会联系，可以获得更多的知识和技能，从而能够提高企业的创新产出。在个体层面，Paruchuri（2010）的研究也发现，研发人员在研发网络中的中心度对其创新绩效有显著的影响作用。研发人员的网络中心度越高，意味着其能获得的外部知识和信息更多；但是，一旦中心度高于某一门槛值，过载的信息和知识反而会增加研发人员的信息负担，降低其处理、理解和吸收信息的效率。因此，研发人员在研发合作网络中的中心度与其创新绩效之间呈倒 U 形的关系。社会关系网络不仅可以帮助个体或组织获取外部资源，也可以成为其影响力的来源。例如，Koka 和 Prescott（2008）以企业间的联盟关系网络为研究对象，发现中心度比较高的企业对不具备突出地位的企业具有控制权优势，它们往往会成为联盟网络中标准和规范的制定者。Gnyawali、He 和 Madhavan（2006）的研究表明，在竞争与合作并存的企业间网络中，中心度高的企业往往是更受欢迎的网络伙伴，因为它们占据更多的网络资源且具有更高的声望和权力，也正因为如此，中心度较高的企业更倾向于在竞争网络中表现出具有"攻击性"的竞争行为。

结构洞描述的是一种网络关系间断的现象，当社会网络中的两个社会行动者之间没有直接联系，那么这两个社会行动者之间就存在一个结构洞（Structural Hole），这两个社会行动者之间的沟通交流都必须通过占据结构洞位置的中间人来实现（Burt，1992）。Burt（1992）首次提出，个体所拥有的社会资源或资本的多寡与联系的强弱没有必然联系，而是取决于个体所占有的结构洞的数量。在研究结构洞的文献中，对于结构洞的作用也存在分歧，最具代表性的就是 Burt（1992）的结构洞理论（Structural Hole Theory）和 Coleman（1988）的网络闭合理论（Network Closure Theory）。Burt（1992）的结构洞理论认为嵌入在松散的网络中具有优势，因为可以获取非冗余的信息资源和控制优势；而 Coleman（1988）的网络闭合理论则强调紧密的网络更能增进信任与合作。具体来说：

Burt（1992）的结构洞理论强调社会资本来源于在社会网络中拥有的信息和资源的中介机会（Brokerage Opportunities）。这种优势具体体现在以下几个方面：第一，占据结构洞位置的个体或组织与两个彼此没有联系的个体或组织建立了联系，可以接触到更多的异质性的信息、知识或资源；第二，作为中间人（Broker）的个人或组织在网络中有更大的自主性和控制权。由于互不相连的网络伙伴之间的沟通交流只有通过中间人才能完成，因而占有结构洞的个人或组织对网络中信息和资源的流动有较强的控制力。利用网络中资源不对称的条件，中间人间接拥有了分配网络资源的权力，这也构成了竞争优势的一部分。

与此相反，Coleman（1988）则更强调作为中间人可能存在的风险，认为个体或组织处在联系紧密的网络中可以获得更多的社会资本。第一，个体或组织之间的联系越紧密，它们之间的沟通会越顺畅、频繁，信息传递的质量也就越高；第二，联系紧密的网络成员之间的信任水平更高，成员的机会主义行为也更容易被发现并受到严格的惩罚。网络成员的机会主义行为减少了，也就更易形成成员之间高质量的信任、合作和遵守共同规范。Coleman 的这一观点被 Burt 称为社会资本的网络闭合理论。此外，社会学家 Granovetter（2005）也持有与此类似的观点，认为如果相互联系的两个个体之间拥有共同的朋友，那么他们的机会主义行为就更容易被发现并得到惩罚。因此，在闭合的、联系紧密的网络中，个体之间的信任水平更高且机会主义行为更少，由此产生的关系资本和价值也更多。

（二）社会网络的功能

个人或组织社会网络嵌入的属性之所以受到重视并得到广泛研究，部分原因在于社会网络发挥着独特的功能和作用。现有文献主要揭示了社会网络的管道功能和信号功能。

第一，社会网络的管道功能主要体现在：网络可以成为个体或组织之间知识、信息和资源流动的通道，能满足社会行动者获取知识、信息和资源的需求（Podolny，2001）。不少学者基于网络的管道功能对个人、团队、组织等层面的问题进行了解释。比如，Godart、Shipolov 和 Claes（2014）研究了社会网络对法国的时尚设计工作室创新绩效的影响，他们的研究表明，设计师的工作流动使工作室之间建立起了网络联系，可以促进工作室之间知识的流动和设计师之间的交流，进而提高了工作室的设计能力和创新产出。当然，不同性质的网络传递信息的能力也有所差别，Bell 和 Zaheer（2007）的研究区分了企业之间存在的三种不同的网络：即企业高管之间的个人友情网络、企业因持股和合作建立起的企业间联系以及企业因共同参加行业协会而形成的网络联系。他们的研究发现：高管的友情网络和行业协会网络在一些情况下可以传递知识和信息，但是企业之间的直接关系网络传递信息的功能则很微弱。

第二，社会网络的信号功能体现在：个体或组织的网络特征可以作为评价其资源多寡、能力高低、权力大小等属性的依据。尤其是在信息不对称的情况下，社会网络特征可以成为外界了解个人或组织的一种手段，因此社会网络属性就像棱镜一样，折射出个人或组织的某些特征（Gulati and Higgins，2003）。区别于网络的管道功能，网络的信号功能强调的是个人或组织的网络特征所蕴含的信息，而不是通过网络关系本身所传输的信息。外部的利益相关者可以通过个体或组织的网络位置、网络关系、网络伙伴等特征来对个体或组织的某些属性作出判断及评价，并以此为依据做出与该个人或组织相关的决策。Gulati 和 Higgins（2003）基于网络的信号功能研究了社会网络是如何影响投资者对企业 IPO 估价的问题。基于生物技术创业公司的数据，研究发现，在市场行情不好的情况下，创业公司与风险投资公司之间的联系有助于创业企业的 IPO；在市场行情较好的情况下，创业企业与投资银行建立联系对创业企业的 IPO 更有利（Gulati and Higgins，2003）。Ozmel、Reuer 和 Gulati（2013）发现，如果创业公司与在风险投资网络中处于中心位置的企业合作，得益于网络的信号功能，这类创业公司会得到更多的来自风险投资公司的投资。

二、作为组织间关系的连锁董事网络

（一）连锁董事网络的内涵

组织间网络（Inter-organizational Network）在管理学、社会学和组织学领域中都是重要的研究议题。企业与其他组织在长期互动中形成的关系对企业的战略、行为、绩效都有着重要的影响。在有关组织间关系网络的文献研究中，许多类型的组织间关系得到了讨论，包括连锁董事网络、战略联盟、合资企业、企业集团、产业集群、行业协会等。其中，连锁董事网络得到了普遍的关注和广泛的研究（Mizruchi，2007）。连锁董事（Interlocking Directorates）指的是一家公司的董事同时也在其他的公司担任董事，两家企业会因为拥有共同的董事而建立起企业之间的连锁董事关系，而由连锁董事关系所串联起来的公司间的社会关系网络就是连锁董事网络（Interlocking Directorates Networks）（Mizruchi，1996）。

连锁董事网络是一种重要的企业间网络关系，也是企业战略研究领域被研究得最多的组织间关系网络之一，主要有以下三个原因：首先，董事会是现代公司治理中的核心决策部门，董事会对企业战略的规划和实施、高级管理人员的聘用等重大决策具有最终决定权（Mizruchi，2007）。其次，连锁董事对企业的行为、绩效等都有着重要的影响。最后，由于各国股市都强制要求上市公司披露公司治理方面的信息，研究者相对来说可以比较容易地获得公司董事会成员的信息。作为企业所嵌入的一种重要的社会关系网络，连锁董事网络已经成为研究企业间关系时最常用的网络关系之一。尽管连锁董事网络不能涵盖企业间关系的全部，但它仍然不失为研究企业间社会网络关系的一个有力的代理指标和切入点（Mizruchi，1996）。

现有文献对连锁董事的研究主要分为两个部分：一是对连锁董事网络形成机制的探索；二是对连锁董事网络如何影响企业行为和绩效的讨论。本部分将重点回顾有关连锁董事网络后果的文献，帮助我们理解连锁董事网络对企业决策和行为的影响及内在的作用机制。

（二）连锁董事网络对企业行为的影响及作用机理

大量研究表明，连锁董事网对企业的行为决策有重要影响。连锁董事网络不仅是企业间信息传递的重要通道，还是促进企业之间协调行动、传播和扩散企业行为与决策的重要载体（Haunschild，1993；Shropshire，2010）。首先，连锁董事网络是企业间信息传递的重要通道，有利于企业之间的沟通、学习与合作。在不同企业兼职的经历，可以帮助董事收集不同公司管理层的决策经验和信息，协助公司管理层进行相关的经营管理决策，甚至还可以为公司牵线搭桥找到与外部合作的机会。其次，连锁董事网络也可以像棱镜一样，向外界传递公司合法性的信号（Podolny，2001）。

不少文献研究关注了连锁董事网络的信息管道功能，揭示和解释了企业之间的相互模仿行为以及由此产生的企业在行为、决策和经济后果上表现出的相似性，这也是连锁董事网络研究的一个经典研究议题（Chu and Davis，2016）。梳理以往文献会发现，连锁董事网络对企业的影响是多方面的，包括企业的组织结构设计（Palmer，Jennings and Zhou，1993）、企业战略（Davis，1991；Haunschild，1993；陈仕华、卢昌崇，2013）、研发创新（Oh and Barker，2018）、企业社会责任行为（陈仕华、马超，2011；Ding et al.，2021）、新市场进入（Connelly et al.，2011）和公司治理（Shipilov，Greve and Rowley，2010）等方面。学者们也从不同的理论视角解释了企业决策或行为通过连锁董事网络传播和扩散的内在机制。

社会网络理论是被用来解释连锁董事网络作用的一个最为常见且重要的理论视角。在社会网络理论的研究者看来，通过连锁董事形成的企业与企业之间的连锁董事关系网络是影响企业行为的重要因素（Mizruchi，1996）。连锁董事不仅扮演监督者的角色，更是企业之间信息、知识、机会等资源传递的重要渠道（Haunschild，1993）。以往的实证研究表明，企业的并购、股票期权回溯、盈余管理、企业社会责任等行为，都能够通过连锁董事网络在企业之间进行传播和扩散，凸显了连锁董事网络在组织社会嵌入过程中的重要性（Davis，1991；Haunschild，1993）。Davis（1991）开创性地揭示了连锁董事对企业之间战略模仿现象的作用机制，发现公司是否采用反收购的防御计划（包括毒丸计划、黄金降落伞等）是受到了连锁伙伴企业相关经验的影响。随后，Haunschild（1993）将研究情境聚焦到了企业并购活动上，发现如果两家公司之间存在连锁董事关系，其中一家公司进行并购决策时会模仿连锁伙伴企业以往的并购活动，因而具有连锁董事关系的企业在并购频率、并购类型、并购价格等方面都很相似。在国内的研究中，陈仕华和卢昌崇（2013）从企业间连锁董事关系的视角分析了中国上市公司的并购溢价决策，也得出了类似的结论：连锁网络伙伴企业以往支付的并购溢价水平正向影响中心企业在之后并购时所支付的溢价水平。此外，企业间的高管联结关系也会使关联企业在慈善捐赠和企业社会责任行为方面趋于一致（陈仕华、马超，2011；Ding et al.，2021）。

当然，并不是所有的连锁伙伴企业对中心企业的决策和行为都具有同等程度的影响，基于社会网络视角进行研究的学者引入了更多的情境因素，以丰富和完善对连锁董事网络影响作用的认识。例如，Shropshire（2010）认为建立组织间联系的董事的个体特征（如连锁董事的动机、能力、经验等）会影响信息在组织之间的传播情况，具备某些组织特征（如董事会权力、董事会多样性、企业地位、网络中心度等）的中心企业也会更加容易受到外部信息和其他企业行为的影响。类似地，Oh 和 Barker（2018）的实证研究重点关注了建立组织间联系的董事个体特征的影响，结合注意力基础观（The Attention-based View），发现兼任外部企业董事的 CEO 是组织获取、解读和利用外部信息的过滤器。中心企业的 CEO 更倾向于模仿自己熟悉的、业绩较好的连锁企业的研发投资战略，因为这些信息更加可能受到 CEO 的关注（Oh and Barker，2018）。Davis 和 Greve（1997）则发现，企业在社会网络中的位置决定了其对关联企业的相对影响力，那些处于网络中心位置的企业对其他企业决策的影响作用更大。此外，Connelly 等（2011）分析了美国企业进军中国市场的战略决策，发现企业在决定是否模仿其他企业的海外扩张战略时，会分析该连锁伙伴企业先前实施的战略是否取得了成功，它们更倾向于模仿连锁网络伙伴企业的成功经验而不是失败的经历；如果连锁伙伴企业没有实施海外扩张战略，同样也会降低中心企业进入中国市场的可能性。

另外，还有一些学者从其他的理论视角出发，解释了连锁董事网络对企业间相互模仿行为的作用机制。这些研究也间接证明了连锁董事网络所发挥的传递信息的管道功能。比如，一部分研究连锁董事网络与企业间模仿行为的文献采用了制度理论的分析视角，认为连锁企业之间相互模仿是受到了强制性、规范性和模仿性压力的影响。比如，Haunschild 和 Beckman（1998）以企业的并购战略为研究对象，发现存在连锁董事关系的公司在并购决策方面的表现高度相似，这是因为连锁董事网络是企业间信息传递的重要通道，并且由于连锁董事网络传递的是与规范化压力相关的信息，因而比媒体报道、商业理事会等信息来源的影响力更大。Krause 等（2019）则发现，连锁董事不仅能传播因强制性压力而产生的企业实践，也能传播强制性压力本身。作者利用 209 家美国上市公司的董事在非营利组织的兼职信息，发现这些连锁董事受到了非营利组织中将"开销最小化"的压力的影响，会把这种强制性压力的信息传递到他们所任职的上市公司，使这些上市公司减少了对无形资产的投资（Krause et al., 2019）。可见，连锁董事网络可以将非营利组织场域的强制性压力传递到商业组织场域当中，呈现出一种跨组织场域传播的"涟漪效应"。简而言之，制度理论同样也将连锁董事网络看作企业间信息传播的重要通道，企业受到降低环境不确定性、获取合法性等动机的驱动，在做出组织结构设计、兼并收购、国际化等行为决策时会效仿连锁伙伴企业的战略决策与行为。

再如，随着组织边界的扩张以及社会网络理论的发展，基于网络关系的学习也成为组织学习理论的一个重点研究领域。连锁董事网络因而也被看作基于组织间社会网络的一种替代学习（Vicarious Learning）方式和重要载体（Haunschild，1993）。企业通过连锁董事建立起来的连锁董事网络，为企业的组织学习创造了一个重要且可靠的途径。连锁董事网络促进了信息和知识在企业之间的流动，也拓宽了企业的信息来源。连锁董事在其他企业任职过程中可以直接观察和参与连锁企业的决策过程，当中心企业面对类似的决策情境时，连锁董事从连锁伙伴企业获得的知识经验等私有信息也就成为中心企业重要的参考素材（Beckman and Haunschild，2002）。Beckman 和 Huanschild（2002）考察了连锁企业的并购溢价水平对中心企业并购溢价水平的影响，发现企业可以从网络伙伴丰富多样的并购经验中获得好处，因为企业既能从成功的案例中学习有益的经验，又能从失败的案例中获得教训，因此中心企业在并购过程中可以支付相对更低的溢价水平。类似地，当面临组织场域内的社会活动家施加的压力时，组织也会参考网络伙伴的经验来权衡采取某一策略的好处与坏处，进而选择合适的应对策略。例如，Briscoe、Gupta 和 Anner（2015）以 2009 年美国大学生发起的抵制 Russell 公司"血汗工厂"的运动为研究情境，发现大学的董事在选择是否履行社会责任时会学习与之有联系的其他大学的经验，如果连锁董事网络伙伴遭遇了社会活动者有理有据的抗议活动或者自发地去制裁 Russell 公司，而不是迫于社会活动者破坏性的抗议活动的压力去制裁 Russell 公司，那么该大学的董事会更可能去学习网络伙伴的应对行为。可见，尽管网络伙伴的经验是组织学习的重要来源，但企业并不是没有选择地盲目跟随，而是有选择地学习。

第四节　制度理论的文献回顾

一、制度理论及主要分支

制度本来是政治学的主要研究对象，随后逐渐渗透到社会学、经济学、管理学等领域，并形成了各个领域内的制度理论观点。在组织研究领域，早期的研究在考察外部环境时大多集中关注技术和市场环境，制度环境没有得到足够的重视。自从 Meyer 和 Rowan（1977）以及 Zucker（1977）开创性地将新制度经济学的理论观点引入组织研究中，制度环境对组织的形塑作用得到越来越多的关注，由此发展出的组织制度理论也成为我们理解组织结构和行为（尤其是组织行为和结构的同质性）的一个重要的理论视角。与此同时，随着制度理论影响力的扩大，企业战略管理研究领域的学者们也逐渐将制度因素整合到战略研究中，发展出了"制度基础观"（The Institution-based View），并与 Porter 的"产业基础观"（The Industry-based View）和 Barney 的"资源基础观"（The Resource-based View）一起被看作分析企业战略行为的三根支柱（Peng et al.，2009）。此外，学者们注意到，受到同样制度压力影响的组织在行为表现上仍然存在差异，仅依靠组织合法性理论并不能对这类现象给予充分解释。于是，一部分新制度主义学者开始将研究重点转到解释组织行为的多样性和异质性的议题上来，逐渐发展出了"制度逻辑"的理论视角。

接下来，本节将对现有的制度理论的主要研究分支和理论观点进行梳理。

二、组织制度理论和组织合法性

合法性（Legitimacy）是组织制度理论研究中的一个核心概念。Meyer 和 Rowan（1977）以及 Zucker（1977）开创性地将合法性的概念引入组织研究理论中，认为组织的生存和发展不仅依赖于物质资源，还需要获得组织合法性，才能免受外部环境的质疑和约束。DiMaggio 和 Powell（1983）认为组织不仅要遵从正式的法律法规体系，还需要遵从其所处社会的价值规范体系，特别是那些社会参与者所认可的职业标准或专业规范。由此，DiMaggio 和 Powell（1983）就组织场域内的组织同形化现象进行了解释，归纳了制度同形的三种机制，分别是源于正式法律压力的强制性同形、规避不确定性的模仿性同形和遵从专业标准的规范性同形。这篇文章的思想观点对后来的学者产生了重大的影响。随后，Suchman 在 *Managing Legitimacy*：*Strategic and Institutional Approaches* 一文中对合法性的概念进行了系统的论述：合法性是一种一般性的认知或假定，即在某个社会构建的规范、价值和信仰体系内，某个社会实体的行为被认为是合乎需要的、合适的、正当的。几乎在同一年，Scott 也发表了文章对合法性的内涵和基础进行了论述，Scott（2013）认为，合法性描述的是组织行为与外部制度规定、文化传统、社会规范等相一致的状态，并且组织合法性并不是一成不变的或者可以交易的商品。此外，Scott（2013）还将制度划分为规制、规范和认知三个方面，在此基础上将组织的合法性分为规制合法性、规范合法性和认知合法性三个维度。Suchman 和 Scott 对于组织合法性的定义和维度划分为组织制度理论的研究做出了杰出贡献，大多数学者至今都承认并沿用他们的观点来进行相关的研究。

除了对合法性进行定义和维度划分之外，Suchman 和 Scott 也对组织合法性的作用机理提出了较为一致的观点。合法性描述了组织的行为表现在多大程度上与利益相关方的期望相符，进而可以获得物质、情感和行动等方面的支持（Suchman，1995；Scott，2013）。因为组织始终是一个开放的系统，必须与外部组织进行交换才能得以存续，而外界的物质和非物质资源又是归属于不同的利益主体的。因此，获取组织合法性本质上就是要弄清楚哪些利益相关主体掌握了组织所需要的资源，以及如何满足利益相关主体的期望。

目前，学术界关于组织合法性基础的讨论基本达成了一致的观点，合法性的基础或来源大体上可以分为三类：第一种是建立在强制性奖惩基础上的合法性。最典型的就是法律法规和政策法令，法律的实施有明确的管制规则、监督和奖惩机制，如果违反了法律法规就会受到严厉的惩罚。一旦组织失去了规制合法性，就要付出沉重的代价，甚至失去从事相关活动的资格。第二种是建立在遵守规范和价值观基础上的合法性。组织并不是孤立存在的，其所处的社会系统中的成员会产生集体共享的价值观念和规范体系，对特定成员应当扮演的角色或行为有所期待，定义了什么样的角色和行为是恰当的、合理的。此时，受到集体价值观和规范期待的组织便会感受到合法性压力，促使组织将内在的价值观念、外在的行为表现与集体的价值观和规范趋同。第三种是建立在社会成员的共同理解基础之上的合法性，涉及的是抽象的、认知层面的问题。根据这一观点，组织和个人在很大程度上会受到外界的信念体系和文化框架的约束，并且会逐渐内化变成组织和个人的认知框架和信仰体系。前两种合法性来源有明确的外部利益相关者，而第三种合法性则是在整体社会框架下的组织和个体内生的合法性压力。

至今，已有许多学者基于组织制度理论，尤其是合法性机制，对企业的战略决策和行为进行了研究分析。考虑到合法性对于企业的生存和发展至关重要，企业的决策者必须将企业面临的合法性压力纳入企业决策的范畴，综合考虑合法性压力的重要性以及组织本身是否具备资源或能力来采取相应的策略。当企业与外部利益相关者就某一问题的理解相一致或认为合法性对企业非常重要时，企业便会采取遵从的策略以保持合法性。比如，Marquis 和 Qian（2014）对中国上市公司发布企业社会责任报告背后的行为动机进行了研究，发现从政府部门获得合法性是一个重要的解释机制，这是因为中国政府颁布的《企业社会责任报告发布指南》给企业带来了合法性压力。尤其是那些对政府依赖程度较高的企业，为了获得组织合法性，它们会发布含有实质性内容的、质量更高的企业社会责任报告。但是，当企业内部认知与外部利益相关者的期待出现分歧时，企业的决策和行为会表现得更为复杂和多样。特别是在契约制度不完备、外部监督机制不完善的制度情形下，组织应对合法性压力的策略更为多样、灵活，比如有忽略、挑战、攻击等否定策略（Oliver，1991）。Westphal 和 Zajac（2001）对 20 世纪八九十年代美国企业实施的股票回购计划进行了研究，发现一些企业仅象征性地公布了股票回购计划但是并没有真正执行，这种解耦策略可以保证企业获得最低限度的合法性，同时也能维持企业内部结构和经营的相对稳定。还有一种情况是，组织有能力改变利益相关主体关于合法性的定义和期待，此时企业很有可能采取主动的进攻策略。组织可以通过与利益相关方合谋来消除制度压力，或者以影响和控制的方式主动去改变合法性标准使其变得对自身经营更加有利（Oliver，1991）。

三、制度基础观

随着制度理论在经济学、社会学、政治学等领域的兴起，制度因素在企业战略管理研究中的作用也逐渐受到战略管理领域学者的关注。与此同时，企业战略管理研究一向推崇的"产业基础观"和"资源基础观"也因为忽略了对外部情境因素的考量而受到部分学者的批评。以往的战略管理理论研究虽然也关注企业外部环境的影响作用，但是这些研究大部分关注的是经济因素（Peng et al.，2009），而忽略了制度因素的影响，仅将制度环境作为战略研究的背景。随着转型经济和新兴经济中企业的战略管理问题逐渐受到关注，以往这种研究方式的弊端也显现出来了。尤其是，新兴经济体与发达经济体在制度环境方面的差异及其对企业经营发展所产生的差异化影响越来越受到战略管理学者的重视。由此，"制度基础观"逐渐成为企业战略研究领域的一个新的理论体系和研究范式，被应用到企业多元化战略、国际化战略、公司治理、知识产权战略等相关研究领域当中。

制度基础观的核心观点就是：企业的战略选择是企业与其所处的外部制度环境动态交互的结果（Peng et al.，2009），企业的战略决策不仅受到企业所处的外部产业环境和内部资源能力的影响，还受到正式的和非正式的制度框架的约束（Jarzabkowski，2008；Peng et al.，2009）。制度基础观还有一个重要的贡献就是关于正式制度和非正式制度之间关系的讨论，无论是正式的还是非正式的制度都给企业的战略决策设置了约束框架，但是当企业所处环境的正式制度缺失或者不完善时，企业可以利用非正式制度因素进行补充进而降低决策的不确定性与风险（Peng et al.，2009）。总的来说，制度基础观的核心观点就是正式制度和非正式制度以及制度的变迁塑造了企业的决策与行为，进而影响了企业的成长和绩效表现。

随着新兴经济体的发展，学术界对新兴经济体中企业经营和成长的问题也越来越关注，许多学者从制度基础观的视角出发，对新兴经济体中的企业的多元化战略、国际化战略、公司治理、创新创业等议题进行了探索研究。比如，Peng和Heath（1996）早就发现，在转型经济体中市场机制虽然存在但是作用有限，因为政府部门仍掌握着土地、资金、政策扶持等关键资源的分配权。政府的"干预之手"使企业的生存和发展依然较大程度地依赖于政府这一非市场环境，企业因而常常需要通过与政府官员建立政治联系来获取所需资源（Peng and Heath，1996；冯天丽、井润田，2009）。在研究企业面临绩效落差时的应对策略时，Xu、Zhou和Du（2019）发现，低于期望的绩效反馈虽然也会刺激企业做出冒险的变革，但是转型经济体中的企业更倾向于去做寻租腐败这类冒险活动而不是增加有利于企业长期发展的研发活动，这种倾向在法律制度不完善的地区更加明显。

总之，随着新兴经济体的企业发展现象受到越来越多的关注，制度基础观也成为分析和理解新兴经济体中各种企业行为和经济现象的重要的研究视角，对制度基础观的理论内涵和实际影响的认识也不断地拓展。

四、制度逻辑的视角

组织制度理论解释了组织为了获得合法性而在决策和行为上出现趋同化的现象，但是对于组织在制度压力之下仍然存在差异化的情形并没有能给出充分的解释。由此，一部分新制度主义学者开始把研究重点从制度同形和组织实践扩散问题转向组织行为的差异化等议题，开启了以制度逻辑（Institutional Logic）为视角的研究。与传统的强调单一主导逻辑（Dominant Institutional Logic）的新制度主义理论不同，制度逻辑的视角更强调制度情境是多元的、复杂的且多变的，因而重点关注在多元的制度情境之下多种制度逻辑长期共存、演进及其所引发的组织行为差异化、多样化的现象。

（一）制度逻辑的内涵及基本假设

"制度逻辑"（Institutional Logic）的分析视角最早是由 Friedland 和 Alford（1991）通过 *Bringing Society Back in：Symbols，Practices，and Institutional Contradictions* 一文引入组织管理研究当中的。随后，学者们从不同的层面和角度对制度逻辑理论展开了持续的研究，就制度逻辑的内涵逐步形成了较为统一的认识：制度逻辑是"由社会构建的、能够塑造行为主体的认知和行为的物质实践、假设、价值观、信念和规则的历史模式，社会行动者遵循这些模式创建和再现他们的物质生活，组织时间与空间，并给他们的现实生活赋予意义"（Thornton and Ocasio，1999）。换言之，制度逻辑是被共享的、关于什么是有意义的（如理性的、必需的）、恰当的认知和价值观念的集合（Thornton，Ocasio and Lounsbury，2012）。制度逻辑界定了个体和组织应该追求的目标以及实现目标的恰当方法，因而可以塑造或影响个体和组织的决策及行为。因此，要理解组织在行为或战略决策上的差异性或相似性，就需要明晰组织所嵌入的制度逻辑（Greenwood et al.，2011）。

像其他的理论一样，制度逻辑理论也有其基本的前提假设（Thornton and Ocasio，2008）：第一，与新制度理论强调的"结构单向地影响行为"的观点不同，制度逻辑的观点认为结构和行为是相互影响的，行为主体的决策是制度和能动性共同作用的结果。一方面，制度逻辑对个体和组织的认知与行为具有形塑作用，当他们寻求身份认同、权力地位和经济价值等其他利益时，会受到主导逻辑所倡导的价值观念、信仰体系的约束；另一方面，制度也是社会构建的，制度逻辑的具体表现及变迁过程也会受到个体和组织能动性的影响，也就是说，个体和组织也可以塑造和改变制度逻辑。第二，Friedland 和 Alford（1991）创造性地将社会定义为一个交互的制度系统，并将资本主义市场、官僚政治、民主、家庭和基督教视为西方社会最重要的五种制度秩序（Institutional Orders），每一种制度秩序都对社会行动者的行为和社会关系提出了不同的要求（Thornton and Ocasio，2008）。也就是说，个体和组织面临的是一个多元的、复杂的制度环境，这些制度逻辑之间可能是一致的、互补的，也有可能是冲突的、竞争的。第三，制度逻辑观点还假定制度的变迁受到物质实践和文化要素的共同作用。制度化的过程本身就是集体意义达成的过程，而物质实践蕴含的意义需要通过象征手段才能够被传播和阐释（Thornton，Ocasio and Lounsbury，2012）。如果仅强调市场机制、资源、技术等物质要素而忽略了社会文化要素，是无法全面地解释个体和组织行为的（Friedland and Alford，1991）。第四，制度逻辑的视角认为制度秩序可以嵌入组织场域、地理区域、产业、社区、组织、个体等不同层次，不同的制度秩序或制度变革也可能发生在不同的层次。因此，采用制度逻辑视角的研究首先要明确制度逻辑发生的层次。第五，基于制度逻辑的研究需要从历史的、情境的角度来考虑，也就是说，在不同的时间和不同的情境背景下，制度逻辑对个体和组织的影响以及重要性也是存在差异的（Dunn and Jones，2010；杜运周、尤树洋，2013），一些在过去具有显著影响力的制度逻辑可能会随着时间的推进而变得不那么重要，甚至消失。

（二）制度逻辑的多元性和复杂性

多元性是制度逻辑最显著且最被关注的特征之一，因为组织通常是嵌入在多层次的、多类型的制度逻辑之中的，并且这些逻辑之间的关系通常也是复杂的。面对多元的制度逻辑带来的或兼容或冲突的要求，组织如何应对多元制度逻辑所带来的压力及挑战是制度逻辑理论研究的一个重点。

最初，制度逻辑多元性的研究主要集中于组织场域（Field）层面，关注组织场域内制度逻辑的兴起、共存和消亡。其中，制度创业（Institutional Entrepreneurship）研究关注的就是组织场域内新的制度逻辑的产生过程或者一个制度逻辑替代另一个制度逻辑成为主导逻辑的过程。制度逻辑的多元化是出现制度创业的一个重要前提，组织场域内的制度逻辑越多元，不同逻辑之间的冲突越大，就越可能催生出制度创业者。Greenwood 和 Suddaby（2006）研究了美国和加拿大的会计师事务所行业后发现：在接触到行业外的与法律和管理咨询相关的制度后，处于权力中心位置的企业最早将多事业部制的组织结构引入传统的会计行业而成为制度创业者。

值得注意的是，早期的研究多将多元制度逻辑之间的冲突看作是暂时的，原有的制度逻辑会随着新的制度逻辑占据主导地位而逐渐消失。近年来的研究则强调制度逻辑的多元性是持续性的而不是过渡性的，不存在某种逻辑完全统领组织场域的情形（Dunn and Jones，2010）。Greenwood 等（2010）对西班牙从独裁统治向民主政府过渡时期的企业行为进行了研究，发现政府逻辑和市场逻辑长期共存且暗含冲突，在政府逻辑影响力强的地区，企业受到政府逻辑的约束而很少进行裁员；但在政府控制较弱、市场逻辑占主导地位的区域内，通过裁员来缓冲绩效下降压力的企业明显增多。正是认识到多重制度逻辑会长期共存的普遍事实，学者们也开始关注组织回应不同制度逻辑要求的具体实践。解耦（Decoupling）策略就是一个常见的例子，即把组织结构和实际运作分离开来，以回应冲突的制度逻辑。还有的组织不单纯地去规避某一制度的要求，而是能够创造性地整合相互冲突的制度逻辑。比如，Pache 和 Santos（2013）就提出了选择性耦合策略，从不同的甚至可能冲突的制度逻辑中提取出原始实践，再将它们整合到一个组织实践中，可以帮助社会和企业实现可持续发展。从这类研究成果中可以发现，组织在回应多重制度逻辑的不同要求时，可以通过充分发挥组织能动性、设计多种多样的策略来改变现有的制度安排或创造新的制度逻辑，以获取组织合法性和实现利益最大化的目标。

随后，学者们发现制度逻辑的多元性不仅存在于组织场域层面，也开始关注组织内部多重制度逻辑共存的现象，并发现制度逻辑的多元化特征是造成组织间行为差异化的一个重要的制度原因。比如，Dunn 和 Jones（2010）利用 1910～2005 年的档案数据对医疗教育行业的发展历史进行了研究，发现：在医学院长期存在科学逻辑和保健逻辑，且二者目前仍处于不易解决的动态竞争关系之中。Pahnke、Katila 和 Eisenhardt（2015）对美国微创外科手术设备行业的新创企业进行了研究，发现新创企业也面临较高的制度复杂性，因为投资新创企业的不同类型的机构投资者是遵循不同的制度逻辑的。在应对风投机构倡导的专业逻辑、公司投资者所倡导的商业逻辑和政府部门所倡导的政府逻辑的不同要求时，这些新创企业的创新绩效也出现了差别。除此之外，国有企业也是一种典型的混合了政府逻辑和市场逻辑的组织（Bruton，Peng and Ahlstrom，2015），社会企业则是创新性地将商业逻辑和社会福利逻辑（或社会公益逻辑）融合在一个组织内的混合组织形式（Wry and York，2017），它们都可以成为研究制度逻辑多元化的情境和对象。

（三）制度逻辑对组织行为的影响及其作用机制

从制度逻辑的视角出发解释组织行为和结果是制度逻辑理论研究的另一个核心议题。制度逻辑主要通过影响组织身份认同、组织对权力和地位的竞争以及注意力的分配等机制来影响组织的行为和结果（Thornton and Ocasio，2008），因而可以成为解释组织行为和结果存在差异的深层次原因。具体来说：

首先，当行为主体对某个社区、社群或组织群体产生集体身份认同时，就会选择合适的行为来响应该制度逻辑的要求。例如，Souitaris、Zerbinati 和 Liu

（2012）基于风险投资行业的研究发现，风险投资公司的决策者具有投资合作者和职业经理人两种不同的身份认同，被投资企业因此会受到两种不同的制度逻辑的影响，企业是选择有机的还是机械的组织结构取决于其对哪一种制度逻辑更具身份认同。此外，当面对复杂的制度环境时，组织所期望实现的组织身份，即对组织身份的追求，也会影响组织如何应对不同制度逻辑的要求。Kodeih 和 Greenwood（2014）曾对四家法国商学院进行了详细的案例分析，在全球化趋势下，传统的以商业逻辑为主导的商学院教育也受到了向国际化转型的压力，由于专业的商学院评级认证机构、媒体和政府等组织都传递出对商学院应该兼具商业逻辑与学术逻辑的期待，那些追求新的集体身份认同的商学院就更有动机进行变革，并将变革行为看作提升和扩展组织合法性的有利机会。

其次，组织所面临的多元的制度逻辑之间还可能是相互冲突、相互竞争的，支持不同制度逻辑的行动者之间对身份或权力的竞争，是决定企业行为或绩效的重要影响因素。如果组织内部某一制度逻辑支持者的决策权和控制权占据优势，那么组织就会倾向于回应这一主导逻辑的要求；而当多重制度逻辑的影响力相当时，组织就需要兼顾不同制度逻辑的需求。也就是说，组织的决策和行为最终体现了组织内部不同制度逻辑支持者权力分配和竞争的结果（Greve and Zhang，2017）。例如，Greve 和 Zhang（2017）研究发现，中国上市公司在实施并购战略时受到国家社会主义逻辑和市场主导逻辑的影响，当企业内部遵循国家社会主义逻辑的决策者权力更大时，企业较不可能实施市场化导向的并购战略；而当遵循市场逻辑的决策者权力更大时，企业的并购战略便更具市场化导向。

最后，制度逻辑还可以改变决策者的注意力配置方式进而影响组织行为。一方面，制度逻辑定义了哪些议题和解决方案是有意义的、重要的、恰当的，因而可以影响决策者在识别问题或寻找解决方案时注意力的指向；另一方面，制度逻辑也通过定义决策者感兴趣和认同的话题，进而影响决策者进行相关决策和行动的动机。典型的如 Thornton 和 Ocasio（1999）的研究，学者发现随着出版行业制度逻辑的变迁，选拔管理层的标准也发生了变化：在专业逻辑的影响之下，出版企业的管理者更关注"作者与编辑的关系"和"内部增长"等事务，因而在决定管理层是否可以继任时主要考核组织的规模和结构等指标；而在市场逻辑的影响下，企业管理层的注意力更多地放在"资源竞争"上，因而管理人员能否继任就主要取决于其任期内企业的市场竞争力。邱姝敏等（2023）基于中国科学院衍生企业的数据，研究了引入具有市场逻辑的外部企业股东对原本遵循科学逻辑的学术衍生企业的技术市场化的影响，发现外部企业股东强化了学术衍生企业的市场逻辑，将企业技术开发的注意力焦点从强调追求科学的新颖性重新转移到技术的市场化开发与商业潜力上，提高了学术衍生企业的技术市场化表现。

（四）转型经济下的多元制度逻辑：基于中国情境的研究

现有关于制度逻辑的研究主要产生于市场经济发达的西方国家，并且大部分研究聚焦于考察某一行业内的市场逻辑与其他逻辑是如何影响企业行为的，对于其他的非市场逻辑的关注则较少，其中特别缺少对国家逻辑的讨论（Greenwood et al.，2010）。究其原因，主要是因为在市场经济高度发达的经济体中，国家在市场中的力量受到约束，并且企业所嵌入的政治制度环境也较为稳定，容易忽视国家逻辑的作用（苏敬勤、刘畅，2019）。而在以中国为代表的转型经济体中，市场力量和政府力量交织并存且相互影响，为研究多元制度逻辑下的组织行为特点提供了极佳的研究素材和情境（Qiao，2013）。近年来，以新兴经济体为背景的研究虽然有所增加，但研究成果依然相对较少。从研究内容来看，这部分研究重点关注在经济转型过程中企业持续地、不同程度地受到政府力量和市场力量的共同影响，研究复杂、多元的制度氛围对企业公司治理、创新创业、企业社会责任等战略决策和绩效表现的影响。

作为典型的"新兴+转型"经济体，中国正处在经济社会迅速发展、制度体系不断变迁的历史阶段，中国企业面临着多元、复杂且多变的制度环境。始于20世纪80年代的市场化改革开启了从以政府为主导的经济逻辑（通过国家控制和分配资源来实现经济社会发展目标）向以开放市场、公平竞争、追求利润为主的市场经济逻辑转变的过程（Peng and Heath，1996）。尽管中国经济始终坚持市场化的改革方向，政府仍在经济活动中发挥着举足轻重的作用。因此，处于转型期的中国企业同时受到政府逻辑和市场逻辑的影响，二者长期共存且相互影响（杜运周、尤树洋，2013）。政府逻辑（National/State Logic）是一国政府为了稳固经济社会发展和政治秩序而推行的政策决策等相关制度安排（周雪光、艾云，2010）。政府逻辑是依靠正式的法律法规、官僚制度来管理经济社会活动（Qiao，2013），基于再分配的思维向企业分配资源、向消费者分配产出，其核心目标是维持社会和经济的稳定与发展（Greve and Zhang，2017）。市场逻辑（Market Logic）则是以组织自身利益最大化为导向的。在市场逻辑的影响下，企业被看作是追求利润最大化和规模增长的实体，致力于通过市场交易、竞争、提升运营效率、研发创新等市场化行为来争取更多的、更持久的经济利益（Glynn and Lounsbury，2005；Greve and Zhang，2017）。

现有的研究不仅探讨了转型经济情境下政府逻辑与市场逻辑的本质区别，还发现二者长期共存且动态竞争的关系使企业面临较为复杂的制度摩擦（Institutional Friction），嵌入其中的企业或个体行动者需要满足不同的甚至冲突的制度要求（Pache and Santos，2013；Greve and Zhang，2017）。例如，Greve 和 Zhang（2017）发现，中国的上市公司受到相互竞争的国家社会主义逻辑（State Socialism Logic）和市场资本主义逻辑（Market Capitalism Logic）的共同影响，这两种制度逻辑的外部倡导者和内部支持者在理念、价值观以及潜在目标和实现方式等方面存在冲突，因而企业的并购决策并不完全是市场导向的，而是这两种制度逻辑的倡导者决策权力较量的结果。具体来说，国家主导逻辑会抑制企业市场化导向并购的频率，而市场逻辑则会提高市场化并购的频率，同时削弱国家主导逻辑对企业并购决策的影响作用（Greve and Zhang，2017）。Yiu 等（2014）的研究也发现，政府逻辑和市场逻辑在引导企业创新创业方面暗含冲突，受政府逻辑影响较强的企业创新绩效较差，并且政府逻辑还会削弱市场逻辑对企业创新创业的正向促进作用。再如，受到制度逻辑复杂性的影响，企业开展创新活动不仅需要考虑资源、能力和效率问题，而且需要关注组织合法性。杨洋、魏江和罗来军（2015）比较了不同制度逻辑主导下的企业利用政府补贴资源进行创新的效果，发现政府补贴对以市场逻辑为主导的民营企业的创新激励效应更大，因为政府补贴不仅能直接增加民营企业的研发资金，而且是企业顺应政府政策导向进而获取合法性的重要渠道。此外，在环境保护领域，政府逻辑与市场逻辑对企业实施环境战略的影响也存在较大差异，国有企业由于受到国家政府逻辑的影响更大，更可能采取切实的措施以提高环境绩效；相反地，私营企业受到市场逻辑的影响更大，因而更倾向于实施象征性的环境战略，只做出未来环保行动的承诺而不提供实际的行动证据（缑倩雯、蔡宁，2015）。当然，只强调制度逻辑之间的相互冲突和竞争关系实际上是不全面的，一些学者经过更加细致的研究发现，在某些情境下，原本竞争的制度逻辑也可以变成一致的或相互强化的关系。因此，要完整地刻画多元制度逻辑之间的复杂关系，还需要考虑不同制度逻辑之间动态演变的、一致性或互补的关系特征（Besharov and Smith，2014）。解学梅和韩宇航（2022）采用多案例研究的方法，剖析了中国制造业企业在绿色转型过程中由政府逻辑向市场逻辑主导转变的过程，发现企业注意力的配置焦点和聚焦方向是决定企业制度逻辑演变的战略基础。

在转型经济体中，除了国家逻辑和市场逻辑之外，还存在家族逻辑、社会公益逻辑、学术逻辑（或科学逻辑）等制度秩序，国内一些学者也对这些制度逻辑进行了相关的研究。例如，巩健（2017）研究了家族企业成长过程中多元制度逻辑的演化过程及其对家族企业战略变革的影响，研究发现：改革开放以来中国的家族企业同时受到了家族逻辑与市场逻辑的影响，二者的关系经历了从"结盟"到"争夺"再到"主导"的动态演进过程，家族逻辑是企业战略延续的重要原因，而随着市场逻辑在家族企业中占据主导地位，企业发起战略变革的频率逐步增加。那些从国有或集体所有制企业改制而来的家族企业，仍然会留有公有制的印记，因而其履行企业内部社会责任明显优于那些非改制家族企业（叶文平等，2022）。张璐等（2019）对蒙古蒙草生态环境股份有限公司20多年的发展历程进行了深入追踪，发现新创企业的主导逻辑经历了"市场利益获取—技术创新驱动—价值共享网络"三个阶段的变化，其中，市场机会的出现和政府政策的引导是驱动该企业主导逻辑形成和演变的关键因素。在商业组织中，科学逻辑对企业科技创新也有着重要且独特的影响，相关研究发现，由学术型企业家管理的企业在技术市场化方面的表现不如其他追求商业利益的企业（Clarysse et al.，2023），因为他们将崇尚学术价值观、科学经验和准则的科学逻辑内化到企业日常运营和研发活动中，更为关注如何提供具有新颖性、突破性的技术解决方案来造福社会，而非经济与市场效益（李纪珍等，2020；李晓华、李纪珍、高旭东，2022）。

五、制度理论与社会网络

社会网络嵌入的一个核心的观点就是社会行动者的社会联系和联结模式对社会行动者的行为和结果具有重要的形塑作用。从现有文献来看，企业社会网络的相关研究也多是围绕社会关系网络的前因与后果展开的。但是，需要注意的是，事实上企业之间的互动关系和联结模式本身是嵌入在更广阔的制度背景之中的，企业之间的社会关系网络也会受到宏观的社会制度和文化背景的制约（Vasudeva，Zaheer and Hernandez，2013）。由此，企业个体行为、企业之间的互动关系和联结模式又是怎样与制度背景联结起来的呢？仅仅基于社会网络嵌入视角的研究是无法回答这个问题的。于是，学者将组织同时受到社会关系网络和制度因素影响的状态进行了定义和区分，提出了"网络嵌入"和"制度嵌入"的概念，并且开始将企业间社会关系网络与更宏观的社会制度因素结合起来，考察企业的社会网络嵌入与制度嵌入之间的互动关系。

除了在理论层面进行讨论之外，一些学者也实证分析了企业社会网络嵌入特征与制度情境嵌入特征之间的互动关系。例如，Lin 等（2009）比较了不同制度发展水平下企业在产业联盟网络中的结构嵌入特征（中心度和结构洞）对并购战略的影响，研究发现：在发达国家，得益于较为完善的法律体系和市场机制，中心度高的企业可以以较低的交易成本从联盟伙伴处获取丰富的资源，因而发起并购的动机和可能性较低。相反地，在制度发展水平较低的发展中国家，结构洞位置不仅难以产生信息和控制优势，在网络中扮演中介人的角色反而经常会被认为是不可信任的，因此结构洞水平高的企业实施兼并收购战略的可能性更低。此外，Shi、Sun 和 Peng（2012）重点关注了发展中经济体内部、不同区域在市场机制建设进程上仍存在显著差异的现象，对不同地区企业的社会网络位置与企业的外资吸引力之间的关系进行了比较分析，发现在市场化程度高的地区，中心度高的企业更加受到外资企业的青睐；而在市场化进程落后的地区，占据更多结构洞位置的企业更加可能被国外企业选作合资伙伴。

除了探讨因整体制度发展水平不平衡而导致的社会网络效应的差异之外，也有一些学者从制度逻辑的视角对社会网络嵌入的作用进行了比较分析。比如，Vasudeva、Zaheer 和 Hernandez（2013）发现，即使是处在联盟网络中相同的网络位置上，网络属性对企业绩效的影响也会因企业所遵循的制度逻辑的不同而存在差异。例如，同样是占据结构洞位置，那些受社团主义逻辑影响的企业在与联盟伙伴开展技术合作时更加注重协调配合，因而可以从知识流动和共同解决问题的经历中获益更多，对企业创新绩效的提升作用也更明显。再如，加拿大上市公司在 1999~2005 年进行了一系列旨在提高董事会独立性的公司治理改革，其中，第一轮改革实践（如提高独立董事比例、CEO 与董事长分离等）通过连锁董事网络得以迅速扩散，然而第二轮改革实践（如建立对董事和董事会的考核制度）却没有如理论所预测的那样在上市公司中广泛传播，第二轮改革实践只有在那些已经内化且支持董事会改革逻辑的企业中被采纳和实施（Shipilov，Greve and Rowley，2010）。此外，You 等（2021）研究了中国乡镇产业集群内企业之间的学习行为，发现在乡镇产业集群内同时存在着社区逻辑和政府逻辑，它们对集群内企业基于网络的学习有着截然不同的影响。具体而言，社区逻辑增进了集群内企业之间的相互了解和信任水平，有效遏制了企业的机会主义行为倾向，因而集群内企业的合作、知识交换等活动更为活跃且质量更高；相比之下，政府机构及其所倡导的政府逻辑却并未能促进集群内企业之间的合作关系，在政府机构的干预之下，企业经常需要花费额外的时间和成本去应对政府机构所牵头的外部合作关系（You et al.，2021）。

第五节　已有研究的简短评述

在前面几节，作者回顾和梳理了政府研发补贴政策的相关文献。目前这部分研究取得的成就和共识主要有以下几点：第一，研发补贴作为政府支持和引导企业研发创新的重要政策手段之一，长期被许多国家和地区的政府采用，其实际效果一直是理论界和政策界持续关注和争论的议题。与此同时，政府研发补贴等创新激励政策对企业的影响也一直是企业创新管理研究领域密切关注的一个话题。国内外学者就政府研发补贴与企业创新之间的关系进行了大量的理论讨论和实证研究，但仍未得出较为一致的结论。第二，40多年来，中国的科技创新体系和创新激励政策历经多次改革，始终是中国整体改革开放的重要组成部分，尤其是在科技创新已成为我国转型发展的根本驱动力和国际竞争制高点的今天，政府财政补贴始终是国家引导产业发展和激励企业创新的关键政策工具。因此，对以研发补贴等为代表的国家创新激励政策的评价与反思尤为重要。第三，从公司治理的视角去研究企业创新问题的文献也在不断丰富，学者们就不同的治理要素对企业创新的影响作用及机理进行了研究，公司治理在企业创新活动中的作用日益受到重视。第四，社会关系网络的理论研究批判了新古典经济学所持的将经济行为"原子化"的观点，强调并论证了组织个体的行为和决策并不是在真空中发生的，而是受到它们所嵌入的社会关系网络的影响。越来越多的组织管理和企业战略研究学者也认识到社会网络嵌入视角的重要意义，为理解企业的战略决策和绩效表现提供了新的见解。第五，制度理论强调，组织不是一个完全封闭的系统，组织的存续始终受到周围制度环境的制约。制度在形塑个人和组织行为上发挥着关键作用。一方面，组织制度理论认为，组织对合法性的需求决定了其必须与组织场域内的其他组织在结构、行为等方面保持一致；另一方面，企业所处的异质性的制度环境也决定了企业在战略行为和绩效等方面会存在差异。与此同时，由于组织场域内往往同时存在着复杂多元的制度逻辑，塑造着组织场域内成员的认知、信仰及行为实践，进而也使得组织的行为决策变得更加复杂和多样。

然而，当前研究也存在一些不足。图2-1对现有文献进行了简要总结，并指出了待解决的问题，具体如下：

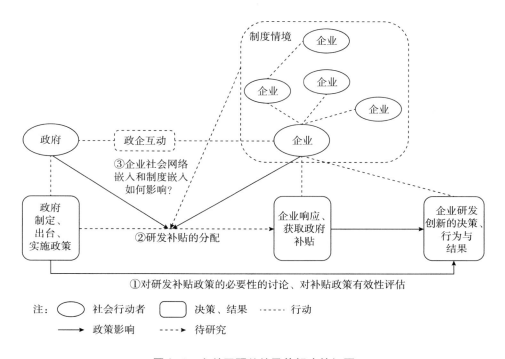

图 2-1 文献回顾总结及待解决的问题

　　第一，既有文献大多基于发达国家背景来讨论政府研发补贴等创新激励政策的作用，相比之下，来自发展中国家的研究则比较少，尤其是来自中国这样的"新兴+转型"经济背景下的理论讨论和经验研究较少。考虑到研发补贴政策已经在市场经济发达的、创新领先的国家之外的许多发展中国家普遍实施，基于非成熟市场经济体的研究同样值得关注（Guo，Guo and Jiang，2016）。如果只是重复验证在发达国家情境下所提出的理论观点，而忽略了转型经济的独特特征，其得出的结论的理论贡献也是有限的。市场失灵理论的许多前提假设与发展中国家的实际情况不完全吻合，与发达市场经济国家相比，发展中国家不但存在市场失灵问题，还面临着市场机制发育有待健全、政府治理体系有待完善等问题，大大增加了问题的复杂性（薛澜，2018）。

　　第二，现有文献在政府研发补贴对企业研发创新的单向影响上已经积累了丰富的研究成果，而对政府研发补贴等创新政策资源分配环节的关注则比较少，尤其是对企业获得研发补贴的成因及内在机制的理解仍不足（Boeing，2016；Wang，Li and Furman，2017）。当前研发补贴政策在实践过程中出现的低效甚至失效的问题，在很大程度上受制于研发补贴分配环节的有效性不足等问题（宋建波、张海清，2020）。对于企业来说，政府财政补贴是一种重要的稀缺资源。然而在现实中仅有部分企业能够获得政府补贴，不同企业所受政府补贴的规模差异很大（赵璨等，2015）。对于政府来说，受补贴对象是政府财政资金的实际使用者，吸引和筛选出合适且可靠的补贴对象是政府财政资源得到合理、高效利用的重要前提（宋建波、张海清，2020；Kok，Faems and de Faria，2022）。然而，政府财政补贴资源的分配过程仍然难以被社会了解，特别是企业获得政府研发补贴受到哪些因素的影响，很少被深入研究（Boeing，2016；Wang，Li and Furman，2017）。

第三，尽管也有部分研究对企业获得政府研发补贴的前因进行了探讨，但是这些研究大多采用了"原子型企业"的视角，对企业外部社会联系的关注不足。现有的研究主要从宏观的国家治理特征（政府部门的偏好和选择）和微观层面的企业特征（包括企业的基本属性和迎合策略）两个方面对企业获得政府补贴的前因进行了解释，却忽略了中观层面的企业与企业之间的社会联系的影响，阻碍了我们对企业获得研发补贴的前因进行深入、全面的理解。在创新系统中，企业与政府、其他企业、高校、科研院所等主体的交流和互动，是影响企业决策和绩效的重要因素。可惜的是，目前很少有研究从社会网络嵌入的视角出发，研究企业的社会网络嵌入特征对企业获取政府研发补贴的影响作用。

第四，尽管现有研究强调了从制度理论视角研究企业行为的重要意义，但是在政府研发补贴政策研究领域，尤其是在解释企业获得政府研发补贴成因的研究中，还没有对于企业社会网络嵌入和制度嵌入之间交互作用的理论分析和实证研究。从嵌入性的视角来审视微观企业的活动可以发现：一方面，企业是嵌入在由社会联系所构成的社会关系网络中的；另一方面，社会关系网络本身也是嵌入在更广阔的政治、法律、文化等制度环境背景之中的，社会网络的影响作用会受到制度情境的形塑或限定（Vasudeva，Zaheer and Hernandez，2013）。尤其是，本书所关注的政府研发补贴政策作为政府干预微观市场经济活动的重要政策工具，作为一国制度体系中的重要组成部分，早已与国家经济体制、发展模式和政府治理体制深度互嵌，必然也会受到制度环境中其他制度因素的显著影响（陈玲，2017）。因此，在分析企业社会网络嵌入对企业获取研发补贴的影响时，如果未能将宏观制度背景和企业所遵循的制度逻辑纳入考察范畴，那么对企业获取研发补贴成因的理解也将是不完整的。

第五，研发补贴能否真正促进企业创新，现有研究仍存在较大争议。除了收集更多有关研发补贴绩效的现实证据之外，企业对研发补贴资源的利用和管理机制对补贴效果的影响同样值得注意。尤其是近年来一些企业"片面追求创新数量而牺牲创新质量"的激励扭曲行为被揭露，以及宏观层面上中国整体创新投入和创新产出数量大幅增加与创新质量不平衡的问题，提醒我们除了要评估研发补贴对企业创新投入和创新产出数量的影响，同时也要关注企业创新的新颖性。

鉴于此，本书提出基于社会网络嵌入和制度嵌入的视角，从研发补贴的分配过程出发追本溯源，探索影响企业获取研发补贴的因素及其内在机理。进一步地，从企业创新策略的视角出发，评估研发补贴政策的实施效果。

第三章　企业获取研发补贴的
影响因素及效果

第一节　研究框架构建

一、研发补贴分配环节：政策不确定性与风险

以往关于政府研发补贴政策的研究大多集中于关注获取政府研发补贴之后企业研发行为与结果端的变化，导致有一个政策实施环节的问题尚未得到充分关注，即在研发补贴的分配环节，政策惠及对象是如何产生的？政府出台的研发补贴政策并非完全是普惠性的，而是具有选择性的，经过企业申请，政府部门审核、评估和筛选等一系列的程序之后，具备资格的企业才可以获得政府研发补贴（Lee，Walker and Zeng，2014；Boeing，2016）。简而言之，政府研发补贴的分配结果主要是经由两个关键的决策过程产生的：一是企业的申请决策，即企业决定是否向相关政府部门提交申请以及如何申请；二是政府的筛选决策，即政府机构和官员选择受补助的对象。本章参照 Heckman 和 Smith（2004）提出的政策参与过程（Participation Process）模型，并结合当前研发补贴政策的基本运作流程，将政府研发补贴资源的分配环节分解为两个决策过程，即企业申请决策和政府筛选决策，进而从中探寻可能影响研发补贴分配的因素（见图3-1）。

（一）企业的申请决策

对于企业来说，企业做出是否申请以及如何申请研发补贴的决策是启动研发补贴分配过程的第一步。企业的申请决策可以分解为以下几个过程：

首先，符合受资助资格并且知晓相关政府政策是企业做出申请决策的前提条件。以往针对中国企业的调研显示，了解政府发布的政策内容、厘清政策预期作用的对象、申请条件和标准等信息是企业响应政府政策的关键前提（郭豫媚、陈

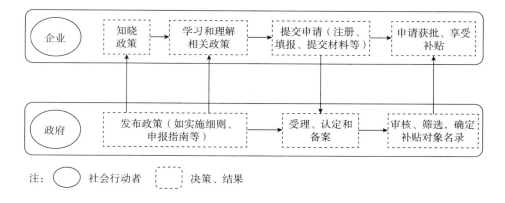

注： ⬭ 社会行动者 ⬜ 决策、结果

图 3-1 研发补贴的分配过程

伟泽、陈彦斌，2016）。在现实中，不同企业在对政策的知晓、解读和信息获取等方面存在差异，一些企业通晓和熟悉政府的各种研发补贴政策，善于利用"政策红利"获得各种创新项目的资助，甚至有些企业可以利用同一研发项目申请到不同部门和级别的项目资助（郭玥，2018；钱蕾、周超，2024；Petersen，Hansen and Houlberg，2024）。相比之下，另一些企业则由于不了解政府出台的优惠政策、对政策动向掌控能力较弱、项目申请不及时等原因而未能享受到本可以获得的政府补助（汤俊杰，2017）。

继而，企业会做出是否申请研发补贴项目的决定，是否去申请政府研发补贴是企业权衡申请成本和预期收益后的结果。从积极的一面来看，研发补贴对企业的正向影响在于直接的资源获取和间接的信号传递与认证效应。一方面，获得政府研发补贴资金有助于缓解企业创新投入面临的内部资金压力、降低研发成本（Dimos and Pugh，2016）；另一方面，政府研发补贴还发挥了向外部投资主体和其他创新主体传递信号的作用，是对企业研发能力、技术水平、项目潜力的一种官方肯定和正向认证（Kleer，2010）。政府研发补贴可以成为企业创新潜力隐形的信用担保，不仅能缓解企业外部融资压力（Lee，Walker and Zeng，2014），而且可以促进受补贴企业与其他创新主体建立合作关系（高雨辰，2018）。然而，研发补贴并不是无偿获得的，企业也需要承担一定的成本和风险。首先，企业为收集和了解政策信息、组织项目申请工作需要投入一定的管理和资金成本（汤俊杰，2017）。特别是在政府研发补贴政策体系较为复杂，不同政府部门、不同激励项目之间协同性和一致性还需要提高的情况下，企业要想申请和利用政府研发补贴，需要进行较多的人力、管理、资源等方面的投入（汤俊杰，2017；Feldman et al.，2022）。其次，企业在争取研发补贴过程中还可能面临技术和数据向外泄露的风险（郭玥，2018），或者对外的知识交流与合作受到限制（Conti，2018）。最后，政府研发补贴也可能引致较高的政治成本（Political Costs）和行政负担（Administrative Burdens）（Shleifer and Vishny，1994；Petersen，Hansen and Houlberg，2024），比如雇用超过实际生产所需的员工、扩大企业的税费规模等（余明桂、回雅甫、潘红波，2010；Aobdia，Koester and Petacchi，2018）。

总之，在做出申请决策之前，企业首先需要知晓政府提供的各种优惠政策，学习和理解政策的内容，对企业本身和企业的研发项目是否符合申请条件做出正确的判断，进而按照政策规定提交申请和资质材料。企业未能申请研发补贴项目可能是出于以下几个原因：第一，企业并不知晓研发补贴等优惠政策的存在；第二，尽管企业知晓相关研发补贴政策，但对于企业自身或企业的研发项目是否符合资助条件没有做出正确的评估和判断；第三，企业从事的研发活动确实不在政府扶持的范围内；第四，申请政府研发补贴的成本与风险（管理成本、资金成本、行政成本等）过高，而未来的收益具有不确定性。

然而，正如前文所述，以往研究很少去关注企业申请政府研发补贴的决策过程，其中一个原因是以往的文献研究都潜在假设政府出台的补贴政策都能够被企业所熟知和积极响应。可是，在现实中，由于企业的认知局限、政策的复杂性和不确定性、申请审批和后续项目管理流程的复杂性等原因，政府出台的许多优惠政策并不会被所有符合条件的社会公民（包括企业）所响应（钱蕾、周超，2024；Petersen，Hansen and Houlberg，2024）。一方面，政府慷慨支持企业创新、积极宣传推介各种形式的创新政策，但企业响应度较低，导致有大量财政专项补贴资金被闲置；另一方面，有不少企业表示"不知晓"政策，对创新政策支持的获得感不强。这些真实的企业对政策的认知、理解、态度和行为反应，是导致创新政策执行阻滞、政策目标偏离等问题的重要原因，且与企业的政策知识不足密切相关（钱蕾、周超，2024；Petersen et al.，2024），但在研究中却被忽略了。

（二）政府部门的筛选决策

在企业提交申请之后，就进入了政府的筛选环节。相关政府部门会对申请企业和项目进行核实和备案，进而组织部门官员和专家进行评审，经评审合格的企业就可以享受政策提供的各项补助（Wang，Li and Furman，2017）。在这一过程中，决定是否对某一企业授予补贴的主体是政府，厘清政府筛选补贴企业的标准和偏好是至关重要的。在现有的研究政府补贴行为的文献中，一部分学者就政府的筛选标准进行了研究。政府部门对受惠企业的筛选标准可以分为两类：一类是企业的微观属性或特征，包括企业的规模、创立年限、所有制类型、所处的行业、技术创新能力、盈利能力等（Boeing，2016；Wang，Li and Furman，2017；耿强、胡睿昕，2013）；另一类标准则反映了政府部门或官员的动机和偏好。研究发现，寻租、政治关联、所有制类型和政府扶强扶弱的倾向等因素显著影响了财政补贴的分配过程（余明桂、回雅甫、潘红波，2010；耿强、胡睿昕，2013；Aobdia，Koester and Petacchi，2018）。

（三）企业决策的不确定性

对于企业来说，面对政府出台研发补贴激励政策这一外生事件，如何做出响应是管理者需要面对的决策议题。在争取研发补贴这一优惠的政策资源时，不确定性是影响企业响应政策决策，尤其是是否申请以及如何申请等决策的重要因素（Greening and Gray，1994）。不确定性主要是由于企业高管等决策者缺乏或不理解有关环境因素的完整信息，无法预知环境变化的趋势和方向，因而难以准确判断某一决策的正确与否，也难以对成本收益进行准确评估，是一种由于信息缺失引发的不安全感（Kreiser and Marino，2002）。在本书的研究情境下，政府研发补贴政策的不确定性主要体现在复杂程度和变化程度两个方面。具体来说：

一方面，复杂程度描述的是与组织有关的政策的异构程度（Kreiser and Marino，2002）。政策的数量越多，政策要素越多样化，政策的复杂性越高。复杂性通常体现在政策目标、政策执行主体、政策工具等方面。比如，研究创新政策的学者发现，政府研发补贴等创新激励政策的目标不仅仅是创新本身，还叠加了社会和经济发展等目标（Diercks，Larsen and Steward，2019）。另外，从政策的实施主体来看，在"条块结合"的科技管理体制下，研发补贴等产业政策的实施主体众多，在中央层面有以科技部、国家发展改革委、财政部、工业和信息化部等为代表的诸多部委，在不同层级的地方政府，又会设立相应的职能部门与上级一一对应，这就形成了复杂的上级政府与下级政府之间的委托代理管理、同一层级政府之间的分工协作和竞争关系（安志，2019；李世奇、朱平芳，2019）。尽管相关的政府职能部门已尝试建立联席会议、专项工作领导小组、会商等多种沟通机制，但由于不同部门的责任与利益存在差异、信息不对称等现实问题，研发补贴政策的制定和实施环节仍具有较高的复杂性（陈玲，2017）。特别是当不同部门之间沟通不足、相互竞争时，各种专项项目层出不穷，会导致科技创新激励资源配置出现重复、浪费、低效的现象（安志，2019）。另外，一项政策的出台往往需要多个部门的配合，同时也会催生许多的"配套措施""实施细节"等。

尽管这体现了各级政府各部门对企业创新活动的高度支持，但也大大增加了政策协调和执行的难度，也增加了企业申请、获得和使用政府优惠资源的难度和成本（陈玲，2017）。此外，政策的复杂性还体现在政策工具的大而全。研发补贴政策就有直接拨款、税收优惠、贴息贷款、政府采购、专利奖励等形式。研发补贴的范围较广泛，几乎覆盖了产品周期的各个阶段。如果政策复杂性太高，对于企业和公众来说，要理解产业政策的运行过程、获知自身的政策优惠资格和权利、成功申请并获得相应的研发补贴资金也绝非易事。

另一方面，变化程度描述的是补贴政策制定和实施过程中关键要素的变化程度（Kreiser and Marino，2002）。当变化程度较大时，研发补贴政策会在时间、空间上呈现不一致性和不连续性，使企业决策者难以在短时间内及时获得准确的信息并做出相应调整。具体来说：第一，政府的产业政策通常是未来导向的，各级政府制定的研发补贴政策会根据技术发展、市场形势的变化而不断调整（贾瑞哲，2020），导致政府提供的创新政策具有突出的新旧政策更迭、重叠的特征（Howoldt，2024）。另外，不同地区、不同层级的地方政府也会根据地区的产业业态和资源禀赋制定不同的研发补贴政策。再加上政府官员制定补贴政策时往往是问题导向、追赶潮流、相机决策的，特别是在有官员新上任时，往往都有新的政策出台等情况发生，政策缺乏一致性（寇恩惠、戴敏，2019）。政策频繁出台和变更、朝令夕改，使企业等市场主体无法建立稳定的预期，加之政企之间信息传输渠道不统一、不畅通，企业难以及时准确把握政策的变化（郭豫媚、陈伟泽、陈彦斌，2016；于文超、王小丹，2020）。第二，政策的不稳定性还体现在与决策相关的规则等制度安排上。现行的研发补贴激励政策法律层级比较低，财政补贴制度还不规范，政府官员在政策规划、项目评审、例外管理等方面具有较大的自由裁量权（陈家建、巩阅瑄，2021）。当前，一些补助项目的评审标准设置不够清晰透明，对项目的评选有较强的主观性（陈玲，2017）。政府官员对政策资源配置的决策权力较大而约束机制又存在缺位，研发补贴政策在实际执行中容易出现暗箱操作、设租寻租、利益输送等贪污腐败问题（宋建波、张海清，2020），也会增加企业申请的难度和成本。

综上所述，企业决定是否申请以及申请之后能否获得研发补贴，都有较高的不确定性，具体体现在以下三个方面：第一，知晓和理解政策内容是企业响应政府政策的先决条件（郭豫媚、陈伟泽、陈彦斌，2016），然而当前许多企业在及时、准确、全面地获取和解读政策内容方面处于信息劣势，企业的政策知识不足（钱蕾、周超，2024；Petersen et al.，2024）。在现实中有许多企业没有得到政府研发补贴的很大一部分原因是这些企业并不知晓补助项目的存在，或者即使知道有政府补贴政策这回事，也不知道该如何申请。第二，企业在做出申请决策时也面临着不确定性。由于研发补贴政策的复杂程度较高、政策在时间和空间上的连续性和一致性不足，企业经常无法及时地知晓政策出台的时机、调整的方向、实施细则的变动等，面临较高的事前不确定性。第三，企业在做出申请决策之后，还需要应对来自政府部门的事后政策不确定性。一方面，政府部门官员在资源分配中拥有较高的自由裁量权（于文超、梁平汉、高楠，2020）。另一方面，即使申请获批，研发补贴资金对企业经营结果的影响也存在不确定性（余明桂、回雅甫、潘红波，2010；Aobdia，Koester and Petacchi，2018）。因此，政府的研发补贴政策并不总能被企业所熟悉、响应以及有效地享受。

二、管理政策不确定：社会网络嵌入和制度嵌入的综合视角

（一）社会网络嵌入的影响

对于企业来说，降低决策不确定性的一个最基本的策略就是收集信息、经验借鉴、知识学习（Levitt and March，1988）。社会网络理论的研究已经表明，企业之间形成的社会网络关系是企业获取知识、信息、资源和发展机会的重要来源（Briscoe，Gupta and Anner，2015），尤其是在正式制度尚不完善、政策环境不确定性较高的转型经济体中，企业之间的社会网络关系可以作为一种非正式制度来弥补正式制度的缺陷，降低环境不确定性（Borgatti and Halgin，2011）。与此同时，创新政策领域的研究也发现，企业的政策响应决策并非独立于外部组织的，外部其他企业的政策执行经验也会影响企业对政府公共政策的响应，企业会效仿区域内其他受益于优惠政策的企业进而积极响应政策（Coronado，Acosta and Fernández，2008）。Tanayama（2007）的研究也间接证明了外部信息对企业做出申请研发补贴决策的重要性，作者以荷兰企业为研究对象，发现董事会规模越大的企业，做出研发补贴申请决策且通过政府机构审核的可能性更大，因为董事会规模较大的企业具有信息优势，更有可能知晓补贴项目的存在，也更有能力评估自身是否符合申请条件、掌握申请的流程和要领。考虑到企业所嵌入的社会关系网络可以给企业带来信息、知识等资源，降低企业在申请前、申请中和申请后面临的不确定性，企业的网络伙伴的研发补贴经验可能成为影响企业获取研发补贴的一个重要因素。

为了下文叙述的方便，在此对本书研究使用的几个术语进行解释。在社会网络理论中，当我们关注网络中的一个特定企业时，称该企业为"焦点企业/中心企业"（Focal Firm），而将与该"焦点企业/中心企业"有直接联系的其他企业称为该"焦点企业/中心企业"的"网络伙伴"（Alters）。

（二）制度嵌入的调节作用

前文从社会网络嵌入的视角出发，认为企业所联结的网络伙伴获得研发补贴的经验可能会影响企业自身所获得的政府研发补贴。值得注意的是，学者们也指出，单纯基于Granovetter所提出的社会网络嵌入视角的分析往往会忽略对正式和非正式制度框架的考量。就连Granovetter本人也反思到：社会网络理论研究"有一个不好的倾向，就是对政治、文化、制度环境的贬抑，我本人也不免会犯这一错误"。

制度嵌入的观点强调，企业的行为以及企业之间的互动并不是在真空的环境下进行的，也需要在特定的政治、社会、文化等制度框架下去理解和分析（Zukin and DiMaggio，1990）。既有的社会制度环境定义了适合和有效的行为方式、组织结构特征和组织程序等，组织只有遵守既有制度时，才能得到社会的认可与支持，也由此可以获得组织合法性（DiMaggio and Powell，1983）。已有的研究也发现，在不同的制度环境下，社会网络嵌入对企业战略决策和行为的影响并不是完全相同的，也就是说，社会网络的影响作用依赖于宏观制度情境（Vasudeva，Zaheer and Hernandez，2013）。

除此之外，在研究组织实践通过社会网络扩散的现象时，也有学者发现了制度逻辑的关键作用，即企业是否以及在多大程度上会模仿网络伙伴还取决于该实践是否与中心企业所遵循的主导逻辑相一致（Marquis and Lounsbury，2007；Lounsbury，2007）。企业之所以遵循某一种或多种制度逻辑，是因为制度逻辑可以帮助它们更好地理解企业所处的现实世界并帮助企业更好地在其中经营和发展（Greenwood et al.，2011；Yiu et al.，2014）。受特定的制度逻辑的影响，组织决策者会更加关注、认同该制度逻辑所支持和倡导的议题或解决方法，进而影响该企业是否采纳某一种组织实践或组织结构（Shipilov，Greve and Rowley，2010）。

基于以上分析，企业所嵌入的宏观制度环境以及微观制度逻辑是影响社会网络关系作用的重要情境。据此，本书预测企业获取政府研发补贴不仅受到其所嵌入的社会网络的影响，而且也因其所处的更宏观的制度环境背景和所遵循的制度逻辑的不同而存在差别。由此，本书的研究构建了社会网络嵌入和制度嵌入交互作用的模型，进一步考察了制度因素（包括制度环境与制度逻辑）的调节作用。具体来说，在制度情境方面，本书重点关注与企业创新资源获取和政府研发补贴政策密切相关的两个制度环境特征，分别是政府财政透明度和地区要素市场扭曲程度。关于企业个体所嵌入的制度逻辑，本书关注转型经济背景下对企业有着深刻影响的两个最显著且最重要的制度逻辑，即政府逻辑和市场逻辑。

三、研发补贴与企业创新：公司治理的视角

政府研发补贴对受资助企业的实际影响如何，即对政府研发补贴政策效果的评价一直是理论界和政策界重点关注的话题，但至今仍未达成一致观点。因此，本书进一步调研企业获取政府研发补贴后的创新表现，为评估中国政府长期、广泛实施的研发补贴政策绩效提供更多的微观企业层面的经验证据。

具体来说，本书首先关注研发补贴政策对受资助企业创新产出的影响作用。特别地，受到企业逆向选择和道德风险问题的影响，受补贴企业可能会做出"重数量而轻质量"的策略性创新行为（黎文靖、郑曼妮，2016；Jia，Huang and Zhang，2019）。因此，本书的研究综合了企业创新的数量与创新质量的双重视角去评估研发补贴政策的有效性。进一步地，也考虑到研发补贴绩效的提升在很大程度上受到企业创新决策和创新管理机制的影响（陈红等，2018；He and Wang，2009），其中，公司治理质量是影响企业创新决策和结果的关键因素之一，在企业利用政府研发补贴从事创新活动的过程中也发挥着不可忽略的作用（王旭、王兰，2020）。在其他条件相同的情况下，研发补贴对企业创新产生的差异化影响也根源于不同企业内部治理质量的差异，即企业在多大程度上能够合规、合理、高效地利用研发补贴资源（陈红等，2018；Jia，Huang and Zhang，2019）。因此，本书还将探索公司治理特征对研发补贴与企业创新之间关系的调节作用。

四、企业间关系网络的研究情境：连锁董事网络

在讨论社会网络嵌入特征的影响时，本书选择上市公司间连锁董事网络作为研究企业间关系的研究情境。连锁董事网络指的是企业之间通过连锁董事关系而形成的社会网络，其中，连锁董事关系是两家企业由于拥有共同的董事会成员而建立起来的企业间的联系（Mizruchi，1996）。董事会作为企业的最高决策机构，是现代公司治理的核心部分，在战略决策的制定和实施等方面具有最终决定权。因此，由连锁董事关系形成的连锁董事网络已经成为企业战略管理研究中的一个重要的研究领域，企业所嵌入的连锁董事网络也成为学者们研究得最多的企业间社会关系网络之一（Mizruchi，1996；Chu and Davis，2016）。

连锁董事网络对企业的影响和作用是多方面的。第一，连锁董事网络可以成为企业间实现共谋、抑制同行业内部竞争的手段（Mizruchi，1996）。企业通过相

互委派员工到对方企业兼任董事，协调原本相互竞争的企业，以建立价格联盟、产品数量联盟等方式获得垄断利润。第二，公司之间形成连锁董事关系可以帮助企业减轻对外部重要资源的依赖，降低由于资源供给波动而产生的不确定性（Mizruchi，1996）。资源依赖理论认为，通过连锁董事网络，企业可以实现与供应商、客户甚至竞争对手的合作，获取企业经营发展所需的外部知识、信息、专业意见等关键资源（Beckman and Haunschild，2002）。第三，连锁董事的存在还能满足企业对合法性的需求（Mizruchi，1996）。比如，公司通常会邀请一些声誉好、威望高的人进入董事会，向外界传递良好的企业形象。第四，连锁董事网络还是企业间信息流动的重要渠道，不同企业的董事会成员通过定期的会议或临时的活动可以实现面对面的沟通交流，帮助企业及时、持续地了解其他企业的战略决策及决策的信息基础（Haunschild and Beckman，1998）。总的来说，现有的文献表明，连锁董事网络在企业之间信息传递、协调行动，以及行为决策在企业间的扩散等方面具有重要的影响。

随着我国资本市场的逐步完善和现代企业制度改革的不断深化，我国上市公司之间的连锁董事现象也越来越普遍。与此同时，基于连锁董事关系而形成的连锁董事网络的规模也越来越大，网络的结构也越来越复杂（陈运森、郑登津，2017）。也有越来越多的国内学者开始关注中国上市公司的连锁董事网络对企业并购、战略联盟、慈善捐赠、企业投资等行为的影响（韩洁、田高良、李留闯，2015；陈运森、郑登津，2017；严若森、华小丽，2017）。本书选取上市公司之间的连锁董事网络作为研究情境，重点分析其在公司之间传递知识、经验、信息等资源的管道功能。

五、研究框架小结

为探究影响企业获取政府研发补贴的因素，本书首先基于社会网络嵌入的视角，着眼于社会网络的信息传递功能，提出了企业网络伙伴的研发补贴经验影响中心企业获取政府研发补贴的理论模型。其次，本书还结合制度理论的观点，构建了网络嵌入与制度嵌入交互作用的模型，预测社会网络关系的影响作用还受到制度因素的调节。其中，制度因素包括企业所处的宏观制度环境以及企业个体所嵌入的微观制度逻辑。进一步地，本书还将考察研发补贴对企业创新绩效的影响以及公司治理质量可能发挥的调节作用。综上所述，本书构建的研究框架如图3-2所示。

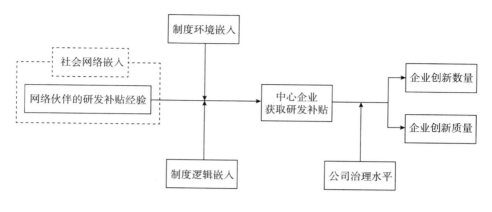

图 3-2　研究框架

第二节　研究假设

本部分将根据上文所构建的研究框架，逐一论述研究假设。

一、网络伙伴的研发补贴经验对企业获取研发补贴的影响

以往研究已经基于社会网络理论论证了连锁董事网络对企业行为和决策的影响及其作用机制。社会网络理论认为，企业的战略决策和行为并不是完全独立的、内生于企业内部信息集合和过往经验的，企业及其决策者所嵌入的社会关系网络也会影响企业的决策和行为选择（Granovetter，1985）。尤其是在面临较高的决策风险和不确定时，企业往往会参考其他公司相似的决策经验，以降低信息搜寻和试错的成本（Levitt and March，1988）。连锁董事网络作为一种低成本的、可靠的、即时的企业间信息传递的通道（Haunchshild and Beckman，1998），被认为是影响企业行为和决策的最重要的社会网络关系之一。部分文献重点考察了连锁董事网络的信息传递功能，并解释了基于连锁董事网络的企业间模仿和学习行为（Beckman and Haunschild，2002）。这些研究均表明，连锁董事可以从网络伙伴处获得与决策相关的信息、知识和商业洞见，涉及公司经营战略（如兼并收购、股票期权回溯、研发投入、海外市场开拓、企业社会责任等）和公司治理（盈余管理、信息披露政策）等诸多方面（Davis，1991；Hauschild，1993；Chiu，Teoh and Tian，2013；陈仕华、卢昌崇，2013）。除了决策信息本身之外，

连锁董事通过观察、参与外部企业的决策活动，可以更加深入地了解某一决策的制定背景、执行要素以及执行的结果，这些信息深刻影响着连锁董事的认知和决策，从而使具有连锁董事关系的企业在公司行为和战略选择方面更趋于一致。

聚焦到本书的研究情境，笔者认为连锁董事关系，尤其是企业网络伙伴获取政府研发补贴的经验，是影响中心企业获取研发补贴的一个重要前因。由上一节对研究框架的讨论可知，在研发补贴分配环节，企业在申请前、申请中和申请后均面临较大的政策不确定性和风险，政府的研发补贴等优惠政策并不总能被企业所熟悉、理解、响应以及享受。鉴于此，在政策环境不确定的情况下，企业为了降低经营决策不确定性、弥补信息不足的劣势，往往会学习和模仿与之有社会联系的其他企业的战略决策与行为（Beckman and Hauncshild，2002）。其中，通过连锁董事所联结的公司是指导企业决策的重要且理想的参照对象（陈运森、郑登津，2017）。连锁董事网络可以传递与政府研发补贴相关的多个方面的信息。

第一，连锁董事参与连锁伙伴公司对研发补贴政策的响应过程，使中心企业可以及时知晓与企业相关的政府支持政策的存在，学习和理解政策内容、政策作用对象的限制条件、政策实施标准与细节等多方面的信息。尤其是对于那些在申请和享受政府研发补贴激励政策方面缺乏意识和经验的企业而言，连锁网络伙伴企业的研发补贴经验还可以提高中心企业对政府政策的敏感程度和关注程度。

第二，企业通过连锁董事网络还可以学习到如何申请并成功获得政府研发补贴资金相关的程序型信息（How-to Information）（Beckman and Haunschild，2002）。随着政府财政补贴项目管理越来越科学化，对企业内部建立财政补贴事务管理流程和规章制度也提出了更高的要求（汤俊杰，2017；安志，2019）。政府研发补贴项目往往要经历"立项—实施—验收"等过程，需要企业内部技术、财务、人事等多个部门的协调配合。许多财政补助项目还需要专款专用，要求企业设立专门的账目，定期向主管部门汇报项目进展，因此需要企业具备相应的财务管理和项目管理能力（汤俊杰，2017；Feldmand et al.，2022）。在现实中，一些企业由于对研发补贴申请和管理的工作规划不足、统筹管理制度不健全，不仅会错失一些本可以享受到的政策扶持，还可能因为无法正确理解和执行政府财务补贴项目的要求，大大增加研发补助项目的申报和实施成本（Feldmand et al.，2022）。因此，通过董事联结关系直接参与伙伴企业的补贴决策过程，中心企业可以学习到与申请和管理政府研发补贴项目相关的有效实践或管理方法，提高企业申请并成功获得政府研发补贴的可能性。

第三，通过连锁董事网络，中心企业还可以了解到研发补贴对企业产生的实际影响，进而对该决策的执行成本与收益之间的关系有更好的理解。申请政府研发补贴并不是无成本的，企业不仅需要承担与申报工作有关的资金、时间和管理成本（汤俊杰，2017），面临企业技术和数据对外泄露、技术交流与合作受限的潜在风险（郭玥，2018；Conti，2018），还可能需要付出额外的寻租成本或承担额外的政策性负担（唐清泉、罗党论，2007；Lee，Walker and Zeng，2014；Aobdia，Koester and Petacchi，2018）。同时，获取研发补贴的收益又是不确定的，企业可能会因多级财政配套资金无法全部拨付到位而错失一部分补贴资金（汤俊杰，2017）。同时，政府主管部门对研发项目的过度干预、管理过死等现象，更加重了企业的负担，进而挤出了企业对研发创新活动的资源投入（杨洋、魏江、罗来军，2015；陈玲，2017；Conti，2018）。连锁董事在有过研发补贴经验的企业任职，可以对伙伴企业的决策背景、实施细节以及执行结果有更加深入、真实的了解，在中心企业面临类似的决策时提供指导和帮助，能够降低企业评估研发补贴回报时的不确定性（Davis and Greve，1997；Shipilov，Greve and Rowley，2010）。

第四，连锁网络伙伴获得政府研发补贴的经验也可以传递与研发补贴政策有关的规范性信息（Normative Information）。连锁董事网络也是某些规范或观念在企业之间传递的通道（陈仕华、卢昌崇，2013；Krause et al.，2019）。考虑到政府研发补贴可以发挥信号传递和隐性担保的功能，获取研发补贴可以使企业获得弱意义上的合法性（Yiu et al.，2014；杨洋、魏江、罗来军，2015）。具体来说，一方面，获取政府研发补贴给企业贴上了被政府认可和支持的标签，可以引导资本、劳动力、技术等创新资源向受补贴的企业聚集（Kleer，2010）；另一方面，获得政府研发补贴也被看作企业积极响应政府政策指引、与政府有良好关系的信号，提高了企业的合法性地位（杨洋、魏江、罗来军，2015）。反过来，那些未获得研发补贴的企业可能会面临被挤出投资、进入市场受制、技术合作机会受限等劣势，使其在市场竞争中处于不利地位（戴一鑫、李杏、冉征，2019）。因此，连锁伙伴企业获得政府研发补贴的经验也向中心企业传递出一定的规范性压力，对合法性的需求也促使企业更加积极地去争取政府研发补贴等政策资源，进而规避未获得政府政策扶持而面临的竞争劣势。

当然，在现实中，连锁董事网络并不是企业之间信息传递的唯一通道，企业还可以通过参加行业协会、聘请专业的咨询机构、浏览公共媒体等途径了解其他公司的战略决策与行为（Beckman and Haunschild，2002；陈运森、郑登津，2017）。然而，连锁董事网络独特的信息传递机制使其具有突出的重要性和影响力（Davis，1991；Beckman and Haunschild，2002）。首先，由于连锁董事亲自参与了连锁网络伙伴企业的决策过程，在中心企业面临相似的决策时，连锁董事可以将伙伴企业相关决策的私有信息带到中心企业。与行业协会、媒体报道等间接的渠道相比，通过连锁董事亲自参与决策所传递的信息更加生动、直接且详细，对于中心企业来说更具可信度和说服力（Beckman and Hauncshild，2002）。其次，连锁董事网络也是一个更为快速的、低成本的、可靠的信息获取渠道（Beckman and Hauncshild，2002）。最后，连锁董事在中国上市公司中的普遍性也间接说明了其重要性。企业之间的社会网络关系对于企业获取外部信息、知识、商业洞见等资源至关重要（Beckman and Hauncshild，2002）。

综上所述，本书提出以下研究假设：

假设1：连锁网络伙伴的研发补贴经验正向影响中心企业获取研发补贴。

面对不确定的决策环境，社会网络关系，尤其是连锁董事网络伙伴，可以成为企业决策者重要的参照对象，为企业决策提供所需的信息、知识或经验。从这个角度来看，企业所有的连锁网络伙伴的决策、行为或经验就相当于一个"信息库"或"行为的集合体"。连锁网络伙伴的经验不仅在整体上构成中心企业的参照样板，决定企业可获得信息资源的多寡，还有一个重要的属性就是经验的异质性。从连锁伙伴处获得的信息、知识越多样化，就可以为中心企业提供越多元的可供借鉴的经验，中心企业也可以对决策内容和结果之间的因果关系做出更准确的判断，进而帮助中心企业做出更全面、稳妥的决策（Beckman and Haunschild，2002）。具体到本书的研究情境，如果中心企业所联结的众多的网络伙伴所获得的政府研发补贴项目在规模、研究领域、资助政府所在层级等方面更加多样化，那么中心企业就可以借鉴和学习到更多异质的信息、知识和经验，从而帮助本企业申请并获得更多的政府研发资助项目。据此，本书进一步将连锁网络伙伴的补贴经验分成经验总和和经验异质性两个维度，认为伙伴的研发补贴经验不仅从整体数量上发挥了模板的作用，经验的多样性或异质性也会对中心企业的获取研发补贴产生正向的影响。与此同时，从经验总和与经验异质性两个维度对连锁网络伙伴的补贴经验加以区分，也可以较为全面地刻画出中心企业与多个网络伙伴相联系且受到不同网络伙伴差异化的补贴经验综合影响的现实。由此，本书进一步提出以下两个子假设：

假设1a：连锁网络伙伴研发补贴经验的总和正向影响中心企业获取研发补贴。

假设1b：连锁网络伙伴研发补贴经验的异质性正向影响中心企业获取研发补贴。

二、制度环境的调节作用

企业不仅嵌入于通过连锁董事关系所形成的企业间社会网络之中，同时也是嵌入在特定的制度环境当中的。在本书的研究情境中，为企业提供直接的研发补贴支持是政府财政支出的重要内容，也是政府扶持和鼓励微观企业研发创新的常用政策工具，在由计划经济向市场经济转轨的背景下实施和演进，已经与中国的经济发展模式和政府治理体制等其他制度安排深度互嵌（陈玲，2017）。因此，在讨论企业社会关系网络嵌入与企业政策响应之间的关系，特别是涉及政府与企业之间关系的问题时，离不开对政府治理水平、市场机制发展状况等整体性制度安排的考量（Mazzucato，2013）。其中，政府财政公开透明是反映政府公共治理水平的重要方面（吕艳滨，2014），要素市场扭曲程度则是政府在推进市场化改革进程中出现的一个独特特征（张杰、周晓艳、李勇，2011）。由此，本书将分别分析与企业获取政府研发补贴密切相关的两个制度环境特征，即政府财政透明度和要素市场扭曲程度的调节作用。

（一）政府财政透明度的调节作用

政府财政透明度描述的是政府部门尽其所能向社会公众公开有关政府治理结构、机构职能、财政政策目标和导向、政府账户和财务预算等方面的信息，并且确保这些信息是真实、可靠、及时、可理解、可比较的（邓淑莲、朱颖，2017）。政府财政透明既保障了企业和社会公众的知情权，也通过建立健全信息公开渠道为监督和预防腐败行为提供了制度基础（Benito and Bastida，2009），有助于降低企业和管理者等市场主体的决策风险。已有的研究也发现，政府财政透明度与企业的投资行为（邓淑莲、朱颖，2017）、投资效率（于文超、梁平汉、高楠，2020）等微观经济行为密切相关。

在假设1中，我们提出连锁伙伴企业的研发补贴经验正向影响中心企业获取政府研发补贴，主要是由于在政企信息不对称条件下，企业处于信息劣势地位，在申请和获得政府研发补贴的决策过程中面临较高的政策不确定性与风险，受到政策知识不足的制约。研发补助是政府财政支出的重要方面，政府财政支出的情况作为财政信息的一部分需要向公众披露，是衡量政府信息公开水平的标准之一。考虑到政府财政透明度的提升有助于缓解企业的信息不足问题，本书认为网络伙伴研发补贴经验的影响作用在政府财政透明度较低的地区更加显著，而在政府财政透明度较高的地区则相对较弱。具体原因如下：

首先，政府财政透明度的提高，有助于社会公众（包括企业、管理人员等）及时获取和准确把握宏观经济、产业政策信息。正如学者所指出的，企业对政府政策感知失灵是导致许多企业没有享受到政府财政补贴等优惠政策的重要原因（郭豫媚、陈伟泽、陈彦斌，2016）。因此，在财政透明度较高的制度环境下，企业等市场主体可以通过健全的信息公开渠道来获取与政府政策有关的信息。政府财政透明度越高，企业等市场主体越能够及时地获知政策信息和权威解释、全面有效地理解和把握政策的内容，进而对复杂的、动态的政策环境做出及时、恰当的反应（于文超、王小丹，2020）。在这种情况下，企业社会关系网络的信息渠道功能被政府的公开信息渠道所替代，企业对网络伙伴所提供的信息和知识的依赖性也有所降低。相反，在政府财政透明度较低的情况下，企业更依赖于通过非正式的社会关系网络来获取信息，社会关系网络的信息传递功能的重要性也更加凸显（Borgatti and Halgin，2011）。因而，网络伙伴的研发补贴经验对企业获取研发补贴的促进效应得到加强。

其次，改善政府财政信息公开情况还有助于约束政府对市场经济活动的干预程度和范围，进而改善企业对外部政策环境不确定性的判断。一方面，政府及时、公开地向市场主体发布和解读政策信息，可以帮助企业理解现行的政策、评估政策执行效果。政府财政透明度越高，企业等市场主体就越能够准确评估响应政策的成本与预期收益，从而降低企业在做出申请决策之前的不确定性。另一方面，政府财政透明度的提高还能在一定程度上约束政府的"自由裁量权"，减少因政府随意干预给企业带来的政策不确定性或负担（于文超、王小丹，2020）。在财政信息不公开透明的情况下，社会公众无法有效地监督政府的行为，使政府的自由裁量权扩大，为政企双向寻租、暗箱操作、徇私舞弊等行为提供了空间（邓淑莲、朱颖，2017）。随着财政透明度的提高，政府需要向公众公开财政信息以确保公共权力在阳光下运行。有效的信息公开制度可以规范政府部门行使权力，显著减少政府行为的不可预期性以及行政权力被滥用的可能，降低企业在做出申请决策之后所面临的政策不确定性（邓淑莲、朱颖，2017）。因此，随着政府财政透明度的提高，企业在申请决策之前和申请决策之后所面临的政策不确定性和风险也会降低，在决策环境得到改善的情况下，企业对外部知识和信息的需求或依赖性也随之降低。由此，在政府财政透明度较高的地区，企业通过学习网络伙伴的经验以降低决策不确定性的需要也相应减弱；相反，在财政透明度较低的地区，企业面临较高的政策不确定性和风险，更加需要向外部网络伙伴学习，以改善自身的信息劣势地位。

综上所述，本书提出以下假设：

假设2：中心企业所在地区的政府财政透明度负向调节连锁网络伙伴的研发补贴经验与中心企业获取研发补贴之间的关系，即在政府透明度更高的地区，网络伙伴的研发补贴经验对中心企业获取研发补贴的正向影响作用更弱。

根据上述讨论，政府财政透明度的提升一方面可以直接改善政企互动过程中的信息不对称问题，尤其是减轻企业等市场主体的信息劣势，有助于提高微观企业对宏观政策的感知、理解与响应；另一方面，公开透明的财政信息还有助于监督和约束政府对微观市场活动的随意干预，降低企业所面临的政策不确定性与风险。由此，政府财政透明度的提升可以改善企业的信息环境，进而减少企业对社会关系网络这一非正式信息渠道的依赖。因此，无论是网络伙伴经验的总和还是经验的异质性，其对中心企业的影响作用都会随着政府财政透明度的提高而减弱。本书进一步提出以下两个分假设：

假设2a：中心企业所在地区的政府财政透明度负向调节连锁网络伙伴研发补贴经验的总和与中心企业获取研发补贴之间的关系。

假设2b：中心企业所在地区的政府财政透明度负向调节连锁网络伙伴研发补贴经验的异质性与中心企业获取研发补贴之间的关系。

（二）要素市场扭曲程度的调节作用

转型经济体实施市场改革的一个重要目标就是形成"绝大多数商品按照市场供求来决定价格的市场机制""使市场在资源配置中起决定性作用"（张杰、周晓艳、李勇，2011）。然而，在转型过程中，各级地方政府出于发展经济、考核晋升等目的，仍然存在和延续着对要素资源（包括土地、劳动力、资本、知识和政策扶持等）的分配权、定价权和管制权的控制或干预（张杰、周晓艳、李勇，2011；杨洋、魏江、罗来军，2015），进而导致了要素流动障碍、要素价格差别化、要素价格刚性以及人为压低要素价格等要素市场扭曲问题。这一现象反映了在经济转轨时期出现的一个特殊的"不对称"问题，即要素市场普遍存在扭曲问题，不仅要素市场的市场化进程滞后于产品市场的市场化进程（张杰、周晓艳、李勇，2011），而且不同地区的要素市场市场化改革进度也不一致（杨洋、魏江、罗来军，2015）。

特别地，由于市场在调节创新资源供给时常常会出现失灵，一些单纯依靠市场力量无法解决的问题也要求政府的干预。因此，政府部门会借用产业政策、财税政策等手段参与到私人企业部门的创新活动中。当前中国各级政府在推动和落实创新驱动发展战略的过程中，仍采取不同程度的政府主导型的政策模式（Wang，2018）。作为政府干预要素资源配置的重要手段之一，当前中国政府实施以直接财政补贴为主"选择性的"创新政策（江飞涛、李晓萍，2010；安志，2019）。在转型经济中，由于政府干预和控制着关键创新资源的分配而产生的要素市场扭曲现象也是转型经济中的一个显著的制度特征。并且，要素市场扭曲还会通过影响企业的市场交易成本、对政企互动关系的认知和对政府公共政策的解读，进而影响微观企业的战略决策和行为。近年来，一些文献研究也发现，要素市场扭曲会导致资源在企业间分配不均衡、不公平，进而抑制了企业对研发创新等活动的投入（张杰、周晓艳、李勇，2011）、削弱了政府财政补贴对企业创新的激励作用（杨洋、魏江、罗来军，2015），并且在要素市场发展越不完善的地区，要素市场扭曲所产生的负面效应越大。

基于此，本书的研究认为地区的要素市场化进程作为转型经济中企业制度嵌入的一个独有特征和重要方面，会与企业的社会网络嵌入产生交互作用，共同影响企业对政府研发补贴政策的响应。具体原因如下：

第一，要素市场扭曲所产生的寻租空间的存在，使获取政府补贴产生的超额收益的吸引力增大，企业对于如何获取政府补贴的关注度更高。在要素市场扭曲程度较高的地区，政府对资本、劳动力、土地、技术等与企业创新密切相关的要素资源的分配权和定价权的控制程度较高。在这种环境下，企业更依赖于与政府部门建立某种联系，从而以较低的成本获取研发活动所需的生产要素（Dorobantu, Kaul and Zelner, 2017）。余明桂、回雅甫和潘红波（2010）及 Aobdia、Koester 和 Petacchi（2018）等的研究也发现，在那些存在较大寻租空间的经济体中，企业更倾向于通过向掌握要素资源分配权的官员寻租以获得要素资源。当某一问题与决策者现有的计划相一致，或者处于决策者的优先级列表中时，它更可能被决策者所关注（Huanschild and Beckman, 1998）。在要素市场扭曲程度较高的地区，政府对要素资源的控制权较大，企业通过获取政府补助所获得的超额收益也更多，因而企业对于如何获取和利用政府研发补贴这一事项更为注意。由此，连锁董事在与连锁伙伴企业的决策者交流时，也会更关注和有动机去学习连锁伙伴获取政府研发补贴的经验。

第二，要素市场的扭曲还会增加企业申请和获取政府研发补贴时所面临的不确定性。在要素市场扭曲程度较高的地区，政府对要素资源分配的自由裁量权高，并且又缺乏明确的法律法规和规章制度来约束和监督政府的资源分配行为（林伯强、杜克锐，2013），进而增加了企业在申请和获取研发补贴过程中所面临的不确定性与风险。因此，在要素市场扭曲程度较高的地区，利用社会关系网络获取信息、降低不确定性风险的必要性和重要性就更加凸显出来。

基于以上原因，本书提出以下假设：

假设3：中心企业所在地区的要素市场扭曲程度正向调节连锁网络伙伴的研发补贴经验与中心企业获取研发补贴之间的关系，即在要素市场扭曲程度更高的地区，连锁网络伙伴的研发补贴经验对中心企业获取研发补贴的正向影响作用更强。

综合以上讨论，要素市场扭曲程度不仅影响企业对获取政府研发补贴这一决策议题的关注，还增加了企业在申请和使用政府研发补贴过程中的决策不确定性，因而增加了中心企业对连锁网络伙伴相关的经验、知识和信息的需求和学习的动力。考虑到连锁网络伙伴的经验不仅在整体上影响企业战略决策，网络伙伴经验的多样性也有助于提高企业学习和决策的质量，它们的影响作用都会随着中心企业所在地区的要素市场扭曲程度的提高而增强。据此，进一步假设：

假设3a：中心企业所在地区的要素市场扭曲程度正向调节连锁网络伙伴研发补贴经验的总和与中心企业获取研发补贴之间的关系。

假设3b：中心企业所在地区的要素市场扭曲程度正向调节连锁网络伙伴研发补贴经验的异质性与中心企业获取研发补贴之间的关系。

三、制度逻辑的调节作用

基于前文研究框架部分的讨论，本书认为企业所嵌入的制度逻辑也存在差异，并且也会导致连锁网络伙伴企业研发补贴经验与中心企业获取研发补贴之间的关系存在差异。随着改革开放的不断深入，市场机制不断健全完善，越来越多的企业认识到提高自主创新能力是企业参与市场竞争、构建持续优势的根本手段。与此同时，中国政府也一直将科技创新作为一项重要的政治议程和政治目标，政府部门不仅掌握和支配着大量的创新要素，而且积极采取各种财政和产业政策手段引导和鼓励企业投资研发创新。这意味着，当前中国企业的创新活动以及对政府创新激励政策的响应始终受到市场因素与政府因素的共同影响，即持续地嵌入在政府逻辑和市场逻辑两种不同的制度氛围中（Greve and Zhang，2017；苏敬勤、刘畅，2019）。为此，本书将分别对政府逻辑和市场逻辑的作用进行比较分析，尤其是二者对社会网络嵌入与企业获取政府研发补贴之间关系所发挥的调节作用如何以及存在怎样的差异。

（一）政府逻辑的调节作用

在制度逻辑的研究中，国家一直被看作是社会中一个非常重要的制度秩序（Friedland and Alford，1999；Thornton，Ocasio and Lounsbury，2012）。政府作为国家这一制度秩序的核心主体，其运作受到政府逻辑的支配。政府逻辑体现了一国政府为维持政治秩序和稳固经济社会发展而推行的与政治决策有关的一系列制度安排（周雪光、艾云，2010；Greenwood et al.，2010）。尽管中国经济始终坚持市场化的改革方向，在转型发展的过程中国家仍发挥着不可替代的重要作用，政府对企业经济行为的适度控制和权威仍然被认为是有必要的（猴倩雯、蔡宁，2015）。基于这一基本概念，当企业的经济活动是以政府意志为导向时，即遵循的是政府逻辑（苏敬勤、刘畅，2019）。

政府主导的制度逻辑有两个核心目标：一是企业需要为经济发展、技术进步等国家层面的目标做贡献，从而促进社会总体的财富增长与发展（Greve and Zhang，2017）；二是要保持市场和社会的稳定，因此企业也承担着创造和维持就业水平、提供社会公共品、提高社会福利水平等责任（Greve and Zhang，2017）。政府逻辑对企业决策和行为的影响机制通常包含以下三个方面：首先，在政府逻辑影响下，企业的任务就是响应政府在中央、地方等层面的政策规划和发展目标，根据政府要求满足生产需求、确保就业率、解决环境污染问题等，从而获得弱意义上的合法性（Yiu et al.，2014）。以中国的汽车生产企业为例，在我国汽车产业的发展初期（1978~2000年），政府逻辑是汽车生产企业遵循的主要逻辑，企业以完成政府下达的产能指标为主要任务，按照政府政策指导下的"通过合资引进吸收国外先进技术"的方式发展企业（苏敬勤、刘畅，2019）。其次，政府逻辑不仅形塑了企业对组织身份和核心目标的认知，而且还影响着企业实现目标的基本战略。在政府主导的制度逻辑之下，企业的战略决策并不是完全独立的，还受到政府的战略规划与政策导向的影响。典型的如一些上市公司的并购活动就显著受到政府这一非市场因素的影响，尽管跨行业并购并不一定能帮助企业实现范围经济和规模经济，但由于受政府逻辑影响的企业需要承担更多的政策性目标，因而往往需要积极配合政府以跨行业并购的方式帮助其他困难的企业（Greve and Zhang，2017；蔡庆丰、田霖，2019）。最后，政府逻辑还构建了决策者"应当重点关注哪些问题、使用何种方式解决问题"的规则和惯例，因此也会改变组织对所处环境中不同议题的注意力分配（杜运周、尤树洋，2013；Bruton et al.，2015）。比如，随着中国政府对环境污染治理的决心和力度不断增强，受政府逻辑影响的企业配置在环境保护和治理议题上的注意力也更多（猴倩雯、蔡宁，2015）。

当前中国经济最典型的特征之一就是政府对市场经济领域仍有着持续且重要的影响，在企业内部，政府逻辑通常以下两种方式得以体现和发挥作用：一是直接持有公司部分股份作为政府逻辑倡导者的权力来源（Sun, Deng and Wright, 2021），这种方式与 Yiu 等（2014）所定义的"所有权的遗产"（Ownership Heritage）相一致。作为政府逻辑的行为主体，政府机构或国有企业通过持有公司股权可以获得国家所有权所授予的正式的决策控制权，从而增强在公司决策过程中的发言权和决定权（Greve and Zhang, 2017）。因此，政府逻辑的影响程度可以体现为公司国有股比例的大小（Greve and Zhang, 2017；Sun, Deng and Wright, 2021）。二是制度逻辑还可以通过塑造公司内部行为者的认知和行为来影响企业的决策，最典型的就是公司主要决策者（如 CEO、董事会成员等）的从政经验或政府工作经历（Bruton et al., 2015；Greve and Zhang, 2017）。接下来，本书将从企业的股权性质和董事会成员的政府工作背景两个方面讨论政府逻辑的影响作用。

1. 企业的国家所有权

在中国，政府逻辑对企业经济活动的影响是不可避免的，中国政府在鼓励和发展自由市场经济的同时，也需要保持不容挑战的政治控制以及社会、经济的稳定发展（Scott, 2013）。在产权制度还不健全、资本市场尚未完全健康运作的情况下，政府不能将所有产权都移交给私人资本。因此，政府仍通过掌握一部分企业的股份来影响企业，较高的国家所有权比例意味着政府逻辑仍然存在于企业当中且对企业决策行为产生着重要影响（Yiu et al., 2014；Greve and Zhang, 2017）。企业的国有股比例越高，企业的主要决策者会更加感受到国家所有权所代表的权力，企业的决策和行为也更深地嵌入在政府逻辑中。

进一步地，基于上一章节关于制度逻辑与社会网络嵌入之间交互作用的论述，本书认为：对于国有股比例更高的中心企业来说，其连锁网络伙伴的研发补贴经验对中心企业获取研发补贴的影响作用更强，因为获取政府研发补贴这一决策与政府逻辑所倡导的规范、价值观念以及战略相一致，网络伙伴的研发补贴经验更加容易被这类企业所关注和学习，具体原因如下：

第一，制度逻辑为评价某一议题的相关性、重要性和合法性提供了一套价值判断标准，因而也决定了企业决策者的注意力配置方向（Thornton and Ocasio, 2008）。已有的关于组织间模仿现象的研究表明，当某一组织实践是企业及其主要决策者所关注和重视的议题时，该中心企业更倾向于模仿社会网络中已经实施这一实践的其他企业，此时网络伙伴的影响力更大（Oh and Baker, 2018；Beckman and Haunschild, 2002）。从企业对政府研发补贴等创新激励政策的关注程度来看，在政府逻辑的影响下，积极响应政府政策导向、顺应政府的指引开展经营活动是企业的主要任务之一（蔡庆丰、田霖，2019）。也就是说，受到国有产权控制和影响的企业对于政府颁布的研发补贴激励等政策措施更为关注，响应政府政策的动力和积极性也更高（杨洋、魏江、罗来军，2015）。当接触到的网络伙伴企业具有申请、获取和使用政府研发补贴等方面的经验时，这类经验信息更加容易引起受政府逻辑影响的中心企业的关注。此时，连锁网络伙伴的研发补贴经验对中心企业是否申请、如何申请和获得政府研发补贴的决策和结果的影响作用更大。

第二，制度逻辑还定义了组织解决问题和实现目标的合适的战略选择。从企业获取资源的战略偏好来看，企业更倾向于从与自身制度逻辑相一致的其他组织中获取资源（He，Cui and Meyer，2020）。国家所有权将政府主导的逻辑扩散至企业中，影响着企业的资源获取战略。研究表明，受政府逻辑影响的企业继承了社会主义的"再分配"思维，即政府根据经济、社会目标向企业分配资源，更认同且偏好于从政府部门或国有企业获取生产经营所需的资源（Yiu et al.，2014；He，Cui and Meyer，2020）。类比到本书的研究，受政府逻辑影响的企业更认同和偏好于筹集政府的研发补贴资金来补充企业研发创新所需资源，因而也更有动机学习其他企业的研发补贴经验。

第三，政府逻辑本质上倡导以法律、法规、官僚制度等方式指挥和控制个体和组织的经济活动，尤其是在那些外部性问题较为突出、市场失灵容易出现的领域（如研发、环保等），更加需要政府的干预（Lee and Lounsbury，2015）。政府研发补贴等创新激励政策正是政府伸出"援助之手"试图纠正市场失灵的重要手段。受政府逻辑影响的企业也更认同和接受政府以研发补贴为手段去"干预"微观企业的研发创新活动。因而，当与其联系的网络伙伴企业具有申请、获取和使用政府研发补贴的相关经验时，中心企业也更加有意愿去学习和模仿网络伙伴的补贴经验。

基于以上分析，本书提出以下假设：

假设4：企业的国家所有权正向调节连锁网络伙伴的研发补贴经验与中心企业获取研发补贴之间的关系，即对于国家所有权比例较高的企业来说，连锁网络伙伴的研发补贴经验对中心企业获取研发补贴的正向影响作用更强。

与前文的讨论类似，网络伙伴的研发补贴经验可以从经验总和与经验异质性两个方面加以考量，它们的影响也会因中心企业嵌入政府逻辑的程度不同而变化。不同企业国家所有权比例存在差异，它们受到政府逻辑的影响程度因而也较为不同，对于响应和获取政府研发补贴等产业政策的认可、关注和参与程度也不尽相同，进而影响了中心企业在多大程度上会去关注、主动学习网络伙伴获取政府研发补贴的经验。据此，本书进一步提出以下两个假设：

假设4a：企业的国家所有权正向调节连锁网络伙伴研发补贴经验的总和与中心企业获取研发补贴之间的关系。

假设4b：企业的国家所有权正向调节连锁网络伙伴研发补贴经验的异质性与中心企业获取研发补贴之间的关系。

2. 董事会成员的政府工作背景

产权性质体现了国家以股东的身份获得对企业的正式控制权。值得注意的是，制度逻辑也有其微观表现（Bruton et al.，2015）。在微观层面上，制度逻辑可以通过塑造个人的价值观念、思维模式、识别问题和解决问题的方式等影响个体的决策模式或偏好。制度逻辑因此也通过个体或某一群人共享的视角（如对某一制度逻辑的认知和认同程度）在企业中得以具象、维持以及传播（Nee and Opper，2012），进而塑造组织的决策和战略选择。在企业中，管理层和董事等主要决策者因其过往的任职经历而留存有不同的制度逻辑的"烙印"，其所嵌入的制度逻辑的价值观念、思维模式、识别问题和解决问题的方式等也直接影响着企业的目标和行为选择（Greve and Zhang，2017）。

参照前人的研究，本书认为也可以依据公司董事会成员的政府工作经验来评估公司内部政府逻辑的存在及其影响力（Greve and Zhang，2017）。一方面，在国有企业中，公司的一部分董事是由国家党委组织或国资委直接选派或任命的，这类董事具有一定的行政权力且肩负一部分国家政策性任务（Bruton et al.，2015）。另一方面，现任的政府官员并不是企业中唯一支持政府逻辑的董事会成员，那些具有政府工作经历的董事会成员同样也受到政府逻辑的影响（Greve and Zhang，2017）。以往的研究表明，即使已经离开了政府部门，在政府部门工作时所接触到的意识形态和价值体系也会像"烙印"一样对有政府工作经验的董事产生持续的影响（Marquis and Qiao，2020）。Du、Tang和Young（2012）曾经引述一位国资委官员的观点："离任的政府官员在加入企业的董事会以后仍然会像政府官员一样思考，他们也更倾向于从宏观经济发展、产业政策等角度看待经营问题。他们关心并且理解政府为什么以及在多大程度上要管理市场行为"。事实上，个体受过往经历的影响而在个人态度、价值观念、思维方式等方面存在惯性的现象也是普遍存在的（Kuran，1988）。在现实中，具有政府工作经验的官员在进入企业董事会之后仍然会认同和身体力行政府逻辑，因而也有可能把政府逻辑的影响施加到没有国家控股权的企业中。因此，可以认为具有政府工作经验的董事比其他的董事更深地受到政府逻辑的影响，进而也会影响企业的日常经营决策与行为（Greve and Zhang，2017）。

基于上一章节对制度逻辑与网络嵌入的交互作用的论述，本书进行以下预测：中心企业董事会成员的政府背景会调节连锁网络伙伴的研发补贴经验与中心企业获取政府研发补贴之间的正向关系，具有政府工作经验的董事会成员比例越高，网络伙伴的研发补贴经验的影响作用越大。这是因为：

第一，公司董事对于政府政策的理解和合理运用对企业的发展尤为重要。在政府部门工作时受到政府治国指导思想的熏陶以及对相关政策方针的学习，使他们对宏观经济和产业政策等信息更为关注。因此，在参与或接触到连锁伙伴企业的决策经验时，伙伴企业申请、获得以及使用政府补贴政策的经验、结果等信息更容易引起有政府工作背景的连锁董事的注意。并且，当连锁董事将外部连锁企业的研发补贴经验带到公司内部时，也更加容易受到其他有政府工作经验的董事的重视。在这种情况下，中心企业在学习伙伴经验，推进本公司申请、获取和利用政府研发补贴等相关工作时，可以得到更多的决策和实践支持。总之，董事会成员的政府工作经验使中心企业更加关注且有能力去学习连锁伙伴的研发补贴经验。

第二，在假设3-1中我们提出网络伙伴的研发补贴经验与中心企业获取研发补贴有正向相关关系，一部分原因是连锁网络可以在企业间传递出企业需要积极响应政府政策的规范性信息。具有政府工作背景的董事会成员更关注来自政府力量的影响，因而对政府政策更为敏感和关心，也倾向于将更多的资源分配到与政府相关的活动上。因此，在政府逻辑嵌入较深的企业中，支持或认同政府逻辑的董事会成员会感受到更多的规范性压力，更有动机去响应和参与政府研发补贴政策以获取组织合法性。

基于以上分析，本书提出以下假设：

假设5：企业董事会成员的政府工作背景正向调节连锁网络伙伴的研发补贴经验与中心企业获取研发补贴之间的关系，即企业拥有政府工作经验的董事比例越高，网络伙伴的研发补贴经验对中心企业获取研发补贴的正向影响作用越强。

与前文的讨论类似，网络伙伴的研发补贴经验可以从经验总和与经验异质性两个方面加以考量，它们的影响也会因中心企业所嵌入的政府逻辑的深度而变化。董事会成员的政府工作背景影响了企业的主要决策层是否关注和愿意学习外部伙伴的研发补贴经验，以及能否动用内部的权力和资源去学习并实践他人的知识或经验。由此，本书进一步提出以下假设：

假设 5a：企业董事会成员的政府工作背景正向调节连锁网络伙伴研发补贴经验的总和与中心企业获取研发补贴之间的关系。

假设 5b：企业董事会成员的政府工作背景正向调节连锁网络伙伴研发补贴经验的异质性与中心企业获取研发补贴之间的关系。

（二）市场逻辑的调节作用

在转型经济中，对商业组织具有重要影响的另一个制度秩序就是市场（Friedland and Alford，1991；Thornton，Ocasio and Lounsbury，2012）。市场经济依赖于自由波动的价格机制来分配社会资源。市场逻辑就是在市场经济的形成和发展过程中形成的，通过形塑和维持市场经济主体（包括企业、个人等）的思维模式和行为方式而形成的一种制度安排。市场逻辑以"理性经济人"假设为前提和基础，强调企业或个人的"趋利性"直接影响并塑造了他们的行为（Greenwood et al.，2010）。类似地，Glynn 和 Lounsbury（2005）在他们的文章中将市场逻辑定义为以自身利益和利润最大化为基本导向的信仰和价值观体系。当组织以追求利润最大化为目标，且表现出基于市场交换和竞争的规则来争取经济利益的市场化导向的行为特征时，该组织是遵循市场逻辑的（Zhao and Lounsbury，2016；苏敬勤、刘畅，2019）。

市场逻辑强调市场化的运行效率，企业的核心目标之一就是创造和获取价值，其核心策略就是构建市场竞争力以实现企业的持续增长和利润最大化（Greenwood et al.，2010）。受市场逻辑的影响，企业更倾向于把资源集中于市场化导向的行为和战略上，包括建立长期投资计划寻求成长机会、加强研发投入和创新能力建设、改善运营管理以降低成本与风险、实现规模经济与范围经济等，以此实现企业的利润增长和长期竞争优势（Greve and Zhang，2017；He，Cui and Meyer，2020）。尤其是在竞争程度较高的市场环境中，企业会将注意力更多地分配在消费者、竞争者、供应商等市场因素上，以期实现利润的增长和市场规模的扩大。市场逻辑的第二个目标是把握有利的形势（Amburgey and Miner，1992）。市场逻辑具有自我加强的特征，市场逻辑倡导者在做战略决策时倾向于将企业的组织结构、决策流程、经营方式等塑造得更加符合市场逻辑（Amburgey and Miner，1992）。以企业的并购战略为例，Amburgey 和 Miner（1992）发现，企业在完成了市场导向的并购活动之后，组织结构会变得更加与市场逻辑支持者的思维模式和管理经验相契合，可见市场逻辑倡导者会利用有利的势头加强市场逻辑在企业中的影响力。值得注意的是，市场逻辑还有一个重要的特征就是偏好低不确定性的管制环境，对政府的干预尤为敏感（郑莹、陈传明、张庆垒，

2015）。在市场逻辑的影响下，企业对自主经营的需求程度也更高，在获取和配置资源时也希望较少受到政府的干预（He，Cui and Meyer，2020）。

市场逻辑导向的企业是通过建立高效的内部控制系统来维持的，企业可以通过这些内部控制系统更准确地监控公司行为，给企业内部的个人和组织设立目标和评价体系，对应该发生什么、通过什么方式实现成功等有着明晰的规定和预期。在市场逻辑的影响下，企业更倾向于通过技术创新来实现和保持自身的竞争优势，有效的资源获取和资源配置受到高度的重视和保护。在企业研发创新这个议题上，企业对市场逻辑的遵循程度也体现在其日常活动中（Besharov and Smith，2014），比如重视对研发创新活动的投入、专注于创造有竞争力的技术和产品等（Xu，Zhou and Du，2019）。除了对技术创新的投入之外，如何通过技术创新最大化创造并获取价值也是市场竞争机制下企业所关注的问题。专利制度作为保护创新成果的正式机制，与企业的创新过程和结果息息相关（Huang，Geng and Wang，2017）。专利战略是企业从长远的发展目标出发，利用正式的专利法律机制保护知识产权免受侵占，最终实现经济效益最大化的战略和谋划（Somaya，2012）。研究表明，企业对市场机制的感知和参与意识越强，其申请和运营专利的意识和能力也越强（Huang，Geng and Wang，2017）。基于"制度逻辑能够塑造社会行动者的认知和行为"这一理论基础（Dunn and Jones，2010），社会行动者的行为是受制度逻辑影响的外在表现形式。因此，也可以通过分析组织或个人的行为特征来判断其所遵循的制度逻辑以及遵循程度（苏敬勤、刘畅，2019）。据此，本书参照 Xu、Zhou 和 Du（2019），郑莹、陈传明和张庆垒（2015）以及 Huang、Geng 和 Wang（2017）等的研究，选取可以反映企业对市场逻辑遵循程度的两个表征活动：研发投入和专利战略，去考察企业所嵌入的市场逻辑对网络伙伴研发补贴经验与中心企业获取研发补贴之间关系的调节作用。

1. 研发投入

有关制度逻辑的文献指出，组织对某种制度逻辑的遵循程度可以体现在其日常经营和运作等活动中（Dunn and Jones，2010；Besharov and Smith，2014）。因此，企业对市场逻辑的遵循程度可以从其对研发活动的投入程度方面加以考量。投资于研究与开发活动体现了企业对于市场力量和市场竞争的重视程度，在市场逻辑的指导下，企业将研发创新视作改善企业绩效、培养创新能力、提高企业长期竞争力的重要手段（Xu，Zhou and Du，2019），是基于市场竞争机制所考虑的战略选择。

根据本书第二章对理论文献的论述，企业研发补贴不仅会受到其所嵌入的社会网络特征的影响，而且每一个企业又不同程度地受到自身所嵌入的市场逻辑的影响，网络嵌入的影响作用会因制度逻辑的不同而呈现差异。由此，本书进一步预测：企业连锁网络伙伴研发补贴经验对中心企业获取研发补贴的影响，会因中心企业研发投入强度的不同而存在差别，中心企业的研发投入水平越高，网络伙伴的研发补贴经验的影响作用则越小。这是因为受市场逻辑的影响，具有较高研发投入水平的企业配置于政府研发补贴政策的注意力相对更低、学习和模仿网络伙伴的研发补贴经验的动机也相对更低。具体原因如下：

第一，从资源获取的角度来看，研发投入强度越高，企业越重视基于低成本的、长期导向的资源获取战略。由于研发创新活动具有周期长、风险高、成果不确定性的特征，企业更希望以较低的成本获取创新资源。然而，相比于从产品和要素市场上获取创新资源，通过政府财政补贴的方式获取创新资源会招致更高的政治成本和政策性负担（如税费负担、增加就业等），大大增加了企业的交易成本（Lee，Walker and Zeng，2014；杨洋、魏江、罗来军，2015）。第二，从资源配置的角度来看，企业研发投入强度越高，企业对资源的自主、有效配置越重视。在经济转型升级背景下，虽然随着市场化程度的不断提高，政府对企业的影响在逐渐降低，但现有市场规范水平与成熟市场还有一定差距，政府在一定程度上仍然对企业经营进行宏观调控和微观干预。企业的研发创新活动也是如此，随着建设创新型国家战略及相关规划体系的推进和落实，地区创新水平也成为考核官员的一个重要的绩效指标，各级地方政府竞相陷入了"创新崇拜"或"创新锦标赛"（申宇、黄昊、赵玲，2018）。受到政府官员考核压力的影响，各级政府反而加大了对企业的管理和干预，企业或主动迎合或迫于压力将创新资源用于时间短、见效快的创新项目中，降低了企业的创新效率（黎文婧、郑曼妮，2016；申宇、黄昊、赵玲，2018）。对于以市场逻辑为主导的企业来说，这显然与其以效率和竞争机制为主的资源配置战略和自主经营的管理理念相冲突。

由此，本书提出以下研究假设：

假设6：企业研发强度负向调节连锁网络伙伴的研发补贴经验与中心企业获取研发补贴之间的关系，即企业研发强度越高，连锁伙伴企业的研发补贴经验对中心企业获取研发补贴的正向影响作用越弱。

与前文的讨论类似，本书从经验总和与经验异质性两个方面对网络伙伴的研发补贴经验加以讨论，它们的影响作用也会因中心企业所嵌入的市场逻辑的深度而变化。由此，本书进一步提出以下两个子假设：

假设6a：企业研发强度负向调节连锁网络伙伴研发补贴经验的总和与中心企

业获取研发补贴之间的关系。

假设6b：企业研发强度负向调节连锁网络伙伴研发补贴经验的异质性与中心企业获取研发补贴之间的关系。

2. 专利战略

除了对研发创新活动的投入情况之外，企业对市场逻辑的遵循程度还体现在其对技术资源的保护方式和对专利制度的运用情况上，即企业的专利战略。虽然目前已有的文献对专利战略有着不同的定义，但就专利战略的内涵也形成了一些共识，都强调专利战略是企业基于长远利益去利用专利制度以获取竞争优势和经济利益为目标的谋略。由此，专利战略可以被认为是：企业为了获取市场竞争优势、实现经济效益最大化等长远目标，利用技术领域的资源优势和专利制度的保护功能，以应对市场需求和技术动态竞争的战略谋划（Somaya，2012；谭劲松、赵晓阳，2019）。企业申请和运营专利的战略行为通常是基于市场竞争机制的（谭劲松、赵晓阳，2019），同时专利也被看作是企业拥有的关键技术资源。通过正式的法律制度保护知识产权以期在未来获得高额的财务回报的运作方式，体现的是企业在创新活动方面遵循市场逻辑的一种选择和表现（Besharov and Smith，2014）。值得注意的是，除了最大化创造价值和获取价值之外，企业可能还会受制度合法性机制等其他动机的驱动而实施专利战略（Somaya，2012；谭劲松、赵晓阳，2019），本书对专利战略的讨论仅限于企业的发明专利，以更好地体现企业对高质量创新的主动追求并且依靠正式的法律制度去保护知识产权的选择倾向。因此，可以认为实施专利战略的企业相对更多地受到了市场逻辑的影响，更认同且偏好于利用市场机制下正式的法律法规和司法系统保护企业的知识产权，而不是依赖非正式的制度（如政治联系）（Huang，Geng and Wang，2017）。

基于前文对理论框架的论述，考虑到企业网络嵌入与制度逻辑嵌入可能存在的交互影响作用，本书做出如下预测：连锁网络伙伴的研发补贴经验与中心企业获取研发补贴之间的关系会受到中心企业专利战略的影响。具体来说，中心企业的专利战略水平越高，网络伙伴研发补贴经验的正向影响作用则越小。这是因为，作为企业遵循市场逻辑的表征之一，专利战略的实施直接与企业对政府产业政策干预的关注度、认同以及企业创新战略息息相关。具体而言：

首先，随着市场经济体制的完善，企业的知识财产越来越得到有效的法律保护。专利战略的实施意味着企业倾向于依赖正式的法律、司法体系保护自身知识产权，企业更认同利用市场机制组织其创新等相关活动。市场逻辑的影响越大，企业越倾向于通过专利战略来保护知识产权免受侵占、保障未来获得高额财务回报。在市场逻辑的影响下，企业更多地关注创新、提升效率、最大化价值获取、追求利润等市场竞争因素，而对政府等非市场因素的关注则相对较少。对于遵循市场逻辑的企业来说，它们分配给政府产业政策的注意力资源也相对较少，对政府干预微观经济活动的认同度也相对较低，由此，中心企业对于连锁网络伙伴获得政府补贴的经验信息也给予了较少的关注和较低的学习动机。

其次，遵循市场逻辑的企业将实施专利战略作为其保护知识产权和实现商业价值的手段，而对于一些政府部门来说，他们更关注所资助的企业或项目带动了多少就业、企业经济产值、纳税规模等结果，以此来帮助完成自身的政绩目标（陈晋等，2021）。政府部门实施积极的财政补贴政策，也在一定程度上将政府要求的政策性任务或负担转移到受资助的企业身上，甚至可能干预企业的以市场竞争机制为主的创新战略。对于遵循市场逻辑的企业来说，这显然与其以效率和竞争机制为主的自主经营的管理理念和创新战略不一致。

综上所述，本书在假设1中提出企业连锁网络伙伴研发补贴经验对中心企业获取研发补贴具有正向的影响作用，但是对于积极实施专利战略、遵循市场效率和竞争逻辑的企业来说，这类企业对政府研发补贴等产业政策以及可能产生的政府干预的认同程度、配置的注意力资源等相对较低，因而对网络伙伴获得研发补贴经验的关注程度、学习动机也相对较弱，进而削弱了网络伙伴研发补贴经验的影响作用。

基于此，本书提出以下研究假设：

假设7：企业专利战略负向调节连锁网络伙伴的研发补贴经验与中心企业获取研发补贴之间的关系，即企业专利战略水平越高，连锁网络伙伴的研发补贴经验对中心企业获取研发补贴的正向影响作用越弱。

网络伙伴的研发补贴经验可以从经验总和与经验异质性两个维度加以考虑，它们的影响也会因中心企业所嵌入的市场逻辑的深度差异而变化。由此，本书进一步提出以下两个子假设：

假设7a：企业专利战略负向调节连锁网络伙伴研发补贴经验的总和与中心企业获取研发补贴之间的关系。

假设7b：企业专利战略负向调节连锁网络伙伴研发补贴经验的异质性与中心企业获取研发补贴之间的关系。

四、研发补贴对企业创新的影响

接下来，还需要回答的一个重要问题是：政府研发补贴是否实现了提升企业自主创新能力的政策目标呢？在转型经济背景下，中国政府长期、广泛施行的研发补贴政策的实际效果如何，现有研究尚未得出一致的结论。因此，本书将进一步收集关于政府研发补贴与企业创新之间关系的微观证据。

（一）研发补贴对企业创新数量与质量的影响

概括地说，政府研发补贴对企业创新的影响机制包括直接的资源获取和间接的信号传递两个方面。首先，政府研发补贴可以直接缓解企业所面临的创新资源约束问题，降低企业研发创新活动的成本和风险。这在一定程度上可以解决由于研发活动的高不确定性和外部性所导致的企业研发投入不足的问题，激励企业加大研发投资力度（Kleer，2010）。其次，获取研发补贴还可以释放政府认可和支持企业技术创新能力的信号，增强外部投资者对企业的技术能力、创新项目潜力的信心，进而为企业争取到成本更低的、更多元的资金来源，撬动更多的社会资源支持企业的研发创新活动（Kleer，2010；郭玥，2018）。此外，政府补贴的信号传递作用还有助于拓宽企业与外部企业、高校和科研院所的合作机会（高雨辰等，2018；Bianchi，Murtinu and Scalera，2019），帮助企业获得外部技术知识、攻克技术难题、降低研发失败的风险，最终提升企业的创新水平。已有研究也给出了许多政府研发补贴促进企业创新产出的现实证据。

值得注意的是，企业创新产出的增加可能是实质上的创新质量的提升，也可能是企业"重数量而忽略质量"等策略性创新行为的结果（黎文靖、郑曼妮，2016；Guo，Guo and Jiang，2016），因而需要进一步的检验。现有的基于中国转型经济背景的研究也发现，部分企业会为了争取研发补贴等优惠政策资源而做出策略性的创新行为，并未将创新资源投入到真正能够促进技术进步和提升创新效率的活动中，而只是片面追求创新的速度和数量，以迎合政府官员的偏好和考核（黎文靖、郑曼妮，2016；申宇、黄昊、赵玲，2018）。研发补贴资金能否被合理高效地使用受到企业逆向选择和道德风险行为的制约。具体来说，从政府将补贴资金发放给企业，再到企业将政府补贴及配套资金投入研发创新活动中产生创新成果的过程，分别涉及政府对企业、企业所有者对企业管理者的两重委托—代理关系（陈红等，2018）。当委托人和代理人目标不一致，且存在信息不对称和激励错位的情况下，容易出现代理风险，特别是对于企业研发创新这样的具有高不确定性、高风险、长周期特点的投资活动。一方面，政府的"外部人"角色以及受到专业知识门槛的限制，政府部门也很难对企业利用财政补贴资源的过程和结果进行有效的监督、干预和治理。另一方面，在企业内部，在缺乏有效监督和激励的情况下，企业管理者很可能出于短期私利而避免投资有助于企业长期发展的技术研发项目，最终导致企业创新产出的数量和质量难以同步提升（Jia，Huang and Zhang，2019）。因此，本书进一步对企业对研发补贴资源的利用情况进行区分，提出了以下两个方面的假设：

假设 8a：政府研发补贴有助于提高企业创新数量。

假设 8b：政府研发补贴有助于提高企业创新质量。

（二）公司治理的调节作用

上文的分析表明，研发补贴资金能否被合理高效地使用受到企业逆向选择和道德风险问题的制约。从企业内部对研发资金的管理过程来看，完善的公司治理制度有助于缓解企业创新活动中"片面追求创新数量而牺牲创新质量"的代理风险（Zhou，Gao and Zhao，2017；Jia，Huang and Zhang，2019），对于提升政府研发补贴绩效有着不可忽视的重要作用。本书进而从公司治理的视角出发，讨论与公司治理相关的制度安排在研发补贴对企业创新的影响过程中所发挥的调节作用。在企业内部，影响企业研发创新活动的代理人有许多，既包括直接参与研发活动的技术人员、工程师等，也包括进行创新战略决策的企业管理者和董事会成员。本书的研究主要关注对企业董事会的治理要素，因为他们是公司战略决策的最终制定者，决定了企业创新项目的启动和终止、创新资源的分配、创新导向的选择等（Jia，Huang and Zhang，2019）。因此，对企业管理者和董事的有效监督、激励是影响研发补贴资金使用效果的重要因素。

在现代公司治理制度中，有两个关键的公司治理实践可以降低代理风险，进而影响管理层在创新数量和创新质量之间做出权衡，分别是：①设计合理的激励机制，使公司代理人的个人利益与公司价值挂钩；②对管理者实行有效的监督（He and Wang，2009）。本书将依次讨论这两种治理安排的调节作用。

第一，当企业代理人的私人利益与企业价值相挂钩时，代理人有更强的动机从事有助于企业长期竞争力、创新水平更高的研发活动，而不是片面地追求产出的速度和数量。因为对于这类代理人来说，进行简单的、低质量的创新所产生的机会成本更高。创新的机会成本指的是过分追求创新的数量而忽略有利于企业长期价值的高质量创新所产生的成本，当代理人的报酬与企业价值相挂钩时，代理人更愿意投资于高水平的研发创新活动，以期增加代理人的个人收益。相反，对于那些个人收益与企业未来价值关系不大的代理人来说，他们更倾向于追求更多的可量化的、见效快的创新产出，而避免去投资风险大、不确定性水平高的项目。因此，将企业代理人的个人收益与公司价值相挂钩，有助于缓解企业内部代理人"重数量而轻质量"的代理风险，激励企业将研发补贴资源投入具有高创

新水平、附加价值大的创新项目中，而不是片面追求创新产出的数量（Jia,
Huang and Zhang, 2019）。在公司治理实践中，股权激励是促使代理人利益和股
东利益保持一致的、提高代理人对企业未来成长和长期收益的重视程度的一个重
要的激励手段。其中，董事会持股通过协调董事与股东之间的利益，可以直接增
强公司董事的受委托责任感，激励其关注公司的持久发展，充分发挥其对管理层
的监督和决策咨询职能，降低管理者做出短视的、自利的或寻租行为的可能性。
除此之外，由于许多公司管理者本身也是董事会成员，董事会持股也加强了管理
者个人利益与公司价值之间的联系，可以激励管理层努力工作、减少道德风险行
为（He and Wang, 2009）。因此，董事会持股有助于实现代理人与股东利益趋同
的目的，降低代理人风险，进而提高企业对政府研发补贴资源的规范、合理、高
效使用。本书由此提出以下两个假设：

假设 9a：董事会股权激励负向调节研发补贴对企业创新数量的正向影响，即
随着董事会持股水平增高，研发补贴对企业创新数量的正向影响减弱。

假设 9b：董事会股权激励正向调节研发补贴对企业创新质量的正向影响，
即随着董事会持股水平增高，研发补贴对企业创新质量的正向影响增强。

第二，对代理人的有效监督也有助于限制管理层的短视、自利行为，提高企
业对创新活动的合理、高效投资，进而保证政府研发补贴资金能够被合规、合理
且高效地投入研发创新活动中去。以往的研究表明，政府研发补贴政策效果不好
的重要原因之一是企业的自主创新意愿低，研发补贴资源并未被投入到真正的技
术研发活动中去（Hussinger, 2008；安同良、周绍东、皮建才，2009），或者仅
被投资于见效快、风险低、收益也低的创新项目中，以迎合政府官员的政绩考核
需求（申宇、黄昊、赵玲，2018）。此时，董事会的监督则有助于规范管理者对
研发资金的使用，提高企业对于研发补贴资源的使用效率和研发管理水平，从而
确保研发补贴资源转化为更多高水平的创新成果。在常见的董事会治理实践中，
董事会成员的独立性是保证董事会公平有效治理的关键。独立董事大多是从企业
外部遴选的，且具有较强专业背景或履职经验，较少受到内部人的控制和影响
（He and Wang, 2009）。因此，在公司董事会中提高独立董事比例可以增强董事
会对管理人员的监督、咨询职能，降低企业代理成本（He and Wang, 2009），提
高企业创新投资决策的质量和执行水平。因此，独立董事占比越高的董事会其监
督功能越强，越有能力减少代理人短视的机会主义行为，防止管理者做出有损企
业长远发展和损害公司利益的创新投资行为，提高企业创新的质量。基于以上分
析，本书做出以下假设：

假设 10a：董事会独立性负向调节研发补贴与企业创新数量之间的关系，较高的独立董事比例削弱了研发补贴对企业创新数量的正向影响。

假设 10b：董事会独立性正向调节研发补贴与企业创新质量之间的关系，较高的独立董事比例增强了研发补贴对企业创新质量的正向影响。

本章小结

本章首先分析了企业连锁网络伙伴获取政府研发补贴经验的影响作用，并进一步构建了企业网络嵌入与制度嵌入交互作用的理论模型，考察了企业所处的整体制度情境以及企业个体所嵌入的制度逻辑可能发挥的情境作用。其次，就制度嵌入而言，本章考察了企业所在地区的制度发展水平（包括政府财政透明度和要素市场扭曲程度）和微观企业遵循的制度逻辑（包括政府逻辑和市场逻辑）对企业社会网络嵌入与企业获取研发补贴之间关系的调节作用。最后，本章对研发补贴政策的实际效果进行了分析，一方面分别考察了研发补贴对企业创新数量和创新质量的影响作用；另一方面结合公司治理视角，探索了公司治理水平，特别是董事会治理对研发补贴与企业创新绩效之间关系的调节作用。图 3-3 展示了整体的理论模型，表 3-1 汇总了本章所提出的研究假设。

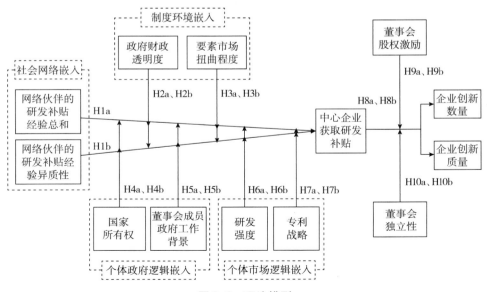

图 3-3　理论模型

表 3-1　研究假设汇总

假设编号	假设内容
假设 1	连锁网络伙伴的研发补贴经验正向影响中心企业获取研发补贴
假设 1a	连锁网络伙伴研发补贴经验的总和正向影响中心企业获取研发补贴
假设 1b	连锁网络伙伴研发补贴经验的异质性正向影响中心企业获取研发补贴
假设 2	中心企业所在地区的政府财政透明度负向调节连锁网络伙伴的研发补贴经验与中心企业获取研发补贴之间的关系
假设 2a	中心企业所在地区的政府财政透明度负向调节连锁网络伙伴研发补贴经验的总和与中心企业获取研发补贴之间的关系
假设 2b	中心企业所在地区的政府财政透明度负向调节连锁网络伙伴研发补贴经验的异质性与中心企业获取研发补贴之间的关系
假设 3	中心企业所在地区的要素市场扭曲程度正向调节连锁网络伙伴的研发补贴经验与中心企业获取研发补贴之间的关系
假设 3a	中心企业所在地区的要素市场扭曲程度正向调节连锁网络伙伴研发补贴经验的总和与中心企业获取研发补贴之间的关系
假设 3b	中心企业所在地区的要素市场扭曲程度正向调节连锁网络伙伴研发补贴经验的异质性与中心企业获取研发补贴之间的关系
假设 4	企业的国家所有权正向调节连锁网络伙伴的研发补贴经验与中心企业获取研发补贴之间的关系
假设 4a	企业的国家所有权正向调节连锁网络伙伴研发补贴经验的总和与中心企业获取研发补贴之间的关系
假设 4b	企业的国家所有权正向调节连锁网络伙伴研发补贴经验的异质性与中心企业获取研发补贴之间的关系
假设 5	企业董事会成员的政府工作背景正向调节连锁网络伙伴的研发补贴经验与中心企业获取研发补贴之间的关系
假设 5a	企业董事会成员的政府工作背景正向调节连锁网络伙伴研发补贴经验的总和与中心企业获取研发补贴之间的关系
假设 5b	企业董事会成员的政府工作背景正向调节连锁网络伙伴研发补贴经验的异质性与中心企业获取研发补贴之间的关系
假设 6	企业研发强度负向调节连锁网络伙伴的研发补贴经验与中心企业获取研发补贴之间的关系
假设 6a	企业研发强度负向调节连锁网络伙伴研发补贴经验的总和与中心企业获取研发补贴之间的关系
假设 6b	企业研发强度负向调节连锁网络伙伴研发补贴经验的异质性与中心企业获取研发补贴之间的关系
假设 7	企业专利战略负向调节连锁网络伙伴的研发补贴经验与中心企业获取研发补贴之间的关系
假设 7a	企业专利战略负向调节连锁网络伙伴研发补贴经验的总和与中心企业获取研发补贴之间的关系

假设编号	假设内容
假设 7b	企业专利战略负向调节连锁网络伙伴研发补贴经验的异质性与中心企业获取研发补贴之间的关系
假设 8a	政府研发补贴有助于提高企业创新数量
假设 8b	政府研发补贴有助于提高企业创新质量
假设 9a	董事会股权激励负向调节研发补贴对企业创新数量的正向影响
假设 9b	董事会股权激励正向调节研发补贴对企业创新质量的正向影响
假设 10a	董事会独立性负向调节研发补贴与企业创新数量之间的关系，较高的独立董事比例削弱了研发补贴对企业创新数量的正向影响
假设 10b	董事会独立性正向调节研发补贴与企业创新质量之间的关系，较高的独立董事比例增强了研发补贴对企业创新质量的正向影响

第四章　研究设计与研究方法

第一节　研究样本与数据来源

本书选取沪深 A 股非金融类上市公司作为研究对象。上市公司作为中国各个行业企业的优秀代表和经济活动中的重要微观主体，为检验本书的研究假设提供了适合的研究情境，原因有以下几个方面：第一，上市公司的信息披露较为完善、及时和可靠。有关上市公司的研发补贴信息可以在财务报表附注"营业外收入"科目下的"政府补助明细"中找到。在 2006 年《公开发行证券的公司信息披露内容和格式准则第 2 号——年度报告的内容与格式》以及 2007 年开始施行的《企业会计准则第 16 号——政府补助》的指导下，上市公司被要求及时地披露公司获得的政府补贴的金额、补贴项目及依据、发放主体和发放事由等信息。总之，上市公司经审计后公开的信息更新较快、可靠性较高，为本书的研究提供了可靠的数据来源。目前，已经有大量的研究以中国上市公司为样本，对政府研发补贴政策效应进行了评估（如郭玥，2018；陈红等，2018）。第二，虽然上市公司中获得政府补贴的现象非常普遍，政府补贴在上市企业中的覆盖率较高，但是不同的公司在政府研发补贴的规模、受政府资助的研发项目数量等方面仍存在较大的差异，为本书探究企业获得政府研发补贴存在差异的原因提供了合适的研究情境。第三，在我国，公司董事在不同上市公司董事会兼任的现象已经非常普遍，上市公司之间的连锁董事网络作为公司之间最常见的社会网络之一，对企业战略决策和行为选择的影响也日益显著，这为本书从社会网络的视角分析上市公司获得政府研发补贴背后的驱动因素提供了条件。

为减少数据错误和数据缺失的影响，在获取上市公司数据时，本书综合使用了来自国泰安 CSMAR 经济金融研究数据库、企业年度财务报告、Wind 金融数据库等的原始数据。参考以往的研究，本书重点关注的政府研发补贴的数据可以从上市公司年报财务报表附注中获取（郭玥，2018；陈红等，2018）。本书作者从国泰安 CSMAR 数据库获取上市公司的财务报表附注内容，并从证券交易所网站下载上市公司的年报，对数据库中未收录的财务报表附注予以补全。与此同时，本书还对国泰安 CSMAR 数据库中的财务报表附注的数据与下载的上市公司年报数据进行抽样对比检查，尽可能排除数据偏差造成的问题。

为了构建上市公司连锁董事网络，需要用到上市公司董事会成员的信息。本书使用了国泰安 CSMAR 数据库中的"董高监个人特征文件"，该文件详细记录了上市公司的董高监（董事、高管、监事）高管团队成员的信息，包括人口统计特征、职业背景、政治背景和兼职信息等。根据"是否为董事会成员"这一字段来识别上市公司的董事会成员。在该文件中，每一位董事、监事和高管都有一个唯一的人员 ID 编号，因而可以根据该 ID 编号来识别董事在不同公司的董事会任职的情况，并据此确认公司之间的连锁董事关系。

本书使用的其他的关键变量，包括公司基本特征、公司财务数据、公司治理数据、公司研发创新活动等数据主要来自国泰安 CSMAR 数据库和 Wind 金融数据库。这些数据在 CSMAR 数据库中收录得比较完整，对于存在数据缺失的情况，笔者进一步借助于上市公司年报和 Wind 金融数据库等数据资源进行查找补齐。此外，本书还使用到了省级层面的一些数据。其中，各省份市场化进程指数取自王小鲁、樊纲和余静文所著的《中国分省份市场化指数报告（2016）》。对省级财政透明度的测量则引用了上海财经大学公共政策研究中心历年来发布的《中国财政透明度评估报告》。最后，对各地区财政支出等特征的测量数据来自国家统计局网站。

综上所述，本书选取中国沪深 A 股非金融类上市公司作为研究样本，由于政府补助准则分别于 2006 年和 2017 年进行了修订，为了保证政府研发补助数据的可比性，本书选择了 2007~2016 年为样本期间。财政部于 2006 年颁布了《企业会计准则第 16 号——政府补助》，对上市公司披露政府补助的明细信息和披露形式做出了具体的规定，与资产或收益相关的政府补助计入"营业外收入"科目，以提高上市公司政府补贴信息披露形式的一致性和规范性。2017 年修订后的《企业会计准则》新设了"其他收益"科目，根据新准则的规定，与企业研发活动有关的政府补助最终确认为其他收益，而非营业外收入。在剔除了金融类、ST 和 PT 类公司，去除了关键变量取值存在缺失或异常的情况，最终得到了包含 2711 家公司、15239 个观测值的研究样本。此外，为了降低异常值对数据分析结果的影响，在估计模型时，还对主要的连续型变量进行了 1% 分位和 99% 分位的缩尾处理。

第二节　连锁董事网络构建

　　本书关注的一个主要问题是企业的社会网络伙伴的研发补贴经验对企业获取政府研发补贴的影响。因此，其中一个关键的步骤就是识别和构建企业之间的社会网络关系。为此，笔者以上市公司为研究样本，通过识别董事兼任现象构建上市公司之间的连锁董事网络。当两家上市公司的董事会之间拥有共同的董事会成员时，这两家公司便形成了连锁董事关系。在本书中，上市公司是网络中的"节点"，上市公司之间的连锁董事关系是"边"，由此形成连锁董事网络。

　　为了得到不同年份的连锁董事网络，首先需要获得上市公司各个年度的董事会成员信息。基于 CSMAR 数据库的"董高监个人特征文件"，可以得到上市公司每一年度在职的董事、监事和高管成员名单，进一步根据"是否为董事会成员"这一字段筛选得出上市公司每一年的董事会成员名单。CSMAR 数据库已经为董事会成员进行了编码，本书进一步根据董事的姓名、性别、出生年份和个人简历对该编码进行核对检查，以确保每一个董事都有唯一的一个人员 ID。由此可以得到指定年份的董事与上市公司之间的隶属关系网络。在此基础上，我们进一步根据董事会成员的 ID 编号判断不同上市公司的董事会之间是否拥有共同的成员，如果两家上市公司董事会成员存在交集，则表明这两家公司存在连锁董事关系。通过以上操作可以得到上市公司之间的连锁董事网络。本书利用了 R 语言和社会网络分析软件包 iGraph 完成了连锁董事网络的构建工作。

第三节　变量测量

一、主要变量

（一）政府研发补贴

　　政府研发补贴主要以研发项目为载体进行资金发放，因此本书以企业当年获得的政府研发资助项目的数量来衡量企业获取研发补贴的情况。根据上市公司年报披露的政府补贴明细，可以发现政府补贴项目名目繁多。为了准确地识别出企业获得的研发类政府补贴，本书进行了以下的数据筛选过程：首先，2006 年修订的《企业会计准则第 16 号——政府补助》在 2007 年以后正式实施，此后财政部又对该准则进行了修订并于 2017 年起正式实施，新的政府补助准则对与企业研发活动相关的政府补助做出了新的规定。为了保证数据的可比性，本书从数据库中选取了上市公司 2007~2016 年的政府补贴数据。其次，剔除了母公司会计报表披露的数据、合计数据以及存在缺失值的数据。再次，为了区分企业获得的研发类补贴和非研发类补贴条目，采用学术界普遍使用的文本分析法对政府补贴明细数据进行关键词检索和分析。本书参照郭玥（2018），陈红等（2018）及吴伟伟、张天一（2021）的研究，利用关键词检索的方法识别出属于研发补贴范畴的政府补贴项目。确定研发补贴项目的关键词包括"科技""技术""科研""研究""研发""研制""开发""专利"等与技术创新相关的关键词，以及"星火计划""小巨人""863"等与政府科技创新激励政策相关的关键词。当补贴项目明细中包含了与研发创新活动相关的关键词时，便将其标注为政府研发补贴。最后，再按照上市公司代码和年份进行分类汇总，可以获得各个公司在不同年份所获得的政府研发补贴项目的数量以及金额，对于研发补贴明细中没有包含研发补贴项目的上市公司，其政府研发补贴项目数记为 0。

本书选用研发补贴项目数来衡量企业获取研发补贴的情况，主要出于以下考虑：目前学术界对研发补贴效果的评价仍存在较大争议，其中，统计技术口径的不一致可能是一个重要原因。现有的研究常常以政府补贴金额、补贴强度（补贴金额与企业总资产或销售收入的比值）来衡量企业受补贴的情况，但这种衡量方式与实际情况有些许不吻合。一方面，以企业获得的所有类别的政府补贴近似替代政府研发补贴，就会忽略研发类补贴和非研发类补贴在政策目标、作用机制等诸多方面的差异（吴伟伟、张天一，2021）。另一方面，依赖于补贴金额的衡量方式也忽略了不同研发补贴专项项目在资金规模上的差异。政府给企业发放的补贴并非按照企业的资产规模或销售收入进行转移支付的，而往往以研发项目作为补贴资金发放的微观载体，根据项目或名目进行定额补贴（耿强、胡睿昕，2013；蔡庆丰、田霖，2019）。对于有些资产规模大或销售收入较高的大型企业，若使用补贴额与资产或销售收入的比值进行衡量，则很有可能会低估这些企业受补贴的程度，即使它们已经获得了非常高额的政府补贴（耿强、胡睿昕，2013）。因此，本书手工收集了企业获得的政府研发补贴项目信息并据此衡量企业获得政府研发补贴的情况，并且在分析模型中对相关的企业规模等特征加以控制。同时，在实证分析的稳健性检验部分，本书也对企业获取研发补贴的可能性和研发补贴金额进行了补充分析，以减少因测量方式不同而可能造成的偏差。

（二）网络伙伴的研发补贴经验

为了检验企业的社会网络嵌入对企业获取政府研发补贴的影响，本书参照了 Haunschild（1993）、Haunschild 和 Beckman（1998）及 Shipilove、Greve 和 Rowley（2010）等研究去构建"连锁网络伙伴的研发补贴经验"，以衡量与企业有直接联系的网络伙伴以往获取政府研发补贴的情况（包括经验的总和和经验的异质性两个方面）。网络伙伴指的是在连锁董事网络中与中心企业有直接联系的那些企业。在计算的过程中，笔者首先利用前文所述方法构建各个年度的连锁董事网络，随后将每一个上市公司以往年份（如前一年、前两年、前三年）获得政府研发补贴的信息（如研发补贴金额、研发补贴项目数等）作为连锁董事网络中每一个网络节点的属性加入连锁董事网络中。再利用网络分析软件提取中心企业的直接联系人及其属性特征后，借助相关函数将网络伙伴过去获取研发补贴的情况进行汇总计算，最终得到测量连锁网络伙伴研发补贴经验的指标。对网络伙伴经验的测量分别从以下两个方面展开，具体来说：

第一，网络伙伴研发补贴经验的总和以连锁网络伙伴在过去一年内获得的政府研发补贴项目的数量来测量（Haunschild and Beckman，1998；Oh and Barker，2018）。考虑到每一个中心企业所拥有的网络伙伴的个数存在差异，本书进一步计算了网络伙伴获得政府研发补贴项目数的平均值，以控制因企业网络伙伴数量不同而造成的偏差。

第二，网络伙伴研发补贴经验的异质性以连锁网络伙伴在过去一年内获得的政府研发补贴项目数量的变异系数（Coefficient of Variation）来测量（Beckman and Haunschild，2002）。鉴于每一个中心企业的直接网络伙伴的数量存在差异，本书采用标准化的变异系数计算网络伙伴的经验异质性，具体操作如下：首先计算变异系数 $[V(d)]$，等于网络伙伴获得研发补贴项目数的标准差与均值的比值；其次计算标准化的变异系数（S-Variation），等于 $V(d)/[2(1-1/n)]$，其中 n 为连锁网络伙伴过去获取的研发项目数的总和。标准化的变异系数数值越大，则表明连锁网络伙伴获取政府研发补贴的经验越多样。此外，本书也使用非标准化的变异系数 $[V(d)]$ 作为网络伙伴研发补贴经验异质性的代理指标，发现使用非标准化的变异系数 $[V(d)]$ 与使用标准化的变异系数所得到的结果基本相同。

（三）财政透明度

公开透明是法治政府的基本要义，对于保障社会公众在公共政策领域的知情权、监督权、参与权等具有重要意义。本书对省级财政透明度的测量使用了上海财经大学公共政策研究中心历年来发布的《中国财政透明度评估报告》中的数据。省级财政透明度的得分由九项一级财政信息要素的得分加权平均得到。其中，一级财政信息要素包括"一般公共预算""政府性基金预算""财政专户预算""国有资本经营预算""政府部门资产负债""部门预算及相关信息""社会保险基金预算""国有企业资产""财政透明度态度与责任心"九项（邓淑莲、朱颖，2017）。近年来，在政府部门与社会公众的共同努力下，我国各级政府部门均加大了政府财政信息公开的范围和细分深度，各省级政府财政公开透明度逐步改善，但不同省份的财政透明度水平依然存在较为明显的差异（邓淑莲、朱颖，2017）。本书中解释变量的时间范围是 2007～2015 年，由于 2010 年的省级财政透明度报告无法获取，本书参考以往的研究，使用 2009 年和 2011 年得分的平均值来填补 2010 年的缺失值（杨洋、魏江、罗来军，2015）。在得到各个省份的财政透明度得分之后，本书根据上市公司总部所在的省份信息将省级财政透明度得分与上市公司进行匹配，得到各上市公司各年份所在省份的财政透明度水平。

（四）要素市场扭曲

对地区要素市场扭曲程度的测度参照了张杰、周晓艳和李勇（2011）以及杨洋、魏江和罗来军（2015）的研究。样本所在地区的要素市场扭曲程度等于地区产品市场发育程度与要素市场发育程度的差值除以地区产品市场的发育程度。其中，各省份的产品市场发育水平和要素市场发育水平取自王小鲁、樊纲和余静文所著的《中国分省份市场化指数报告（2016）》。该报告记录了 2008～2014 年各省份的市场化进程总指数和分指标。本书使用移动平均法去模拟和填补 2015 年、2016 年的数据（杨洋、魏江、罗来军，2015）。具体操作如下：2015 年的产品市场、要素市场发育程度等于 2014 年、2013 年和 2012 年相应指数的均值，2016 年的数据也以此类推进行补齐。

（五）政府逻辑

参照 Greve 和 Zhang（2017）的做法，本书以国家所有权和董事会成员政府工作背景作为衡量企业嵌入的政府逻辑的代理变量。一方面，制度逻辑可以依靠逻辑支持者建立联盟来影响公司的战略决策，这种联盟通过持有公司股份形成权力来源（Sun，Deng and Wright，2021）。为了检验政府逻辑支持者的权力，本书将计算其拥有的公司股份的比例（Greve and Zhang，2017）。也就是说，本书汇总了以政府机构、国有企业为所有者所占有的股份份额，将国有股东看作倡导政府逻辑的联盟，以此衡量企业嵌入政府逻辑的深度。利用国泰安数据库中的"股本结构"文件，将股东性质为国有或国有法人的持股比例汇总，就得到该企业的国有股的比例。另一方面，董事会中代表政府逻辑的内部权力来源可以通过董事会成员的特征，即董事的政府工作经验来反映。有政府工作背景的董事不仅在有国家所有权的企业中支持政府逻辑，他们的价值观、意识形态、认知框架等也会对非国有企业的决策产生影响（Bruton et al.，2015）。基于此，本书计算了董事会中有政府工作背景的成员比例作为衡量企业嵌入政府逻辑的指标（Greve and Zhang，2017）。对该变量进行测量的数据来自国泰安数据库，通过对董事会成员的简历进行分析，可以获知董事个人以前是否在政府机构工作、以何种身份工作的相关信息。

（六）市场逻辑

参照以往研究，本书以研发投入和企业专利战略作为衡量企业嵌入市场逻辑的代理变量（Somaya，2012；Besharov and Smith，2014；Xu，Zhou and Du，2019）。第一，本书用企业研发支出总额与营业收入的比值来衡量企业的研发投入水平。考虑到不同行业间对高新技术的需求和投入存在差异，本书进一步计算了经行业调整后的企业研发投入强度。具体来说，本书首先根据中国证监会行业分类代码计算出行业平均的研发投入水平，即该行业内所有企业研发强度的均值；其次将每一家企业的研发强度减去企业所在行业的平均研发强度后可以获得该企业经行业调整后的研发投入水平（Xu，Zhou and Du，2019）。第二，基于企业的专利信息来测量企业的专利战略。广义上的专利战略涵盖了专利申请战略和专利诉讼、专利收购、专利联合等专利运营战略，而狭义上的专利战略则特指专利申请战略（Somaya，2012；谭劲松、赵晓阳，2019）。本书关注的专利战略范畴主要限定在企业发明专利的申请活动上，原因在于：首先，专利申请活动是更为常态化且最具持续性的，相比之下，专利诉讼、专利收购、专利联合开发等活动则是基于特定情境的、较为松散的专利活动（谭劲松、赵晓阳，2019）。其次，在中国情境下，部分企业存在为获取政府财政补贴、税收优惠等政策扶持的寻租动机，一些企业申请了大量创新程度较低的实用新型和外观设计专利（黎文靖、郑曼妮，2016）。为了排除企业政策套利动机的影响，本书只聚焦于企业的发明专利，以求更好地反映企业是在市场竞争机制的驱使下去追求高质量的技术创新优势。最后，考虑到数据的可获得性，上市公司披露的专利申请数据较为详尽准确，而专利诉讼等数据仍存在非结构化、标准不统一、难以准确量化等缺陷。综合以上原因，本书所研究的专利战略主要指企业的发明专利申请战略，量化指标采用企业的发明专利申请数量计算。

（七）企业创新绩效

本书利用企业的专利信息来衡量企业的创新绩效，包括企业创新数量和创新质量两个方面。考虑到实用新型和外观设计的技术含量较低，相比之下发明专利则是对产品、方法或改进方案提出的新技术，创新性和技术价值更高，也更能反映企业的创新能力（黎文靖、郑曼妮，2016；Guo，Guo and Jiang，2016）。因此，参考黎文靖和郑曼妮（2016）、郭玥（2018）及 Jia、Huang 和 Zhang（2019）等研究，以未来一期企业申请的发明专利、实用新型和外观设计专利的总数作为企业创新产出数量的代理变量，以未来一期企业发明专利申请数所占比例来衡量企业的实质性创新水平，进而反映企业创新产出的质量。此外，本书还计算了企业持有的有效专利数量，以评估企业的创新水平与潜力的影响。

（八）公司治理

公司治理特征不仅影响企业是否申请研发补贴的战略决策，也关系到企业如何利用研发补贴资金。在分析企业治理水平对政府研发补贴与企业创新绩效之间关系的调节作用时，分别计算了衡量董事会股权激励与董事会独立性的指标，其中，董事会股权激励以持有公司股份的董事会成员所占比重来衡量（Jia，Huang and Zhang，2019），董事会独立性以企业独立董事人数占董事会总人数的比重来衡量（He and Wang，2009）。此外，本书也衡量了董事会规模和 CEO 董事长两职兼任等其他的公司治理特征。

二、控制变量

为了剔除其他相关因素对数据分析的影响，还需要对可能影响企业获得政府研发补贴或影响企业创新绩效的变量进行控制。

（一）企业年龄

不同年龄的企业处于企业发展的不同阶段，其拥有的资源、运营经验等可能会影响企业获取政府补贴的可能性（耿强、胡睿昕，2013）。本书用企业自成立年份起的年份数衡量企业的年龄。

（二）企业规模

企业规模也是企业获取政府研发补贴的重要影响因素，一般来说，规模越大的企业，其获得政府补助的可能性越大（耿强、胡睿昕，2013；聂辉华、李光武、李琛，2022）。参考以往的文献做法，本书以取对数后的企业员工数作为测量企业规模的指标。

（三）企业经营状况

企业的经营情况不仅是政府部门分配财政补贴时的重要考量因素，也是影响企业创新活动的重要因素。因此，本书还计算了如下反映企业经营状况的重要变量：以企业营业净利率（Return on Sales，ROS）作为衡量企业绩效的指标，即企业净利润与企业营业收入的比值。参考以往研究，企业的杠杆率水平，即资产与负债的比值，也是影响企业研发补贴水平的重要因素（余明桂、回雅甫、潘红波，2010；寇恩惠、戴敏，2019）。考虑到企业自身面临的资源约束水平会影响企业获取和利用政府财政补贴的动机与能力（Jia，Huang and Zhang，2019），本书将流动资产与流动负债的比值作为衡量组织冗余水平的指标。企业对自身资产的管理质量和利用效率也可以在一定程度上影响企业能否利用好政府财政补贴进而创造价值，企业对资源的管理和利用效率高，对政府的财政补贴行为也会产生一定的积极影响（寇恩惠、戴敏，2019）。本书以企业的资产周转率，即企业营业收入除以企业资产总和，来衡量企业的运营效率。以往研究指出，企业所产生的社会效益与企业获得的政府财政补贴水平密切相关，政府补贴往往会流向高税率的企业（唐清泉、罗党论，2007；余明桂、回雅甫、潘红波，2010）。本书将从企业税收创造的角度衡量企业的社会绩效，具体指标计算为企业年度纳税总额与企业总资产的比值。

（四）企业寻租

企业与政府官员的双向寻租行为也可能会影响政府财政补贴的分配（唐清泉、罗党论，2007；余明桂、回雅甫、潘红波，2010），企业可能会通过寻租的方式争取政府官员给予企业在财政补贴、税收优惠、行政审批等政策上的倾斜。在现实中，企业为寻租活动所花费的支出通常被计入管理费用下的业务招待费科目下，尤其是与超额管理费用密切相关的娱乐、交通费用通常包含了企业用于贿赂、寻求政府支持与保护等活动的非生产性支出（Cai，Fang and Xu，2011）。本书参照 Cai、Fang 和 Xu（2011）以及 Xu、Zhou 和 Du（2019）的做法，将超额管理费用作为衡量企业寻租活动的代理指标。超额管理费用等于实际管理费用减去估计得到的管理费用的期望值。具体操作如下：首先以企业的娱乐和交通费用为因变量对企业总资产、销售收入、营销费用、资本强度、薪酬前三的高管薪酬均值、年份、行业等变量进行回归，这一步的目的是应用企业的生产经营、管理和组织以及行业等特征变量去估计企业正常管理费用的期望值；其次计算该回归方程的残差就得到超额管理费用，也就是从企业列报的实际管理费用中剔除用于管理剩余、维护与顾客和供应商的社会关系的管理费用。本书使用超额管理费用的自然对数来度量企业的寻租行为。

（五）以往研发补贴经验

以往有过获得政府研发补贴历史的企业，在申请补贴的过程中具有信息和学习的优势，也更容易获得政府的信任和青睐（Hussinger，2008；Feldman et al.，2022）。因此，本书将企业过去一年所获得的研发补贴项目数量加以控制。

（六）高科技产业

通常，高科技产业是政府财政补贴尤其是研发补贴重点扶持的行业。因此，本书计算了企业是否属于高科技产业的哑变量并对其进行控制（Boeing，2016）。高科技产业分类参考了 2007 年国家统计局印发的《高科技产业统计分类目录的通知》，高科技产业包括航天航空器制造业、电子及通信设备制造业、电子计算机及办公设备制造业、医药制造业、医疗设备及仪器仪表制造业等行业。

（七）地区特征

此外，本书还控制了企业所在地区的财政状况、政府治理和市场发育程度等特征。具体来说，研发补贴是政府财政支出的重要方面，而研发补贴的发放也存在成本约束，尤其对于地方政府来说，政府的财政状况直接影响着政府的财政补贴水平（唐清泉、罗党论，2007）。本书以省级政府财政支出占 GDP 的比重来衡量地区财政支出水平，以各省研究与试验发展经费中政府经费出资比例衡量地区财政科技支出水平。除了政府财政支出之外，财税政策的反复波动更容易加剧政府与企业之间的信息不对称，增加企业响应政策的决策成本，进而也会影响政府资源配置的结果。因此，本书参照以往文献的做法，应用 HP 滤波法对省级财政和税收指标进行趋势分离，提取出财政政策波动系数（李香菊、祝丹枫，2018）。最后，政府对微观企业经济活动的随意或过度干预也会增加企业所面临的政策不确定性和风险，政府干预水平不仅影响政府官员的补贴决策，也会影响企业申请和获得政府补贴的意愿与能力，因此本书也将政府干预水平纳入考虑因素并加以控制。参照 Gao 和 Hafsi（2015）的研究，对政府干预程度的测量数据取自王小鲁、樊纲和余静文所著的《中国分省份市场化指数报告（2016）》中对"政府与市场关系"的评分。该报告提供了各省份在 2008~2014 年的市场化水平得分，本书使用移动平均法，使用前三年得分的均值替代 2015 年和 2016 年的得分（杨洋、魏江、罗来军，2015）。同样，对各省份市场化进程的测量也取自前述《中国分省份市场化指数报告（2016）》，并按照相同的方法对缺失年份的数据进行补齐。

此外，我国政府实施研发创新激励政策由来已久且历经频繁的变革，政府的研发补贴激励政策也会随着时间推进、行业特性和地区的不同而存在差异。因此，本书在研究中也将年份和行业的哑变量加入回归方程，对年份效应和行业效应进行控制。

第四节 计量模型与估计方法

一、计量模型与估计方法

首先，为分析连锁网络伙伴获取政府研发补贴的经验对中心企业获取研发补贴的影响以及企业所嵌入的制度环境与制度逻辑的调节作用，建立如下回归模型，即式（4-1）、式（4-2）和式（4-3）。在这三个模型中，被解释变量 $RDSubsidy$ 为中心企业获得研发补贴资助项目，主要解释变量 $RDSubsidy\_Partner$ 代表企业网络伙伴获取政府研发补贴的经验，分别有网络伙伴研发补贴经验总和、网络伙伴研发补贴经验异质性两个变量。在式（4-2）中，$InstitutionalContext$ 代表了企业所嵌入的制度环境特征，分别有政府财政透明度和要素市场扭曲程度两个变量。在式（4-3）中，$InstitutionalLogics$ 代表了企业个体所嵌入的政府逻辑与市场逻辑。$Controls$ 为控制变量，涵盖了企业、行业和地区等层面可能影响企业获取研发补贴的关键变量，同时也加入了年份和行业的虚拟变量，以控制年份固定效应和行业固定效应。在分析企业获取研发补贴的影响因素时，以上三个回归模型的被解释变量是离散的、非负的计数型变量，因此选择计数模型进行回归分析。通过进一步的分析发现，本书的被解释变量表现出过度分散（Over-dispersion）的特征（$Alpha=0.8919$，$p<0.05$），当被解释变量的方差显著大于均值时，使用负二项回归（Negative Binomial Regression）可以得到一致和无偏的估计量。

$$RDSubsidy_{it+1}=\beta_0+\beta_1 RDSubsidy\_Partner_{it}+\gamma Controls_{it}+\lambda_i+\varphi_t+\varepsilon_{it} \qquad (4-1)$$

$$RDSubsidy_{it+1}=\beta_0+\beta_1 RDSubsidy\_Partner_{it}+\beta_2 InstitutionalContext_{it}+$$
$$\beta_3 RDSubsidy\_Partner_{it}\times InstitutionalContext_{it}+\gamma Controls_{it}+\lambda_i+\varphi_t+\varepsilon_{it}$$
$$(4-2)$$

$$RDSubsidy_{it+1}=\beta_0+\beta_1 RDSubsidy\_Partner_{it}+\beta_2 InstitutionalLogics_{it}+$$
$$\beta_3 RDSubsidy\_Partner_{it}\times InstitutionalLogics_{it}+\gamma Controls_{it}+\lambda_i+\varphi_t+\varepsilon_{it}$$
$$(4-3)$$

其次，为分析研发补贴对企业创新绩效的影响作用，建立式（4-4）至式（4-7）。主要解释变量 *RDSubsidy* 代表企业获取政府研发补贴的情况，以企业该年度是否获得研发补贴的哑变量来衡量。在式（4-4）和式（4-5）中，被解释变量 *InnovationQuantity* 为企业创新数量，以下一期企业申请的所有类型的专利数量之和来衡量。在式（4-6）和式（4-7）中，被解释变量 *InnovationQuality* 为企业创新质量，以下一期企业申请的专利中创新性和新颖性水平高的发明专利所占比重来衡量。在式（4-5）和式（4-7）中，分别加入了公司治理特征变量 *CorporateGovernance* 及其与企业获取研发补贴的交互项，以检验公司治理特征（董事会股权激励和董事会独立性）的调节作用。此外，*Controls* 代表一组控制变量，参考以往研究，本书控制了反映企业经营状态的企业年龄、企业规模、企业绩效、组织冗余、税费规模等变量，同时也包括了企业过去的研发投入和有效专利数等反映企业创新潜力的变量。此外，本书还控制了企业所有权性质、董事会成员政府工作背景、董事会规模、CEO 董事长两职合一等与公司治理相关的变量。在回归模型中也控制了行业、年份的固定效应。式（4-4）和式（4-5）的被解释变量为专利申请数，是离散的、非负的计数型变量，并且表现出过度分散的特征（$Alpha=1.4729$，$p<0.05$），因此选择面板数据的负二项回归模型进行参数估计。而式（4-6）和式（4-7）的被解释变量为取值在 0 和 1 之间的截断数据，因而使用面板数据 Tobit 回归模型进行参数估计。

$$InnovationQuantity_{it+1}=\beta_0+\beta_1 RDSubsidy_{it}+\gamma Controls_{it}+\lambda_i+\varphi_t+\varepsilon_{it} \tag{4-4}$$

$$InnovationQuantity_{it+1}=\beta_0+\beta_1 RDSubsidy_{it}+\beta_2 CorporateGovernance_{it}+$$
$$\beta_3 RDSubsidy_{it}\times CorporateGovernance_{it}+\gamma Controls_{it}+\lambda_i+\varphi_t+\varepsilon_{it} \tag{4-5}$$

$$InnovationQuality_{it+1}=\beta_0+\beta_1 RDSubsidy_{it}+\gamma Controls_{it}+\lambda_i+\varphi_t+\varepsilon_{it} \tag{4-6}$$

$$InnovationQuality_{it+1}=\beta_0+\beta_1 RDSubsidy_{it}+\beta_2 CorporateGovernance_{it}+$$
$$\beta_3 RDSubsidy_{it}\times CorporateGovernance_{it}+\gamma Controls_{it}+\lambda_i+\varphi_t+\varepsilon_{it} \tag{4-7}$$

在对面板数据进行回归分析时，通常有三种模型，即混合模型（Pooled Model）、固定效应模型（Fixed Effects Model）和随机效应模型（Random Effects Model）。三者的区别在于，混合模型假设数据不存在个体异质性，而固定效应模型和随机效应模型均假设数据存在个体异质性的特征，并在模型中加入了随个体变化的截距项。不同的是，在固定效应模型中不可观测的个体异质性可以与其他的解释变量相关，而随机效应模型则假设不可观测的个体异质性和其他的解释变量不相关。

对于式（4-1）至式（4-5）的回归方程，本书首先在混合模型和随机效应模型之间进行选择，统计分析结果显示拒绝了混合负二项回归的原假设。其次，需要在随机效应模型和固定效应模型之间进行选择。在现实应用中，固定效应模型通常存在一些弱点：第一，固定效应模型无法对不随时间变化的自变量进行一致估计。如果解释变量的变异大部分来自个体在横截面上的差异，而随时间变化产生的变异较小，那么使用固定效应模型得到的估计量可能会非常不准确（Cameron and Trivedi，2005）。如果一些个体的自变量在不同时间维度上几乎没有变化，那么这些个体的全部观测就会在估计过程中被删除，在一定程度上会损失一部分信息（Krause，Semadeni and Withers，2016）。第二，在负二项回归模型中使用固定效应也更加复杂，模型难以收敛（Cameron and Trivedi，2005）。结合本书的理论模型与数据特征，本书在理论上关注的是组间差异（Between-firm Variance），并且一些关键的自变量的组内变异较小（如公司所有权结构）或与未观测到的个体效应不相关（如省级层面的财政透明度、要素市场扭曲程度、财政支出和波动水平等），再加上 Hausman 检验的结果也显示无法拒绝随机效应的原假设。综合以上因素，与以往同类型研究的做法相一致（Pahnke，Katila and Eisenhardt，2015；陈晋等，2021），本书采用随机效应模型。与此同时，所有回归模型都控制了行业和年份的固定效应。而对于式（4-6）和式（4-7）的回归模型，针对面板数据的 Tobit 回归方程只有随机效应模型（Jia，Huang and Zhang，2019），本书采用面板数据 Tobit 回归的随机效应模型进行参数估计。

最后，为了减轻可能存在的序列相关性和异方差性带来的影响，所有回归模型均使用聚类稳健标准误去估计参数的标准误，以此计算的 t 统计量也更为有效且可靠。

二、多重共线性问题的处理与检验

在多元回归分析中，多重共线性也是影响假设检验结果的一个重要问题。当多元回归模型中一个解释变量可以被其他解释变量的线性组合所预测，并且预测的准确度较高时，该回归模型就存在多重共线性问题。在这种情况下，对解释变量系数的估计就会不准确且不稳定，解释变量的微小变动也会使回归系数的估计值大小甚至正负方向发生异常的变动。因此，如果存在多重共线性问题，回归模型就无法准确地估计解释变量与被解释变量之间的关系，假设检验的结果也会不可靠。在更为极端的情况下，完全共线性的问题也会使模型参数无法得到估计。

对于多重共线性问题的检验，通常有以下两种方法：第一，计算解释变量之间的相关系数，检查是否存在变量之间相关系数过高的情况。如果某一对或某几对解释变量之间的相关系数过高，表明可能存在严重的多重共线性问题，需要进一步处理。这种方法操作简单，但只能检查出变量两两之间可能存在的多重共线性，而无法有效判断出多个变量之间的多重共线性。进一步地，可以采用第二种方法，即计算每个变量的方差膨胀因子（Variance Inflation Factor，VIF），解释变量 x_i 的方差膨胀因子 $VIF_i = 1/(1-R_i^2)$，其中 R_i^2 是解释变量 x_i 对其他解释变量回归所得到的回归方程的 R^2 值。当解释变量的 VIF 值超过 10 时，就需要对该回归模型的多重共线性问题进行处理；如果解释变量的 VIF 值均低于 10，则表明该回归模型不存在明显的多重共线性问题（Cohen，West and Aiken，2003；Clement，Shipilov and Galunic，2018）。

本书按照上述方法对可能存在的多重性问题进行诊断。首先，根据解释变量之间的相关系数矩阵可知，各个解释变量之间存在相关性很高的极端情况（结果见下一章）。其次，在估计模型时计算各解释变量的 VIF 值，结果显示所有解释变量的 VIF 值均小于 10，在可接受的范围内。因此，本书所涉及的回归模型不存在明显的多重共线性问题（Clement，Shipilov and Galunic，2018）。

三、内生性问题的处理

在计量回归模型中，解释变量的外生性是许多参数估计方法得到无偏估计量或者一致估计量的必要前提，因而计量模型的内生性问题也是在进行模型分析时需要解决的关键问题（Cameron and Trivedi，2005）。内生性（Endogeneity）描述的是模型中的解释变量与误差项相关的情形，该解释变量也被称为内生变量；相反地，如果模型中的解释变量与误差项不相关，则该解释变量属于外生变量。内生性问题最为常见的来源主要有三种：第一，当设定的模型遗漏了重要的解释变量，并且该遗漏变量与模型中其他的解释变量相关时，会产生内生性问题；第二，解释变量与被解释变量互为因果关系，此时，逆因果关系的存在也会导致内生性问题；第三，如果对解释变量的测量存在偏误时，也可能导致内生性问题。

为减少内生性问题对数据分析结果可能产生的影响，本书做出了以下几个方面的努力：首先，本书使用面板数据进行建模，使用面板数据建模允许加入不可观测的个体异质性，即个体效应。此外，在模型设定时加入年份、行业的固定效应，以控制不同时间、行业截面之间的组间差异，进而减少可能的遗漏变量造成的偏差（Gormley and Matsa，2014；Xu，Zhou and Du，2019）。其次，本书基于以往研究结论和理论论证，尽可能地将同时影响因变量和自变量的因素（包括董事层面、公司层面、行业层面和地区层面等）进行控制（Gormley and Matsa，2014；Xu，Zhou and Du，2019）。最后，加入回归模型的所有的解释变量（除企业年龄之外）相对于被解释变量都滞后一期，使用这种方法可以进一步地减少逆因果关系导致的内生性问题（Xu，Zhou and Du，2019）。特别地，在分析本书的第二个研究问题，即检验研发补贴绩效时，为避免因样本选择偏差而造成的内生性问题，本书采用广义精确匹配（Coarsened Exact Matching，CEM）的方法对样本进行适度的匹配，构建获取研发补贴和未获取研发补贴的匹配企业样本，并基于匹配后的数据进行假设检验以降低样本选择偏误。

第五章　实证分析与结果

本章将对实证分析结果进行报告，主要分为两个部分。其中，第一节汇报了针对第一个研究问题的实证分析结果，即企业获取研发补贴的影响因素研究；第二节报告了针对第二个研究问题的实证分析结果，即研发补贴对企业创新的影响以及公司治理的调节作用。

第一节　企业获取研发补贴的影响因素

一、描述性统计分析

在进行回归分析之前，本节首先对变量进行描述性统计分析，分析内容包括各个变量的样本均值、标准差以及变量之间的相关系数。参考以往的研究经验，如果变量之间相关系数的绝对值大于 0.7，则需要特别关注多重共线性问题的影响。根据表 5-1 的分析结果，本节中所有变量之间的相关系数均没有超过 0.7 这一临界值，因而可以初步判断没有显著的多重共线性问题。需要指出的是，由于网络伙伴研发补贴经验总和与经验异质性之间的相关性水平较高（$Pearson$ 相关系数为 0.534，$Spearman$ 相关系数为 0.728，$p<0.001$），因而在随后的回归分析中将二者分别放到不同的回归模型中，以尽可能降低多重共线性问题造成的影响。进一步地，本节还计算了各个变量的方差膨胀因子（VIF）。结果显示，所有变量的 VIF 值均没有超过 10 这一临界值，在可以接受的范围内。

二、回归分析

本书考察的第一个研究问题是企业社会网络嵌入，尤其是连锁网络伙伴获得政府研发补贴的经验对企业获取政府研发补贴的影响，以及企业所嵌入的制度环境和制度逻辑对前述关系的调节作用。描述性统计分析结果显示，网络伙伴研发

表 5-1 描述性统计分析

变量	均值	标准差	1	2	3	4	5	6	7	8	9	10
1. 政府研发补贴	2.055	3.584	1									
2. 网络伙伴补贴经验总和	8.504	9.770	0.148	1								
3. 网络伙伴补贴经验异质性	0.294	0.322	0.097	0.534	1							
4. 财政透明度	35.953	13.458	0.128	0.257	0.200	1						
5. 要素市场扭曲	0.223	0.387	-0.052	-0.112	-0.078	-0.058	1					
6. 国家所有权	0.087	0.179	-0.092	-0.132	-0.131	-0.210	0.034	1				
7. 董事会成员政府工作背景	0.134	0.262	-0.080	-0.170	-0.154	-0.234	0.105	0.242	1			
8. 研发强度	-0.400	1.513	0.048	0.039	0.013	0.117	-0.022	-0.019	0.011	1		
9. 专利战略	1.394	1.492	0.332	0.179	0.123	0.148	-0.137	-0.078	-0.123	0.039	1	
10. 企业年龄	36.976	28.323	-0.023	-0.027	-0.023	-0.049	-0.028	0.077	0.022	-0.065	-0.016	1
11. 企业规模	7.521	1.387	0.082	0.095	0.060	0.063	-0.011	0.124	-0.018	-0.031	0.391	0.011
12. 企业绩效	0.081	0.163	0.028	-0.006	-0.011	-0.046	-0.045	0.033	0.081	0.041	0.005	-0.022
13. 资产负债率	1.618	0.808	-0.004	0.023	0.012	0.062	0.038	0.014	-0.066	-0.007	0.009	0.007
14. 组织冗余	2.432	2.928	0.071	0.003	0.002	0.006	-0.080	-0.095	-0.043	0.039	0.009	-0.011
15. 资产周转率	0.702	0.486	-0.012	-0.013	-0.012	-0.071	0.041	0.032	0.025	-0.073	0.081	-0.026
16. 税收贡献	0.782	3.101	-0.067	0.021	0.009	0.048	-0.176	0.092	0.024	0.016	0.178	0.002
17. 企业寻租	0.129	0.233	-0.021	-0.004	0.012	-0.008	0.022	0.015	-0.010	0.024	-0.037	-0.004
18. 以往研发补贴经验	1.229	1.204	0.466	0.217	0.151	0.237	-0.054	-0.184	-0.221	0.035	0.401	-0.044
19. 连锁董事比例	0.008	0.069	0.015	-0.017	-0.018	-0.025	0.008	0.000	0.024	-0.008	-0.019	0.001

续表

变量	均值	标准差	1	2	3	4	5	6	7	8	9	10
20. 财政波动水平	-0.176	0.797	0.039	0.006	-0.012	0.046	0.070	0.001	-0.145	0.096	-0.005	0.000
21. 财政支出水平	0.238	0.135	0.129	0.218	0.124	0.352	-0.25	-0.098	-0.097	0.166	0.094	-0.022
22. 政府干预程度	7.085	1.514	-0.026	-0.077	-0.056	-0.156	-0.135	0.010	0.125	0.030	0.045	0.019
变量	11	12	13	14	15	16	17	18	19	20	21	22
11. 企业规模	1											
12. 企业绩效	-0.087	1										
13. 资产负债率	0.125	-0.320	1									
14. 组织冗余	-0.260	0.277	-0.139	1								
15. 资产周转率	0.291	-0.130	-0.056	-0.152	1							
16. 税收贡献	0.328	0.064	-0.067	-0.077	0.015	1						
17. 企业寻租	-0.058	-0.012	-0.025	-0.016	-0.024	0.002	1					
18. 以往研发补贴经验	0.147	-0.045	0.085	0.060	-0.013	-0.060	-0.036	1				
19. 连锁董事比例	-0.004	0.024	-0.015	-0.014	-0.031	0.005	-0.003	-0.023	1			
20. 财政波动水平	0.001	-0.024	0.017	-0.026	-0.014	0.002	-0.002	0.026	0.003	1		
21. 财政支出水平	0.041	-0.048	0.049	-0.025	-0.088	0.059	-0.030	0.164	-0.017	0.178	1	
22. 政府干预程度	-0.073	0.046	-0.067	0.021	0.075	-0.002	-0.023	-0.069	0.010	-0.076	-0.254	1

注：样本容量 $N=15239$。

补贴经验总和与经验异质性之间的相关性较高，为了避免多重共线性问题对实证检验结果的影响，本书在回归分析时将这两个解释变量分别放入不同的回归模型中。表5-2a 汇总了以网络伙伴研发补贴经验的总和为主效应解释变量的回归分析结果，表5-2b 汇总了以网络伙伴研发补贴经验的异质性为主效应解释变量的回归分析结果。

（一）连锁网络伙伴的研发补贴经验对企业获取研发补贴的影响

根据假设1，本书假设企业的连锁网络伙伴获取政府研发补贴的经验对中心企业获取政府研发补贴具有正向影响。在表5-2a 的模型1a 中，"网络伙伴研发补贴经验总和"的回归系数为正且显著（$\beta = 0.0019$，$p < 0.10$），假设1a 得到支持；在模型2a~10a 中进一步加入了解释变量与调节变量的交互项后，"网络伙伴研发补贴经验总和"的回归系数大部分显著为正，进一步支持了假设1a。在表5-2b 的模型1b 中，"网络伙伴研发补贴经验异质性"的回归系数为正，但在90%的显著性水平下不显著（$\beta = 0.0259$，$p > 0.10$），假设1b 没有得到实证支持。总结来看，实证研究结果部分支持了假设1的理论预测，连锁网络伙伴的研发补贴经验对中心企业获取研发补贴具有正向的影响。值得注意的是，纵然网络伙伴的经验可以帮助中心企业克服进行申请、获取和使用研发补贴相关决策的信息劣势，降低补贴政策不确定性的影响，但是网络伙伴经验的多样性却没有如假设预测的那样发挥显著的影响作用。对此可能的解读是，网络伙伴过去获取政府研发补贴经验可以从整体上满足中心企业对于响应政府研发补贴政策所需要的信息，但是无论所有的网络伙伴获得的补贴规模差异多大，都不大可能影响到企业学习和模仿的效果，因此网络伙伴经验的异质性对于中心企业决策的质量没有产生显著的影响。

（二）制度情境嵌入的调节作用

本书的假设2认为，中心企业所处地区的政府财政透明度会减弱连锁网络伙伴研发补贴经验的影响作用。根据表5-2a 的模型2a，"政府财政透明度"与"网络伙伴研发补贴经验总和"交互项的回归系数为负且显著（$\beta = -0.0001$，$p < 0.10$），与假设2a 的理论预期一致。相应地，根据表5-2b 的模型2b，"政府财政透明度"与"网络伙伴研发补贴经验异质性"交互项的回归系数为负但不显著（$\beta = -0.0025$，$p > 0.10$），假设2b 没有得到实证支持。

在假设3中，本书假设中心企业所处地区的要素市场扭曲程度会增强连锁网络伙伴研发补贴经验的影响作用。根据表5-2a 的模型3a，"要素市场扭曲程度"与"网络伙伴研发补贴经验总和"交互项的回归系数为正且显著（$\beta = 0.0037$，

$p<0.10$），与本书中假设 3a 的理论假设预测相一致。相应地，根据表 5-2b 的模型 3b，"要素市场扭曲程度"与"网络伙伴研发补贴经验异质性"交互项的回归系数为正但不显著（$\beta=0.0421$，$p>0.10$），假设 3b 没有得到实证支持。

总结来看，假设 2a-b 和假设 3a-b 阐述了企业所嵌入的制度环境的调节效应。实证分析的结果显示，连锁网络伙伴获取政府研发补贴经验总和的正向影响作用会随着中心企业所处地区的政府财政透明度水平的提升或要素市场扭曲程度的降低而减小。但是，连锁网络伙伴获取研发补贴经验的异质性对中心企业获取政府研发补贴的影响作用却没有因中心企业所处的制度环境的不同而变化，假设 2b 和假设 3b 没有得到实证支持。

（三）制度逻辑嵌入的调节作用

本书的假设 4 和假设 5 分析了企业所嵌入的政府逻辑的调节作用，政府逻辑在企业中的渗透程度则分别从"国家所有权"和"董事会成员政府工作背景"两个方面展开讨论。由表 5-2a 的模型 5a 可知，"国家所有权"与"网络伙伴研发补贴经验总和"交互项的回归系数显著为正（$\beta=0.0144$，$p<0.05$），与假设 4a 的预期相符。相应地，由表 5-2b 的模型 5b 可知，"国家所有权"与"网络伙伴研发补贴经验异质性"交互项的回归系数显著为正（$\beta=0.3819$，$p<0.05$），支持了假设 4b 的理论预测。根据表 5-2a 的模型 6a，"董事会成员政府工作背景"与"网络伙伴研发补贴经验总和"交互项的回归系数显著为正（$\beta=0.0182$，$p<0.01$），与假设 5a 的理论预期相一致。相应地，由表 5-2b 的模型 6b可知，"董事会成员政府工作背景"与"网络伙伴研发补贴经验异质性"交互项的回归系数显著为正（$\beta=0.4664$，$p<0.01$），支持了假设 5b。在更为严格的全模型中（表 5-2a 的模型 9a 和表 5-2b 的模型 9b）同时加入了两个政府逻辑变量与自变量的交互项，此时国家所有权的调节效应在 90% 的显著性水平下不显著。可能的原因是：企业董事会特征通常也反映了企业所有权的构成特征，当企业高层决策者充分施行他们的决策权力时，所有者的影响作用就会下降（或没有影响作用）（Greve and Zhang，2017）。因此，所有者的影响作用会随着董事会特征变量的加入而被削弱，反之亦然（Greve and Zhang，2017）。

接下来，假设 6 和假设 7 分别论述了企业所嵌入的市场逻辑的调节作用，企业嵌入市场逻辑的程度使用"研发投入强度"和"专利战略"两个变量加以考察。在表 5-2a 的模型 7a 中，"研发强度"和"网络伙伴研发补贴经验总和"交互项的回归系数显著为负（$\beta=-0.0009$，$p<0.05$），假设 6a 得到了实证支持。相应地，在表 5-2b 的模型 7b 中，"研发强度"和"网络伙伴研发补贴经验异质性"

表5-2a 回归分析结果（自变量：网络伙伴补贴经验总和）

变量	模型0a	模型1a	模型2a	模型3a	模型4a	模型5a	模型6a	模型7a	模型8a	模型9a	模型10a
企业年龄	-0.0002** (0.0001)	-0.0002** (0.0001)	-0.0002** (0.0001)	-0.0002** (0.0001)	-0.0002** (0.0001)	-0.0002** (0.0001)	-0.0002** (0.0001)	-0.0002** (0.0001)	-0.0002** (0.0001)	-0.0002** (0.0001)	-0.0002** (0.0001)
企业规模	0.0221 (0.0139)	0.0207 (0.0139)	0.0208 (0.0139)	0.0208 (0.0139)	0.0208 (0.0139)	0.0211 (0.0140)	0.0210 (0.0140)	0.0211 (0.0139)	0.0221 (0.0139)	0.0228 (0.0140)	0.0227 (0.0140)
企业绩效	0.1902** (0.0844)	0.1849** (0.0844)	0.1877** (0.0844)	0.1844** (0.0844)	0.1875** (0.0844)	0.1841** (0.0845)	0.1931** (0.0844)	0.1880** (0.0845)	0.1853** (0.0845)	0.1952** (0.0846)	0.1953** (0.0846)
资产负债率	-0.0516*** (0.0141)	-0.0515*** (0.0141)	-0.0517*** (0.0141)	-0.0510*** (0.0141)	-0.0512*** (0.0141)	-0.0511*** (0.0141)	-0.0512*** (0.0140)	-0.0518*** (0.0141)	-0.0510*** (0.0141)	-0.0507*** (0.0140)	-0.0504*** (0.0140)
组织冗余	0.0271*** (0.0039)	0.0271*** (0.0039)	0.0270*** (0.0039)	0.0270*** (0.0039)	0.0269*** (0.0039)	0.0272*** (0.0039)	0.0271*** (0.0039)	0.0270*** (0.0039)	0.0273*** (0.0039)	0.0271*** (0.0039)	0.0270*** (0.0039)
资产周转率	0.1060*** (0.0342)	0.1048*** (0.0342)	0.1026*** (0.0342)	0.1038*** (0.0342)	0.1013*** (0.0342)	0.1058*** (0.0342)	0.1062*** (0.0342)	0.1040*** (0.0342)	0.1019*** (0.0342)	0.1032*** (0.0342)	0.1018*** (0.0342)
税收贡献	-0.0384*** (0.0059)	-0.0383*** (0.0059)	-0.0382*** (0.0059)	-0.0386*** (0.0059)	-0.0384*** (0.0059)	-0.0383*** (0.0059)	-0.0386*** (0.0059)	-0.0387*** (0.0059)	-0.0375*** (0.0059)	-0.0380*** (0.0059)	-0.0381*** (0.0059)
企业寻租	0.0038 (0.0450)	0.0036 (0.0450)	0.0025 (0.0450)	0.0054 (0.0450)	0.0043 (0.0450)	0.0046 (0.0450)	0.0014 (0.0450)	0.0029 (0.0450)	0.0004 (0.0450)	-0.0014 (0.0450)	-0.0002 (0.0450)
以往研发补贴经验	0.4023*** (0.0137)	0.4018*** (0.0137)	0.4009*** (0.0137)	0.4017*** (0.0137)	0.4007*** (0.0137)	0.4018*** (0.0137)	0.4010*** (0.0137)	0.4027*** (0.0137)	0.4000*** (0.0136)	0.4003*** (0.0136)	0.3999*** (0.0137)
连锁董事比例	0.2242 (0.1399)	0.2242 (0.1399)	0.2215 (0.1399)	0.2219 (0.1400)	0.2188 (0.1399)	0.2249 (0.1399)	0.2277 (0.1399)	0.2178 (0.1400)	0.2185 (0.1401)	0.2175 (0.1400)	0.2152 (0.1400)

续表

变量	模型 0a	模型 1a	模型 2a	模型 3a	模型 4a	模型 5a	模型 6a	模型 7a	模型 8a	模型 9a	模型 10a
财政波动水平	0.0434*** (0.0142)	0.0427*** (0.0142)	0.0421*** (0.0142)	0.0434*** (0.0142)	0.0427*** (0.0142)	0.0430*** (0.0142)	0.0422*** (0.0142)	0.0430*** (0.0142)	0.0431*** (0.0142)	0.0431*** (0.0142)	0.0432*** (0.0142)
财政支出水平	0.1511* (0.0818)	0.1526* (0.0818)	0.1537* (0.0818)	0.1642** (0.0821)	0.1664** (0.0821)	0.1545* (0.0818)	0.1577* (0.0818)	0.1523* (0.0818)	0.1516* (0.0818)	0.1572* (0.0818)	0.1656** (0.0820)
政府干预程度	0.0169 (0.0112)	0.0170 (0.0112)	0.0175 (0.0112)	0.0173 (0.0112)	0.0178 (0.0112)	0.0177 (0.0112)	0.0168 (0.0112)	0.0164 (0.0112)	0.0176 (0.0112)	0.0172 (0.0112)	0.0176 (0.0112)
高科技产业	0.1618*** (0.0320)	0.1598*** (0.0320)	0.1595*** (0.0320)	0.1598*** (0.0320)	0.1595*** (0.0319)	0.1622*** (0.0320)	0.1638*** (0.0320)	0.1610*** (0.0319)	0.1648*** (0.0320)	0.1712*** (0.0320)	0.1706*** (0.0320)
财政透明度	0.0012 (0.0011)	0.0012 (0.0011)	0.0026* (0.0014)	0.0012 (0.0011)	0.0026* (0.0014)	0.0012 (0.0011)	0.0011 (0.0011)	0.0011 (0.0011)	0.0013 (0.0011)	0.0011 (0.0011)	0.0017 (0.0014)
要素市场扭曲	0.0406 (0.0427)	0.0413 (0.0427)	0.0434 (0.0427)	-0.0019 (0.0493)	-0.0038 (0.0493)	0.0424 (0.0427)	0.0431 (0.0427)	0.0395 (0.0427)	0.0413 (0.0427)	0.0420 (0.0427)	0.0088 (0.0494)
国家所有权	0.0123 (0.0755)	0.0151 (0.0755)	0.0155 (0.0754)	0.0130 (0.0755)	0.0133 (0.0754)	-0.0970 (0.0928)	0.0135 (0.0754)	0.0174 (0.0754)	0.0049 (0.0754)	-0.0735 (0.0927)	-0.0711 (0.0930)
董事会成员政府工作背景	0.3005*** (0.0861)	0.3040*** (0.0860)	0.3047*** (0.0859)	0.3061*** (0.0860)	0.3070*** (0.0859)	0.3054*** (0.0860)	0.1497 (0.1034)	0.3030*** (0.0859)	0.3051*** (0.0859)	0.1556 (0.1034)	0.1632 (0.1034)
研发强度	0.0171*** (0.0063)	0.0169*** (0.0063)	0.0167*** (0.0063)	0.0172*** (0.0063)	0.0170*** (0.0063)	0.0171*** (0.0063)	0.0166*** (0.0063)	0.0296*** (0.0084)	0.0174*** (0.0063)	0.0289*** (0.0084)	0.0279*** (0.0084)
专利战略	0.1074*** (0.0098)	0.1069*** (0.0098)	0.1072*** (0.0098)	0.1067*** (0.0098)	0.1070*** (0.0098)	0.1067*** (0.0098)	0.1071*** (0.0098)	0.1066*** (0.0098)	0.1322*** (0.0115)	0.1306*** (0.0115)	0.1296*** (0.0115)

续表

变量	模型 0a	模型 1a	模型 2a	模型 3a	模型 4a	模型 5a	模型 6a	模型 7a	模型 8a	模型 9a	模型 10a
网络伙伴研发补贴经验总和		0.0019* (0.0010)	0.0073** (0.0031)	0.0015 (0.0010)	0.0073** (0.0031)	0.0013 (0.0010)	0.0007 (0.0011)	0.0017* (0.0010)	0.0076*** (0.0017)	0.0056*** (0.0018)	0.0074** (0.0035)
网络伙伴研发补贴经验总和×财政透明度			-0.0001* (0.0001)		-0.0001** (0.0001)						-0.0001 (0.0001)
网络伙伴研发补贴经验总和×要素市场扭曲				0.0037* (0.0021)	0.0040* (0.0021)						0.0029 (0.0021)
网络伙伴研发补贴经验总和×国家所有权						0.0144** (0.0068)				0.0102 (0.0068)	0.0097 (0.0069)
网络伙伴研发补贴经验总和×董事会成员政府工作背景							0.0182*** (0.0064)			0.0175*** (0.0064)	0.0168*** (0.0064)
网络伙伴研发补贴经验总和×研发强度								-0.0009*** (0.0004)		-0.0009** (0.0004)	-0.0008* (0.0004)
网络伙伴研发补贴经验总和×专利战略									-0.0024*** (0.0006)	-0.0022*** (0.0006)	-0.0022*** (0.0006)
年份固定效应	YES	YES	YES	YES	YES	YES	YES	YES	YES	YES	YES
行业固定效应	YES	YES	YES	YES	YES	YES	YES	YES	YES	YES	YES
截距项	-1.1046*** (0.2075)	-1.1042*** (0.2074)	-1.1445*** (0.2086)	-1.0925*** (0.2075)	-1.1353*** (0.2086)	-1.0925*** (0.2075)	-0.9905*** (0.2117)	-1.0944*** (0.2074)	-1.1590*** (0.2077)	-1.0288*** (0.2120)	-1.0393*** (0.2135)
Wald Chi-square	3200.96***	3207.38***	3210.31***	3211.27***	3214.54***	3211.39***	3217.25***	3218.45***	3222.64***	3242.9***	3244.94***
观测值	15239	15239	15239	15239	15239	15239	15239	15239	15239	15239	15239
企业数量	2711	2711	2711	2711	2711	2711	2711	2711	2711	2711	2711

注：①括号中的数字为聚类稳健标准误；②显著性水平：***表示 $p<0.01$，**表示 $p<0.05$，*表示 $p<0.10$。

表 5-2b 回归分析结果（自变量：网络伙伴补贴经验异质性）

变量		模型0b	模型1b	模型2b	模型3b	模型4b	模型5b	模型6b	模型7b	模型8b	模型9b	模型10b
企业年龄		-0.0002**	-0.0002**	-0.0002**	-0.0002**	-0.0002**	-0.0002**	-0.0002**	-0.0002**	-0.0002**	-0.0002**	-0.0002**
		(0.0001)	(0.0001)	(0.0001)	(0.0001)	(0.0001)	(0.0001)	(0.0001)	(0.0001)	(0.0001)	(0.0001)	(0.0001)
企业规模		0.0221	0.0219	0.0222	0.0220	0.0223	0.0221	0.0223	0.0222	0.0225	0.0231*	0.0232*
		(0.0139)	(0.0139)	(0.0139)	(0.0139)	(0.0139)	(0.0139)	(0.0139)	(0.0139)	(0.0139)	(0.0139)	(0.0139)
企业绩效		0.1902**	0.1888**	0.1904**	0.1888**	0.1905**	0.1887**	0.1903**	0.1900**	0.1904**	0.1925**	0.1925**
		(0.0844)	(0.0844)	(0.0844)	(0.0844)	(0.0844)	(0.0844)	(0.0844)	(0.0845)	(0.0844)	(0.0845)	(0.0845)
资产负债率		-0.0516***	-0.0515***	-0.0518***	-0.0515***	-0.0517***	-0.0514***	-0.0517***	-0.0517***	-0.0515***	-0.0517***	-0.0518***
		(0.0141)	(0.0141)	(0.0141)	(0.0141)	(0.0141)	(0.0141)	(0.0141)	(0.0141)	(0.0141)	(0.0141)	(0.0141)
组织冗余		0.0271***	0.0272***	0.0272***	0.0272***	0.0272***	0.0272***	0.0272***	0.0272***	0.0271***	0.0271***	0.0271***
		(0.0039)	(0.0039)	(0.0039)	(0.0039)	(0.0039)	(0.0039)	(0.0039)	(0.0039)	(0.0039)	(0.0039)	(0.0039)
资产周转率		0.1060***	0.1058***	0.1051***	0.1059***	0.1051***	0.1071***	0.1065***	0.1064***	0.1053***	0.1076***	0.1076***
		(0.0342)	(0.0342)	(0.0342)	(0.0342)	(0.0342)	(0.0342)	(0.0342)	(0.0342)	(0.0342)	(0.0342)	(0.0342)
税收贡献		-0.0384***	-0.0384***	-0.0384***	-0.0385***	-0.0385***	-0.0386***	-0.0385***	-0.0385***	-0.0384***	-0.0386***	-0.0386***
		(0.0059)	(0.0059)	(0.0059)	(0.0059)	(0.0059)	(0.0059)	(0.0059)	(0.0059)	(0.0059)	(0.0059)	(0.0059)
企业寻租		0.0038	0.0035	0.0030	0.0046	0.0041	0.0043	0.0036	0.0034	0.0012	0.0023	0.0024
		(0.0450)	(0.0450)	(0.0450)	(0.0450)	(0.0450)	(0.0450)	(0.0450)	(0.0450)	(0.0450)	(0.0450)	(0.0450)
以往研发补贴经验		0.4023***	0.4020***	0.4016***	0.4020***	0.4016***	0.4026***	0.4010***	0.4023***	0.4022***	0.4021***	0.4020***
		(0.0137)	(0.0137)	(0.0137)	(0.0137)	(0.0137)	(0.0137)	(0.0137)	(0.0137)	(0.0137)	(0.0137)	(0.0137)
连锁董事比例		0.2242	0.2271	0.2264	0.2268	0.2261	0.2265	0.2351*	0.2237	0.2201	0.2247	0.2247
		(0.1399)	(0.1399)	(0.1399)	(0.1399)	(0.1399)	(0.1399)	(0.1399)	(0.1398)	(0.1401)	(0.1400)	(0.1400)

续表

变量	模型 0b	模型 1b	模型 2b	模型 3b	模型 4b	模型 5b	模型 6b	模型 7b	模型 8b	模型 9b	模型 10b
财政波动水平	0.0434*** (0.0142)	0.0431*** (0.0142)	0.0429*** (0.0142)	0.0431*** (0.0142)	0.0430*** (0.0142)	0.0440*** (0.0142)	0.0427*** (0.0142)	0.0429*** (0.0142)	0.0429*** (0.0142)	0.0433*** (0.0142)	0.0433*** (0.0142)
财政支出水平	0.1511* (0.0818)	0.1528* (0.0818)	0.1540* (0.0818)	0.1544* (0.0819)	0.1556* (0.0819)	0.1531* (0.0818)	0.1552* (0.0818)	0.1523* (0.0818)	0.1498* (0.0819)	0.1521* (0.0818)	0.1523* (0.0819)
政府干预程度	0.0169 (0.0112)	0.0169 (0.0112)	0.0170 (0.0112)	0.0169 (0.0112)	0.0170 (0.0112)	0.0172 (0.0112)	0.0170 (0.0112)	0.0166 (0.0112)	0.0170 (0.0112)	0.0169 (0.0112)	0.0169 (0.0112)
高科技产业	0.1618*** (0.0320)	0.1615*** (0.0320)	0.1612*** (0.0320)	0.1619*** (0.0320)	0.1617*** (0.0320)	0.1624*** (0.0320)	0.1637*** (0.0320)	0.1619*** (0.0319)	0.1638*** (0.0320)	0.1666*** (0.0320)	0.1666*** (0.0320)
财政透明度	0.0012 (0.0011)	0.0012 (0.0011)	0.0021 (0.0014)	0.0012 (0.0011)	0.0021 (0.0014)	0.0012 (0.0011)	0.0012 (0.0011)	0.0011 (0.0011)	0.0012 (0.0011)	0.0012 (0.0011)	0.0012 (0.0014)
要素市场扭曲	0.0406 (0.0427)	0.0411 (0.0427)	0.0417 (0.0427)	0.0257 (0.0502)	0.0260 (0.0501)	0.0425 (0.0427)	0.0427 (0.0427)	0.0394 (0.0427)	0.0405 (0.0427)	0.0412 (0.0427)	0.0387 (0.0504)
国家所有权	0.0123 (0.0755)	0.0132 (0.0755)	0.0138 (0.0755)	0.0137 (0.0755)	0.0143 (0.0755)	-0.0885 (0.0919)	0.0116 (0.0754)	0.0146 (0.0754)	0.0118 (0.0755)	-0.0651 (0.0919)	-0.0648 (0.0921)
董事会成员政府工作背景	0.3005*** (0.0861)	0.3015*** (0.0860)	0.3005*** (0.0860)	0.3015*** (0.0860)	0.3005*** (0.0860)	0.3021*** (0.0861)	0.1639* (0.0974)	0.3002*** (0.0860)	0.2998*** (0.0860)	0.1781* (0.0975)	0.1786* (0.0977)
研发强度	0.0171*** (0.0063)	0.0170*** (0.0063)	0.0170*** (0.0063)	0.0171*** (0.0063)	0.0171*** (0.0063)	0.0170*** (0.0063)	0.0170*** (0.0063)	0.0300*** (0.0086)	0.0171*** (0.0063)	0.0298*** (0.0086)	0.0298*** (0.0087)
专利战略	0.1074*** (0.0098)	0.1073*** (0.0098)	0.1072*** (0.0098)	0.1072*** (0.0098)	0.1071*** (0.0098)	0.1072*** (0.0098)	0.1079*** (0.0098)	0.1071*** (0.0098)	0.1209*** (0.0116)	0.1188*** (0.0116)	0.1187*** (0.0117)
网络伙伴研发补贴经验异质性		0.0259 (0.0298)	0.1213 (0.0859)	0.0172 (0.0333)	0.1128 (0.0871)	0.0041 (0.0318)	0.0171 (0.0329)	0.0126 (0.0304)	0.1103** (0.0488)	0.0287 (0.0534)	0.0307 (0.1006)

续表

变量	模型 0b	模型 1b	模型 2b	模型 3b	模型 4b	模型 5b	模型 6b	模型 7b	模型 8b	模型 9b	模型 10b
网络伙伴研发补贴经验异质性×财政透明度			-0.0025 (0.0021)		-0.0025 (0.0021)						-0.0001 (0.0022)
网络伙伴研发补贴经验异质性×要素市场扭曲程度				0.0421 (0.0722)	0.0429 (0.0722)						0.0068 (0.0728)
网络伙伴研发补贴经验异质性×国家所有权						0.3819** (0.1915)				0.2887 (0.1929)	0.2880 (0.1944)
网络伙伴研发补贴经验异质性×董事会成员政府工作背景							0.4664*** (0.1477)			0.4099*** (0.1499)	0.4079*** (0.1517)
网络伙伴研发补贴经验异质性×研发强度								-0.0340** (0.0154)		-0.0339** (0.0155)	-0.0337** (0.0156)
网络伙伴研发补贴经验异质性×专利战略									-0.0410** (0.0189)	-0.0342* (0.0189)	-0.0339* (0.0192)
年份固定效应	YES	YES	YES	YES	YES	YES	YES	YES	YES	YES	YES
行业固定效应	YES	YES	YES	YES	YES	YES	YES	YES	YES	YES	YES
截距项	-1.1046*** (0.2075)	-1.1071*** (0.2075)	-1.1318*** (0.2085)	-1.1023*** (0.2076)	-1.1271*** (0.2087)	-1.0927*** (0.2076)	-1.0139*** (0.2095)	-1.0990*** (0.2075)	-1.1311*** (0.2076)	-1.0263*** (0.2099)	-1.0268*** (0.2116)
Wald Chi-square	3200.96***	3202.36***	3202.3	3203.06	3202.94	3208.77	3206.8	3212.46	3208	3225.32	3225.32
观测值	15239	15239	15239	15239	15239	15239	15239	15239	15239	15239	15239
企业数量	2711	2711	2711	2711	2711	2711	2711	2711	2711	2711	2711

注：①括号中的数字为聚类稳健标准误；②显著性水平：***表示 $p<0.01$，**表示 $p<0.05$，*表示 $p<0.10$。

交互项的回归系数显著为负（$\beta=-0.0340$，$p<0.05$），假设 6b 同样也得到了实证支持。同样地，在表 5-2a 的模型 8a 中，"专利战略"和"网络伙伴研发补贴经验总和"交互项的回归系数显著为负（$\beta=-0.0024$，$p<0.01$），假设 7a 得到了实证支持。相应地，在表 5-2b 的模型 8b 中，"专利战略"和"网络伙伴研发补贴经验异质性"交互项的回归系数显著为负（$\beta=-0.0410$，$p<0.05$），假设 7b 同样也得到了实证支持。

综合以上数据分析结果，假设 4a、假设 4b、假设 5a、假设 5b、假设 6a、假设 6b 和假设 7a、假设 7b 预测了企业所嵌入的政府逻辑和市场逻辑的调节作用，这些假设也都得到了实证研究的支持。实证分析的结果表明，企业不同程度地同时受到政府逻辑与市场逻辑的影响，并且政府逻辑和市场逻辑所产生的调节作用方向相反，政府逻辑强化了网络伙伴研发补贴经验的正向影响，而市场逻辑则削弱了网络伙伴研发补贴经验的正向影响作用。

三、稳健性分析

为了提高研究结论的可靠性，本书还执行了以下的稳健性分析。稳健性检验的内容主要从两个方面展开：一是针对计量方法的稳健性检验；二是针对计量数据的稳健性检验。

（一）广义估计方程（Generalized Estimating Equation，GEE）

首先，为了避免因估计方法而产生的结果偏差，本书进一步使用一种应用范围更广、更为灵活的广义估计方程（Generalized Estimating Equation，GEE）方法，这种方法也常常被用于非线性面板数据模型的参数估计（Pahnke，Katila and Eisenhardt，2015；Krause，Semadeni and Withers，2016）。使用广义估计方程进行参数估计有许多优点：首先，在存在重复观测的样本中，GEE 方法能够充分考虑个体内重复观测的样本相关性，从而得出一致的参数估计，这恰恰可以避免面板数据可能具有的组内相关性特征所产生的问题（Liang and Zeger，1986）。其次，当模型的因变量不符合正态分布时（如本书的因变量为离散的计数变量），使用 GEE 方法可以得到更有效的、无偏的估计量（Jeong and Kim，2019）。最后，无论解释变量是否随时间变化，使用 GEE 方法都可以得到解释变量的一致估计（Jeong and Kim，2019）。

表 5-3a 和表 5-3b 汇总了广义回归方程的结果，其中表 5-3a 的主要解释变量为网络伙伴研发补贴经验总和，表 5-3b 的主要解释变量为网络伙伴研发补贴经验异质性。与本书主研究的发现类似，网络伙伴研发补贴经验总和对中心企业

获取研发补贴具有显著的正向影响（$\beta=0.0032$，$p<0.05$），而网络伙伴补贴经验的异质性没有发挥显著的影响作用（$\beta=0.0527$，$p>0.10$），假设1a得到了支持，而假设1b没有得到实证支持。

假设2a和假设2b预测了中心企业所在地区的政府财政透明度的调节作用，根据表5-3a，"财政透明度"与"网络伙伴研发补贴经验总和"交互项的回归系数为负且显著（$\beta=-0.0002$，$p<0.01$），与本书的理论假设相一致。相应地，根据表5-3b，"财政透明度"与"网络伙伴研发补贴经验异质性"交互项的回归系数为负且显著（$\beta=-0.0041$，$p<0.10$），假设2b得到了实证支持。在假设3a和假设3b中，本书假设中心企业所处地区的要素市场扭曲程度会增强连锁伙伴研发补贴经验的影响作用。由表5-3a可知，"要素市场扭曲程度"与"网络伙伴研发补贴经验总和"交互项的回归系数为负但不显著（$\beta=-0.0015$，$p>0.10$），与本书的理论假设预期不符。相应地，根据表5-3b的结果，"要素市场扭曲程度"与"网络伙伴研发补贴经验异质性"交互项的回归系数为负但是也不显著（$\beta=-0.0129$，$p>0.10$），假设3b也没有得到实证支持。根据广义回归方程的分析结果，要素市场扭曲程度的调节作用都不显著，并且系数都为负，与本书的理论预期不一致。

本书的假设4a、假设4b以及假设5a、假设5b考察了企业所嵌入的政府逻辑的调节作用，对政府逻辑在企业中的渗透程度的考量则分别从"国家所有权"和"董事会成员政府工作背景"两个方面展开。由表5-3a可知，"国家所有权"与"网络伙伴研发补贴经验总和"交互项的回归系数为正但不显著（$\beta=0.0100$，$p>0.1$），与假设4a的预期不相符。相应地，在表5-3b中，"国家所有权"与"网络伙伴研发补贴经验异质性"交互项的回归系数为正但不显著（$\beta=0.0357$，$p>0.1$），没有能支持假设4b的理论预测。在表5-3a中，"董事会成员政府工作背景"与"网络伙伴研发补贴经验总和"交互项的回归系数显著为正（$\beta=0.0177$，$p<0.05$），与假设5a的理论预期相符。相应地，由表5-3b可知，"董事会成员政府工作背景"与"网络伙伴研发补贴经验异质性"交互项的回归系数显著为正（$\beta=0.5473$，$p<0.01$），支持了假设5b的理论预期。总的来说，从董事会成员政府工作背景的角度来考察政府逻辑的调节效应，得到的实证结果与理论假设相符，部分支持了政府逻辑的调节作用。

接下来，假设6a、假设6b假设7a、假设7b分别论述了企业所嵌入的市场逻辑的调节作用，企业嵌入市场逻辑的程度使用"研发强度"和"专利战略"

两个变量加以衡量。在表5-3a中，"研发强度"和"网络伙伴研发补贴经验总和"交互项的回归系数为负但不显著（$\beta = -0.0007$，$p>0.1$），假设6a没有得到实证支持。相应地，在表5-3b中，"研发强度"与"网络伙伴研发补贴经验异质性"交互项的回归系数显著为负（$\beta = -0.0392$，$p<0.05$），假设6b同样也得到了实证支持。同样地，根据表5-3a，"专利战略"和"网络伙伴研发补贴经验总和"交互项的回归系数显著为负（$\beta = -0.0037$，$p<0.01$），假设7a得到了实证支持。相应地，在表5-3b中，"专利战略"和"网络伙伴研发补贴经验异质性"交互项的回归系数显著为负（$\beta = -0.0404$，$p<0.1$），假设7b同样也得到了实证支持。总体上，市场逻辑的调节作用部分得到了支持。

综上所述，根据表5-3a和表5-3b的结果，使用广义估计方程进行参数估计的方法所得出的结论与本书主要的研究发现基本一致。

（二）面板数据泊松回归（Poisson Regression）

考虑到被解释变量为计数变量，本节进一步选取面板数据的泊松回归分析对模型进行估计，以评估实证研究结果在不同的计量模型之间是否稳健。其中，表5-4a的主要解释变量为网络伙伴研发补贴经验总和，表5-4b的主要解释变量为网络伙伴研发补贴经验异质性。关于网络伙伴研发补贴经验的影响作用，本书发现：网络伙伴研发补贴经验总和对中心企业获取研发补贴具有显著的正向影响（$\beta = 0.0027$，$p<0.01$），同时，网络伙伴补贴经验的异质性的回归系数显著为正（$\beta = 0.0705$，$p<0.01$），假设1a和假设1b均得到了支持。

对于假设2a和假设2b所讨论的中心企业所在地区的政府财政透明度的调节作用，回归结果表明："财政透明度"与"网络伙伴研发补贴经验总和"交互项的回归系数为负且显著（$\beta = -0.0001$，$p<0.01$），"财政透明度"与"网络伙伴研发补贴经验异质性"交互项的回归系数为负且显著（$\beta = -0.0030$，$p<0.10$），与假设2a和假设2b的预期相符。关于假设3a和假设3b所讨论的要素市场扭曲程度的调节作用，回归结果表明："要素市场扭曲程度"与"网络伙伴研发补贴经验总和"交互项的回归系数为正并且显著（$\beta = 0.0034$，$p<0.05$），"要素市场扭曲程度"与"网络伙伴研发补贴经验异质性"交互项的回归系数为正但是不显著（$\beta = 0.0374$，$p>0.10$）。由此可知，假设3a得到了实证支持，但假设3b没有得到实证支持，要素市场扭曲程度会改变网络伙伴总体经验的影响作用，但是网络伙伴经验异质性的影响却不随要素市场扭曲程度的不同而改变。

表 5-3a 广义回归方程分析结果（自变量：网络伙伴补贴经验总和）

变量	模型 0a	模型 1a	模型 2a	模型 3a	模型 4a	模型 5a	模型 6a	模型 7a	模型 8a
财政透明度	0.0010	0.0010	0.0036**	0.0010	0.0010	0.0009	0.0010	0.0010	0.0025*
	(0.0013)	(0.0013)	(0.0015)	(0.0013)	(0.0013)	(0.0013)	(0.0013)	(0.0013)	(0.0015)
要素市场扭曲	0.0460	0.0478	0.0502	0.0652	0.0484	0.0483	0.0471	0.0549	0.0741
	(0.0443)	(0.0443)	(0.0442)	(0.0548)	(0.0443)	(0.0443)	(0.0442)	(0.0441)	(0.0550)
国家所有权	-0.0973	-0.0934	-0.0911	-0.0929	-0.1660	-0.0930	-0.0921	-0.1021	-0.1260
	(0.0884)	(0.0883)	(0.0882)	(0.0884)	(0.1081)	(0.0882)	(0.0883)	(0.0882)	(0.1093)
董事会成员政府工作背景	0.0717	0.0765	0.0775	0.0761	0.0773	-0.0637	0.0758	0.0759	-0.0407
	(0.0819)	(0.0815)	(0.0813)	(0.0814)	(0.0814)	(0.1041)	(0.0815)	(0.0815)	(0.1038)
研发强度	0.0202***	0.0203***	0.0204***	0.0202***	0.0206***	0.0202***	0.0292***	0.0203***	0.0249***
	(0.0073)	(0.0072)	(0.0073)	(0.0072)	(0.0072)	(0.0072)	(0.0096)	(0.0072)	(0.0097)
专利战略	0.1376***	0.1370***	0.1372***	0.1371***	0.1371***	0.1367***	0.1367***	0.1739***	0.1709***
	(0.0124)	(0.0124)	(0.0123)	(0.0124)	(0.0124)	(0.0124)	(0.0124)	(0.0137)	(0.0137)
网络伙伴研发补贴经验总和		0.0032**	0.0134***	0.0033**	0.0027**	0.0019	0.0030**	0.0108***	0.0154***
		(0.0012)	(0.0038)	(0.0013)	(0.0013)	(0.0013)	(0.0012)	(0.0018)	(0.0040)
网络伙伴研发补贴经验总和×财政透明度			-0.0002***						-0.0002*
			(0.0001)						(0.0001)
网络伙伴研发补贴经验总和×要素市场扭曲				-0.0015					-0.0015
				(0.0029)					(0.0028)
网络伙伴研发补贴经验总和×国家所有权					0.0100				0.0038
					(0.0078)				(0.0083)

续表

变量	模型 0a	模型 1a	模型 2a	模型 3a	模型 4a	模型 5a	模型 6a	模型 7a	模型 8a
网络伙伴研发补贴经验总和×董事会成员政府背景						0.0177** (0.0071)			0.0147** (0.0071)
网络伙伴研发补贴经验总和×研发强度							-0.0007 (0.0006)		-0.0004 (0.0006)
网络伙伴研发补贴经验总和×专利战略								-0.0037*** (0.0006)	-0.0034*** (0.0006)
控制变量	YES	YES	YES	YES	YES	YES	YES	YES	YES
年份固定效应	YES	YES	YES	YES	YES	YES	YES	YES	YES
行业固定效应	YES	YES	YES	YES	YES	YES	YES	YES	YES
截距项	-0.9992*** (0.2316)	-1.0045*** (0.2308)	-1.0786*** (0.2315)	-1.0106*** (0.2311)	-0.9934*** (0.2307)	-0.9099*** (0.2347)	-0.9990*** (0.2307)	-1.0780*** (0.2316)	-1.0386*** (0.2367)
Wald Chi-square	2541.91***	2584.34***	2588.23***	2585.08***	2583.58***	2600.75***	2591.57***	2600.06***	2614.61***
观测值	15239	15239	15239	15239	15239	15239	15239	15239	15239
企业数量	2711	2711	2711	2711	2711	2711	2711	2711	2711

注：①括号中的数字为聚类稳健标准误；②显著性水平：*** 表示 $p<0.01$，** 表示 $p<0.05$，* 表示 $p<0.10$。

表 5-3b 广义回归方程分析结果（自变量：网络伙伴补贴经验异质性）

变量	模型 0b	模型 1b	模型 2b	模型 3b	模型 4b	模型 5b	模型 6b	模型 7b	模型 8b
财政透明度	0.0010	0.0009	0.0023	0.0009	0.0009	0.0009	0.0009	0.0009	0.0015
	(0.0013)	(0.0013)	(0.0015)	(0.0013)	(0.0013)	(0.0013)	(0.0013)	(0.0013)	(0.0015)
要素市场扭曲	0.0460	0.0464	0.0475	0.0512	0.0465	0.0467	0.0468	0.0474	0.0669
	(0.0443)	(0.0443)	(0.0443)	(0.0549)	(0.0443)	(0.0444)	(0.0442)	(0.0443)	(0.0551)
国家所有权	-0.0973	-0.0955	-0.0927	-0.0955	-0.1043	-0.0961	-0.0943	-0.0956	-0.0662
	(0.0884)	(0.0883)	(0.0883)	(0.0883)	(0.1067)	(0.0882)	(0.0883)	(0.0884)	(0.1056)
董事会成员政府工作背景	0.0717	0.0720	0.0712	0.0720	0.0719	-0.0814	0.0701	0.0705	-0.0834
	(0.0819)	(0.0817)	(0.0816)	(0.0817)	(0.0817)	(0.0948)	(0.0817)	(0.0820)	(0.0954)
研发强度	0.0202***	0.0204***	0.0203***	0.0204***	0.0204***	0.0203***	0.0353***	0.0203***	0.0350***
	(0.0073)	(0.0073)	(0.0073)	(0.0073)	(0.0073)	(0.0073)	(0.0097)	(0.0073)	(0.0098)
专利战略	0.1376***	0.1372***	0.1370***	0.1372***	0.1372***	0.1367***	0.1366***	0.1506***	0.1479***
	(0.0124)	(0.0123)	(0.0123)	(0.0123)	(0.0123)	(0.0123)	(0.0123)	(0.0138)	(0.0139)
网络伙伴研发补贴经验异质性		0.0527	0.2047**	0.0554	0.0504	-0.0080	0.0369	0.1253**	0.1228
		(0.0327)	(0.0928)	(0.0374)	(0.0345)	(0.0349)	(0.0333)	(0.0496)	(0.1119)
网络伙伴研发补贴经验异质性×财政透明度			-0.0041*						-0.0018
			(0.0023)						(0.0023)
网络伙伴研发补贴经验异质性×要素市场扭曲				-0.0129					-0.0494
				(0.0861)					(0.0858)
网络伙伴研发补贴经验异质性×国家所有权					0.0357				-0.1120
					(0.2058)				(0.2071)

续表

变量	模型0b	模型1b	模型2b	模型3b	模型4b	模型5b	模型6b	模型7b	模型8b
网络伙伴研发补贴经验异质性×董事会成员政府背景						0.5473***			0.5406***
						(0.1525)			(0.1619)
网络伙伴研发补贴经验异质性×研发强度							-0.0392**		-0.0390**
							(0.0192)		(0.0199)
网络伙伴研发补贴经验异质性×专利战略								-0.0404*	-0.0349
								(0.0244)	(0.0243)
控制变量	YES	YES	YES	YES	YES	YES	YES	YES	YES
年份固定效应	YES	YES	YES	YES	YES	YES	YES	YES	YES
行业固定效应	YES	YES	YES	YES	YES	YES	YES	YES	YES
截距项	-0.9992***	-1.0060***	-1.0468***	-1.0079***	-1.0044***	-0.9034***	-0.9983***	-1.0247***	-0.9436***
	(0.2316)	(0.2311)	(0.2319)	(0.2313)	(0.2312)	(0.2316)	(0.2308)	(0.2309)	(0.2333)
Wald Chi-square	2541.91***	2605.87***	2598.72***	2605.97***	2622.34***	2574.66***	2649.37***	2619.60***	2639.94***
观测值	15239	15239	15239	15239	15239	15239	15239	15239	15239
企业数量	2711	2711	2711	2711	2711	2711	2711	2711	2711

注：①括号中的数字为聚类稳健标准误；②显著性水平：*** 表示 $p<0.01$，** 表示 $p<0.05$，* 表示 $p<0.10$。

表 5-4a　泊松回归分析结果（自变量：网络伙伴补贴经验总和）

变量	模型 0a	模型 1a	模型 2a	模型 3a	模型 4a	模型 5a	模型 6a	模型 7a	模型 8a
财政透明度	0.0013	0.0013	0.0028***	0.0012	0.0012	0.0011	0.0012	0.0013	0.0017
	(0.0009)	(0.0009)	(0.0010)	(0.0009)	(0.0009)	(0.0009)	(0.0009)	(0.0009)	(0.0011)
要素市场扭曲	0.0891**	0.0906**	0.0932**	0.0442	0.0936**	0.0928**	0.0887**	0.0909**	0.0532
	(0.0438)	(0.0438)	(0.0438)	(0.0486)	(0.0438)	(0.0438)	(0.0438)	(0.0438)	(0.0487)
国家所有权	−0.0890	−0.0840	−0.0843	−0.0856	−0.1738**	−0.0851	−0.0793	−0.0938*	−0.1403**
	(0.0567)	(0.0567)	(0.0567)	(0.0567)	(0.0699)	(0.0567)	(0.0568)	(0.0568)	(0.0704)
董事会成员政府工作背景	0.1844***	0.1934***	0.1922***	0.1943***	0.1952***	−0.0004	0.1902***	0.1909***	0.0028
	(0.0711)	(0.0710)	(0.0710)	(0.0710)	(0.0710)	(0.0827)	(0.0710)	(0.0710)	(0.0830)
研发强度	0.0056	0.0057	0.0057	0.0062	0.0059	0.0055	0.0185***	0.0061	0.0169***
	(0.0047)	(0.0047)	(0.0047)	(0.0047)	(0.0047)	(0.0047)	(0.0062)	(0.0047)	(0.0063)
专利战略	0.1130***	0.1126***	0.1129***	0.1123***	0.1126***	0.1133***	0.1120***	0.1328***	0.1302***
	(0.0080)	(0.0080)	(0.0080)	(0.0080)	(0.0080)	(0.0080)	(0.0080)	(0.0092)	(0.0092)
网络伙伴研发补贴经验总和		0.0027***	0.0086***	0.0023***	0.0024***	0.0012	0.0026***	0.0077***	0.0073***
		(0.0007)	(0.0023)	(0.0008)	(0.0008)	(0.0008)	(0.0007)	(0.0013)	(0.0026)
网络伙伴研发补贴经验总和×财政透明度			−0.0001***						−0.0001
			(0.0001)						(0.0001)
网络伙伴研发补贴经验总和×要素市场扭曲				0.0034**					0.0030*
				(0.0016)					(0.0016)
网络伙伴研发补贴经验总和×国家所有权					0.0118**				0.0064
					(0.0053)				(0.0054)

续表

变量	模型 0a	模型 1a	模型 2a	模型 3a	模型 4a	模型 5a	模型 6a	模型 7a	模型 8a
网络伙伴研发补贴经验总和×董事会成员政府工作背景						0.0228***			0.0219***
						(0.0048)			(0.0048)
网络伙伴研发补贴经验总和×研发强度							-0.0009***		-0.0007**
							(0.0003)		(0.0003)
网络伙伴研发补贴经验总和×专利战略								-0.0019***	-0.0017***
								(0.0004)	(0.0004)
控制变量	YES	YES	YES	YES	YES	YES	YES	YES	YES
年份固定效应	YES	YES	YES	YES	YES	YES	YES	YES	YES
行业固定效应	YES	YES	YES	YES	YES	YES	YES	YES	YES
截距项	-1.6212***	-1.6290***	-1.6735***	-1.6107***	-1.6222***	-1.4955***	-1.6212***	-1.6840***	-1.5405***
	(0.1836)	(0.1835)	(0.1843)	(0.1837)	(0.1836)	(0.1858)	(0.1836)	(0.1839)	(0.1872)
Wald Chi-square	3611.31***	3628.19***	3633.74***	3632.8***	3631.5***	3646.37***	3638.52***	3639.67***	3670.21***
观测值	15239	15239	15239	15239	15239	15239	15239	15239	15239
企业数量	2711	2711	2711	2711	2711	2711	2711	2711	2711

注：①括号中的数字为聚类稳健标准误；②显著性水平：*** 表示 $p<0.01$，** 表示 $p<0.05$，* 表示 $p<0.10$。

表5-4b 泊松回归分析结果（自变量：网络伙伴补贴经验异质性）

变量	模型0b	模型1b	模型2b	模型3b	模型4b	模型5b	模型6b	模型7b	模型8b
财政透明度	0.0013	0.0012	0.0023**	0.0012	0.0012	0.0012	0.0012	0.0012	0.0015
	(0.0009)	(0.0009)	(0.0011)	(0.0009)	(0.0009)	(0.0009)	(0.0009)	(0.0009)	(0.0011)
要素市场扭曲	0.0891**	0.0917**	0.0927**	0.0761	0.0924**	0.0939**	0.0918**	0.0917**	0.0885*
	(0.0438)	(0.0438)	(0.0438)	(0.0489)	(0.0438)	(0.0438)	(0.0438)	(0.0438)	(0.0490)
国家所有权	-0.0890	-0.0861	-0.0854	-0.0850	-0.1148	-0.0878	-0.0839	-0.0862	-0.0811
	(0.0567)	(0.0567)	(0.0567)	(0.0567)	(0.0681)	(0.0567)	(0.0567)	(0.0567)	(0.0684)
董事会成员政府工作背景	0.1844***	0.1875***	0.1858***	0.1873***	0.1875***	-0.0037	0.1824***	0.1875***	-0.0087
	(0.0711)	(0.0710)	(0.0711)	(0.0710)	(0.0710)	(0.0782)	(0.0711)	(0.0710)	(0.0786)
研发强度	0.0056	0.0059	0.0060	0.0060	0.0059	0.0061	0.0189***	0.0059	0.0192***
	(0.0047)	(0.0047)	(0.0047)	(0.0047)	(0.0047)	(0.0047)	(0.0063)	(0.0047)	(0.0064)
专利战略	0.1130***	0.1130***	0.1127***	0.1129***	0.1130***	0.1134***	0.1126***	0.1140***	0.1113***
	(0.0080)	(0.0080)	(0.0080)	(0.0080)	(0.0080)	(0.0080)	(0.0080)	(0.0093)	(0.0094)
网络伙伴研发补贴经验异质性		0.0705***	0.1834***	0.0629***	0.0645***	0.0071	0.0584***	0.0770**	0.0166
		(0.0218)	(0.0629)	(0.0242)	(0.0232)	(0.0243)	(0.0222)	(0.0380)	(0.0743)
网络伙伴研发补贴经验异质性×财政透明度			-0.0030*						-0.0009
			(0.0015)						(0.0016)
网络伙伴研发补贴经验异质性×要素市场扭曲				0.0374					0.0138
				(0.0520)					(0.0526)
网络伙伴研发补贴经验异质性×国家所有权					0.1080				-0.0138
					(0.1413)				(0.1433)

续表

变量	模型 0b	模型 1b	模型 2b	模型 3b	模型 4b	模型 5b	模型 6b	模型 7b	模型 8b
网络伙伴研发补贴经验异质性×董事会成员政府工作背景						0.6343*** (0.1040)			0.6317*** (0.1069)
网络伙伴研发补贴经验异质性×研发强度							-0.0332*** (0.0109)		-0.0335*** (0.0111)
网络伙伴研发补贴经验异质性×专利战略								-0.0029 (0.0141)	0.0046 (0.0143)
控制变量	YES	YES	YES	YES	YES	YES	YES	YES	YES
年份固定效应	YES	YES	YES	YES	YES	YES	YES	YES	YES
行业固定效应	YES	YES	YES	YES	YES	YES	YES	YES	YES
截距项	-1.6212*** (0.1836)	-1.6350*** (0.1836)	-1.6644*** (0.1843)	-1.6296*** (0.1838)	-1.6297*** (0.1837)	-1.5169*** (0.1848)	-1.6263*** (0.1837)	-1.6369*** (0.1838)	-1.5132*** (0.1864)
Wald Chi-square	3611.31***	3622.64***	3624.93***	3622.49***	3623.07***	3640.04***	3633.04***	3622.49***	3651.34***
观测值	15239	15239	15239	15239	15239	15239	15239	15239	15239
企业数量	2711	2711	2711	2711	2711	2711	2711	2711	2711

注：①括号中的数字为聚类稳健标准误；②显著性水平：*** 表示 $p<0.01$，** 表示 $p<0.05$，* 表示 $p<0.10$。

企业所嵌入的政府逻辑的调节作用是假设4a、假设4b以及假设5a、假设5b所讨论的内容，结果显示："国家所有权"与"网络伙伴研发补贴经验总和"交互项的回归系数显著为正（$\beta = 0.0118$，$p<0.05$），"国家所有权"与"网络伙伴研发补贴经验异质性"交互项的回归系数为正但不显著（$\beta = 0.1080$，$p>0.1$），假设4a得到了实证支持。此外，"董事会成员政府工作背景"与"网络伙伴研发补贴经验总和"交互项的回归系数显著为正（$\beta = 0.0228$，$p<0.01$），符合假设5a的理论预期，"董事会成员政府工作背景"与"网络伙伴研发补贴经验异质性"交互项的回归系数显著为正（$\beta = 0.6343$，$p<0.01$），支持了假设5b。

最后，假设6a、假设6b及假设7a、假设7b分别论述了企业所嵌入的市场逻辑的调节作用，结果显示："研发强度"和"网络伙伴研发补贴经验总和"交互项的回归系数为负并且显著（$\beta = -0.0009$，$p<0.01$），支持了假设6a；"研发强度"和"网络伙伴研发补贴经验异质性"交互项的回归系数为负且显著（$\beta = -0.0332$，$p<0.01$），支持了假设6b。另外，"专利战略"和"网络伙伴研发补贴经验总和"交互项的回归系数显著为负（$\beta = -0.0019$，$p<0.01$），支持了假设7a；"专利战略"和"网络伙伴研发补贴经验异质性"交互项的回归系数为负但不显著（$\beta = -0.0029$，$p>0.01$），假设7b没有得到实证支持。

根据表5-4a和表5-4b的结果，使用泊松回归分析得出的结论与本书主要的研究结论基本一致。由此可以表明，本书的研究发现不受计量模型选择的影响，研究结论是比较稳健的。

（三）对关键变量的补充分析

本节使用二手数据作为测量理论构念的代理指标，考虑到变量测量方法不同可能造成的结果偏差，本节进一步使用不同的变量测量方法进行稳健性检验，主要涉及网络伙伴研发补贴经验、要素市场扭曲程度、政府逻辑、市场逻辑和企业获取政府研发补贴这五个关键的研究变量。

1. 对网络伙伴补贴经验的补充分析

本书主要关注的研究问题之一是企业所嵌入的社会网络，尤其是网络联系人获取政府研发补贴的经验对中心企业获取政府研发补贴的影响。因此，本章进一步分析了在中心企业的社会联系中，那些具有政府研发补贴经验的网络伙伴的影响作用。具体来说，本章计算了过去获得过政府研发补贴的连锁网络伙伴的数目，作为衡量网络伙伴政府研发补贴经验的一个重要方面，分别去建模分析社会网络嵌入的影响作用及其与制度嵌入的交互作用。进一步地，本节对网络伙伴研发补贴经验的测量分别使用了一年时间窗口和三年时间窗口，即过去一年、过去三年获得过研发补贴的伙伴企业数目。在表5-5中，"伙伴补贴经验1"和"伙伴补贴经验2"分别代表了基于一年时间窗口和基于三年时间窗口计算所得的变量。如表5-5所示，回归分析结果与本书的研究假设基本一致，表明本书的主要研究假设较为稳定地受到实证研究的支持，即企业所嵌入的社会网络关系，尤其是网络伙伴以往获得政府研发补贴的经验的确可以正向影响中心企业后续获得政府研发补贴，并且网络伙伴研发补贴经验的影响作用会因为中心企业所处的制度环境和遵循的制度逻辑的差异而发生变化。

表5-5 对网络伙伴研发补贴经验的补充分析

变量	模型1	模型2	模型3	模型4	模型5	模型6	模型7	模型8
广义回归方程（1年时间窗口）								
网络伙伴研发补贴经验1	0.0046 (0.0070)	0.0368 * (0.0204)	0.0046 (0.0076)	0.0003 (0.0071)	0.0038 (0.0073)	0.0022 (0.0070)	0.0303 *** (0.0104)	0.0213 (0.0234)
网络伙伴研发补贴经验1×财政透明度		−0.0008 * (0.0005)						−0.0001 (0.0005)
网络伙伴研发补贴经验1×要素市场扭曲			−0.0004 (0.0182)					−0.0075 (0.0178)
网络伙伴研发补贴经验1×国家所有权				0.0821 ** (0.0406)				0.0569 (0.0422)
网络伙伴研发补贴经验1×董事会成员政府工作背景					0.1112 *** (0.0387)			0.1007 ** (0.0398)
网络伙伴研发补贴经验1×研发强度						−0.0075 ** (0.0030)		−0.0070 ** (0.0032)
网络伙伴研发补贴经验1×专利战略							−0.0124 *** (0.0043)	−0.0113 *** (0.0043)
年份固定效应	YES	YES	YES	YES	YES	YES	YES	YES
行业固定效应	YES	YES	YES	YES	YES	YES	YES	YES
控制变量	YES	YES	YES	YES	YES	YES	YES	YES
广义回归方程（3年时间窗口）								
网络伙伴研发补贴经验	0.0035 (0.0065)	0.0376 ** (0.0189)	0.0045 (0.0071)	0.0007 (0.0067)	0.0041 (0.0068)	0.0015 (0.0065)	0.0313 *** (0.0097)	0.0283 (0.0216)

续表

广义回归方程（3 年时间窗口）

变量	模型 1	模型 2	模型 3	模型 4	模型 5	模型 6	模型 7	模型 8
网络伙伴研发补贴经验 2×财政透明度		−0.0008 ** (0.0004)						−0.0002 (0.0004)
网络伙伴研发补贴经验 2×要素市场扭曲			−0.0057 (0.0170)					−0.0128 (0.0166)
网络伙伴研发补贴经验 2×国家所有权				0.0800 ** (0.0375)				0.0571 (0.0385)
网络伙伴研发补贴经验 2×董事会成员政府工作背景					0.1034 *** (0.0368)			0.0923 ** (0.0374)
网络伙伴研发补贴经验 2×研发强度						−0.0059 ** (0.0029)		−0.0054 * (0.0031)
网络伙伴研发补贴经验 2×专利战略							−0.0134 *** (0.0038)	−0.0126 *** (0.0038)
年份固定效应	YES	YES	YES	YES	YES	YES	YES	YES
行业固定效应	YES	YES	YES	YES	YES	YES	YES	YES
控制变量	YES	YES	YES	YES	YES	YES	YES	YES

负二项回归（1 年时间窗口）

变量	模型 1	模型 2	模型 3	模型 4	模型 5	模型 6	模型 7	模型 8
网络伙伴研发补贴经验 1	0.0017 (0.0056)	0.0242 (0.0166)	0.0030 (0.0060)	0.0069 (0.0058)	0.0078 (0.0061)	0.0032 (0.0056)	0.0308 *** (0.0091)	0.0186 (0.0190)
网络伙伴研发补贴经验 1×财政透明度		−0.0006 * (0.0004)						−0.0000 (0.0004)
网络伙伴研发补贴经验 1×要素市场扭曲			0.0076 (0.0127)					−0.0016 (0.0129)
网络伙伴研发补贴经验 1×国家所有权				0.1155 *** (0.0357)				0.0990 *** (0.0361)
网络伙伴研发补贴经验 1×董事会成员政府工作背景					0.0841 ** (0.0332)			0.0771 ** (0.0335)
网络伙伴研发补贴经验 1×研发强度						−0.0067 *** (0.0024)		−0.0058 ** (0.0025)

续表

负二项回归（1年时间窗口）								
变量	模型1	模型2	模型3	模型4	模型5	模型6	模型7	模型8
网络伙伴研发补贴经验1×专利战略							-0.0139*** (0.0031)	-0.0131*** (0.0032)
年份固定效应	YES	YES	YES	YES	YES	YES	YES	YES
行业固定效应	YES	YES	YES	YES	YES	YES	YES	YES
控制变量	YES	YES	YES	YES	YES	YES	YES	YES
负二项回归（3年时间窗口）								
变量	模型1	模型2	模型3	模型4	模型5	模型6	模型7	模型8
网络伙伴研发补贴经验	0.0013 (0.0053)	0.0241 (0.0158)	0.0022 (0.0057)	0.0066 (0.0056)	0.0064 (0.0058)	0.0026 (0.0054)	0.0311*** (0.0087)	0.0223 (0.0180)
网络伙伴研发补贴经验2×财政透明度		-0.0006* (0.0004)						-0.0001 (0.0004)
网络伙伴研发补贴经验2×要素市场扭曲			0.0053 (0.0121)					-0.0035 (0.0123)
网络伙伴研发补贴经验2×国家所有权				0.1124*** (0.0334)				0.1000*** (0.0337)
网络伙伴研发补贴经验2×董事会成员政府背景					0.0710** (0.0320)			0.0642** (0.0322)
网络伙伴研发补贴经验2×研发强度						-0.0054** (0.0023)		-0.0044* (0.0024)
网络伙伴研发补贴经验2×专利战略							-0.0139*** (0.0030)	-0.0133*** (0.0030)
年份固定效应	YES	YES	YES	YES	YES	YES	YES	YES
行业固定效应	YES	YES	YES	YES	YES	YES	YES	YES
控制变量	YES	YES	YES	YES	YES	YES	YES	YES

注：①括号中的数字为聚类稳健标准误；②显著性水平：*** 表示 $p<0.01$，** 表示 $p<0.05$，* 表示 $p<0.10$。

2. 对要素市场扭曲的补充分析

本书参照张杰、周晓艳、李勇（2011）和杨洋、魏江、罗来军（2015）的研究构建了测量要素市场扭曲程度的指标，但是这些测量方法可能忽略了地区间在要素扭曲程度方面的差异（林伯强、杜克锐，2013），还会出现与事实不相吻合的负值（戴魁早，2019）。因此，本书进一步参照林伯强、杜克锐（2013）的方法去构建相对差异指数，用地区要素市场发育程度与基准水平之间的相对差异来衡量地区要素市场的扭曲程度。这种测量方式既可以反映地区要素市场市场化进程随时间的演进，又可以体现不同地区间要素市场扭曲程度存在的相对差距。由此，本节按照式（5-1）计算地区的要素市场扭曲程度，其中，Max（地区要素市场的市场化进程指数）指的是某一年份所有地区的要素市场市场化进程的最大值。

$$地区要素市场扭曲程度=\frac{Max（地区要素市场的市场化进程指数）-地区要素市场的市场化进程指数}{Max（地区要素市场的市场化进程指数）}$$

(5-1)

此外，对于市场化进程指数存在缺失数据的年份（2015年和2016年），本节使用了两种不同的填补方式。在表5-6的模型1a和1b中，使用2014年的市场化进程指数对2015年和2016年的数据进行补齐（Zhang，Marquis and Qiao，2016），计算得到变量"要素市场扭曲1"。而在表5-6的模型2a和2b中，使用移动平均法对2015年和2016年的数据进行补齐（杨洋、魏江、罗来军，2015），具体操作与上一章变量测量部分所描述的补齐方法相同，计算得到变量"要素市场扭曲2"。

由表5-6可知，要素市场扭曲正向调节网络伙伴研发补贴经验总和与中心企业获取研发补贴之间的关系，支持本书的假设1a。相比之下，要素市场扭曲对网络伙伴研发补贴经验异质性与中心企业获取研发补贴之间关系的调节作用是正向的，但是在95%的显著性水平下并不显著。总的来说，对要素市场扭曲程度采用不同的测量方法后，得出的研究结论仍然与本书的主要回归分析结果相一致。

表5-6　对要素市场扭曲的补充分析

变量	模型1a	模型1b	模型2a	模型2b
要素市场扭曲1	0.0216 (0.0993)	0.0882 (0.1012)		
要素市场扭曲2			-0.0083 (0.1001)	0.0541 (0.1020)
网络伙伴研发补贴经验总和	-0.0017 (0.0021)		-0.0016 (0.0021)	

续表

变量	模型 1a	模型 1b	模型 2a	模型 2b
网络伙伴研发补贴经验异质性		0.0028 (0.0705)		0.0028 (0.0703)
网络伙伴研发补贴经验总和× 要素市场扭曲 1	0.0088* (0.0046)			
网络伙伴研发补贴经验异质性× 要素市场扭曲 1		0.0526 (0.1486)		
网络伙伴研发补贴经验总和× 要素市场扭曲 2			0.0085* (0.0046)	
网络伙伴研发补贴经验异质性× 要素市场扭曲 2				0.0528 (0.1473)
年份固定效应	YES	YES	YES	YES
行业固定效应	YES	YES	YES	YES
控制变量	YES	YES	YES	YES
截距项	−1.1370*** (0.2124)	−1.1620*** (0.2128)	−1.1058*** (0.2162)	−1.1248*** (0.2167)
Wald Chi-square	3212.48***	3204.41***	3210.38***	3202.76***
观测值	15239	15239	15239	15239
企业数量	2711	2711	2711	2711

注：①括号中的数字为聚类稳健标准误；②显著性水平：*** 表示 $p<0.01$，** 表示 $p<0.05$，* 表示 $p<0.10$。

3. 对政府逻辑的补充分析

在转型经济中，政府在配置要素资源和政策资源方面仍有相当的权力，是影响企业经营活动的一支非常重要的非市场力量。受到政府逻辑的影响，企业不仅将政府视为影响企业生存和发展的关键的非市场力量，也会将更多的资源配置到与政府相关的非市场活动中。比如，企业可以通过投资非市场活动去撬动制度租金，为企业争取廉价的土地、银行贷款、政府补贴、税收优惠等政策倾斜（Dorobantu，Kaul and Zelner，2017）。因此，在政府逻辑的影响下，企业会将更多的资源用于制度寻租。基于此，本节进一步以企业寻租来度量企业对政府这一非市场要素的关注和投入程度（郑莹、陈传明、张庆垒，2015；Xu，Zhou and Du，2019），并以此作为企业嵌入政府逻辑程度的代理指标。

如表 5-7 所示，模型 1 加入了企业寻租与网络伙伴的研发补贴经验总和的交互项，企业寻租程度越高，网络伙伴的研发补贴经验总和对中心企业获取研发补贴的正向影响作用越强（$\beta = 0.0078$，$p < 0.1$），与假设 4a 和假设 5a 的结论一致。模型 2 加入了企业寻租与网络伙伴的研发补贴经验异质性的交互项，交互项的回归系数为正，但是并不显著（$\beta = 0.0251$，$p > 0.1$）。最后，本节还在模型 3 和模型 4 分别以过去一年、过去三年获得过研发补贴的网络伙伴数量为自变量，这两个变量与企业寻租的交互项的系数也显著为正，表明政府逻辑加强了网络伙伴研发补贴经验与中心企业获取研发补贴之间的正向关系。总的来说，使用企业寻租程度来衡量企业嵌入非市场逻辑的程度，所得到的研究发现与本节的理论假设相一致。

表 5-7　对政府逻辑的补充分析

变量	模型 1	模型 2	模型 3	模型 4
网络伙伴研发补贴经验总和	0.0008 （0.0011）			
网络伙伴研发补贴经验总和×企业寻租	0.0078* （0.0041）			
网络伙伴研发补贴经验异质性		0.0228 （0.0337）		
网络伙伴研发补贴经验异质性×企业寻租		0.0251 （0.1316）		
网络伙伴研发补贴经验 1			0.0071 （0.0063）	
网络伙伴研发补贴经验 1×企业寻租			0.0430* （0.0231）	
网络伙伴研发补贴经验 2				0.0062 （0.0060）
网络伙伴研发补贴经验 2×企业寻租				0.0385* （0.0220）
年份固定效应	YES	YES	YES	YES
行业固定效应	YES	YES	YES	YES
控制变量	YES	YES	YES	YES

变量	模型 1	模型 2	模型 3	模型 4
截距项	−1.0907***	−1.1059***	−1.0861***	−1.0878***
	(0.2075)	(0.2076)	(0.2077)	(0.2077)
Wald Chi-square	3209.02***	3202.35***	3204.48***	3204.14***
观测值	15239	15239	15239	15239
企业数量	2711	2711	2711	2711

注：①括号中的数字为聚类稳健标准误；②显著性水平：***表示 $p<0.01$，**表示 $p<0.05$，*表示 $p<0.10$。

4. 对市场逻辑的补充分析

根据前文的分析可知，支持市场制度逻辑的董事及其组成的联盟也可以成为影响企业决策的重要内部权力来源。因此，本节进一步从董事会特征的角度来衡量企业嵌入市场逻辑的程度。参照 Greve 和 Zhang（2017）的研究，董事会成员持有公司股份的情况可以被视为市场逻辑是否被公司董事所支持的可靠信号。通过董事会成员持股可以将董事的个人利益与公司的价值挂钩，董事的股权参与度表示其对市场逻辑的接受程度和支持程度（Greve and Zhang，2017）。尽管持公司股份的董事会成员可能并不是公司内部唯一的市场逻辑的支持者，但他（她）们会是很可靠的支持者。本书继而以持股的董事会成员比例作为企业嵌入市场逻辑的代理指标，检验市场逻辑的调节作用。

如表 5-8 所示，模型 1 加入了持股的董事会成员比例与网络伙伴研发补贴经验总和的交互项，持股的董事会成员比例越高，网络伙伴的研发补贴经验总和对中心企业获取研发补贴的正向影响作用越弱（$\beta=-0.0075$，$p<0.05$），与假设预期一致。模型 2 加入了持股的董事会成员比例与网络伙伴研发补贴经验异质性的交互项，交互项的回归系数为负，但是不显著（$\beta=-0.0912$，$p>0.1$）。最后，模型 3 和模型 4 分别以过去一年、过去三年获得过研发补贴的网络伙伴数量为主效应变量，这两个变量与持股的董事会成员比例的交互项的系数也显著为负（分别是：$\beta=-0.0450$，$p<0.1$；$\beta=-0.0500$，$p<0.05$），表明市场逻辑负向调节网络伙伴研发补贴经验与中心企业获取研发补贴之间的关系。总的来说，以公司董事会持股特征来衡量企业市场逻辑，所得到的研究发现进一步支持了本书的主要理论假设。

表 5-8　对市场逻辑的补充分析

变量	模型 1	模型 2	模型 3	模型 4
网络伙伴研发补贴经验总和	0.0032**			
	(0.0014)			
网络伙伴研发补贴经验总和×持股的董事成员比例	−0.0075**			
	(0.0038)			
网络伙伴研发补贴经验异质性		0.0657		
		(0.0427)		
网络伙伴研发补贴经验异质性×持股的董事成员比例		−0.0912		
		(0.1269)		
网络伙伴研发补贴经验 1			0.0159**	
			(0.0079)	
网络伙伴研发补贴经验 1×持股的董事成员比例			−0.0450*	
			(0.0232)	
网络伙伴研发补贴经验 2				0.0163**
				(0.0075)
网络伙伴研发补贴经验 2×持股的董事成员比例				−0.0500**
				(0.0220)
年份固定效应	YES	YES	YES	YES
行业固定效应	YES	YES	YES	YES
控制变量	YES	YES	YES	YES
截距项	−0.3929*	−0.3952*	−0.4024*	−0.4060*
	(0.2145)	(0.2147)	(0.2146)	(0.2147)
Wald Chi-square	3300.51***	3300.26***	3297.21***	3297.95***
观测值	15239	15239	15239	15239
企业数量	2711	2711	2711	2711

注：①括号中的数字为聚类稳健标准误；②显著性水平：*** 表示 $p<0.01$，** 表示 $p<0.05$，* 表示 $p<0.10$。

5. 对获取研发补贴的可能性和补贴金额的补充分析

本书进一步从企业获取研发补贴的可能性和研发补贴资金规模两个方面衡量企业获取政府研发补贴的情况。

首先，表 5-9a 和表 5-9b 是以中心企业获取补贴的可能性为因变量的回归分析结果，企业在当年获得过政府研发补贴的取值为 1，否则为 0。其中，在表 5-9a 中以网络伙伴研发补贴经验的总和为自变量，表 5-9b 则以网络伙伴研发补贴经验的异质性为自变量。可以发现：网络伙伴研发补贴经验总和正向影响中心企业获取研发补贴的可能性（$\beta = 0.0254$，$p < 0.10$），而网络伙伴补贴经验异质性的回归系数为正但不显著（$\beta = 0.0163$，$p > 0.10$），部分支持了假设 1 的理论预期。对于假设 2 和假设 3 所讨论的中心企业所在地区的政府财政透明度和要素市场扭曲程度的调节作用，回归结果显示制度环境特征对网络伙伴研发补贴经验与中心企业获取研发补贴可能性之间的关系没有显著的调节作用。关于假设 4a 和假设 4b 以及假设 5a 和假设 5b 所讨论的政府逻辑的调节作用，都得到了实证分析结果的支持："国家所有权"与"网络伙伴研发补贴经验总和"交互项的回归系数显著为正（$\beta = 0.1581$，$p < 0.05$），"国家所有权"与"网络伙伴研发补贴经验异质性"交互项的回归系数显著为正（$\beta = 0.8967$，$p < 0.05$）。此外，"董事会成员政府工作背景"与"网络伙伴研发补贴经验总和"交互项的回归系数显著为正（$\beta = 0.2065$，$p < 0.01$），"董事会成员政府工作背景"与"网络伙伴研发补贴经验异质性"交互项的回归系数显著为正（$\beta = 0.5115$，$p < 0.05$）。最后，假设 6a-b 假设 7a-b 分别论述了企业所遵循的市场逻辑的调节作用，也都得到了实证支持，具体结果如下："研发强度"和"网络伙伴研发补贴经验总和"交互项的回归系数为负且显著（$\beta = -0.0130$，$p < 0.05$），"研发强度"和"网络伙伴研发补贴经验异质性"交互项的回归系数为负且显著（$\beta = -0.0574$，$p < 0.10$）。另外，"专利战略"和"网络伙伴研发补贴经验总和"交互项的回归系数显著为负（$\beta = -0.0236$，$p < 0.01$），"专利战略"和"网络伙伴研发补贴经验异质性"交互项的回归系数显著为负（$\beta = -0.1812$，$p < 0.01$）。

其次，表 5-10a 和表 5-10b 是以中心企业获得研发补贴的金额为因变量的回归分析结果。为控制企业规模的影响，本书参照以往研究，以研发补贴金额与企业营业收入之间的比值计算企业获取的研发补贴强度。其中，在表 5-10a 中以网络伙伴研发补贴经验总和为自变量，表 5-10b 则以网络伙伴研发补贴经验异质性为自变量。回归分析结果显示：网络伙伴研发补贴经验总和正向影响中心企业获取研发补贴（$\beta = 0.0371$，$p < 0.10$），网络伙伴补贴经验异质性也对中心企业获取研发补贴有显著的正向影响（$\beta = 0.0207$，$p < 0.05$），支持了假设 1a 和假设 1b。假设 2 和假设 3 讨论了中心企业所在地区的制度环境（政府财政透明度、要素市场扭曲程度）的调节作用，可惜的是，并未得到实证分析的支持，即网络伙伴的

表 5-9a 受补贴可能性的补充分析（自变量：网络伙伴补贴经验总和）

面板数据 Logit 模型的 GEE 估计

变量	模型 1	模型 2	模型 3	模型 4	模型 5	模型 6	模型 7	模型 8
网络伙伴研发补贴经验总和	0.0254*	0.0394	0.0282*	0.0147	0.0067	0.0197	0.0623***	0.0019
	(0.0151)	(0.0407)	(0.0157)	(0.0159)	(0.0161)	(0.0151)	(0.0192)	(0.0437)
网络伙伴研发补贴经验总和×财政透明度		-0.0004						0.0001
		(0.0009)						(0.0001)
网络伙伴研发补贴经验总和×要素市场扭曲			-0.0154					-0.0278
			(0.0288)					(0.0287)
网络伙伴研发补贴经验总和×国家所有权				0.1581**				0.1201*
				(0.0701)				(0.0703)
网络伙伴研发补贴经验总和×董事会成员政府工作背景					0.2065***			0.1918***
					(0.0635)			(0.0650)
网络伙伴研发补贴经验总和×研发强度						-0.0130**		-0.0135**
						(0.0055)		(0.0053)
网络伙伴研发补贴经验总和×专利战略							-0.0236***	-0.0230***
							(0.0074)	(0.0076)
年份固定效应	YES	YES	YES	YES	YES	YES	YES	YES
行业固定效应	YES	YES	YES	YES	YES	YES	YES	YES
控制变量	YES	YES	YES	YES	YES	YES	YES	YES
Wald Chi-square	3251.08***	3252.37***	3257.00***	3270.20***	3272.42***	3253.68***	3266.17***	3313.43***
观测值	15239	15239	15239	15239	15239	15239	15239	15239
企业数量	2711	2711	2711	2711	2711	2711	2711	2711

注：①括号中的数字为聚类稳健标准误；②显著性水平：*** 表示 $p<0.01$，** 表示 $p<0.05$，* 表示 $p<0.10$。

表5-9b 受补贴可能性的补充分析（自变量：网络伙伴补贴经验异质性）

面板数据 Logit 模型的 GEE 估计

变量	模型1	模型2	模型3	模型4	模型5	模型6	模型7	模型8
网络伙伴研发补贴经验异质性	0.0163	0.1000	0.0244	-0.0597	-0.0522	-0.0121	0.2555***	0.0186
	(0.0693)	(0.1883)	(0.0814)	(0.0754)	(0.0756)	(0.0717)	(0.0915)	(0.2196)
网络伙伴研发补贴经验异质性×财政透明度		-0.0023						0.0030
		(0.0049)						(0.0050)
网络伙伴研发补贴经验异质性×要素市场扭曲			-0.0364					-0.1020
			(0.1756)					(0.1728)
网络伙伴研发补贴经验异质性×国家所有权				0.8967**				0.7648**
				(0.3747)				(0.3749)
网络伙伴研发补贴经验异质性×董事会成员政府工作背景					0.5115**			0.3921
					(0.2550)			(0.2619)
网络伙伴研发补贴经验异质性×研发强度						-0.0574*		-0.0562*
						(0.0333)		(0.0332)
网络伙伴研发补贴经验异质性×专利战略							-0.1812***	-0.1763***
							(0.0469)	(0.0474)
年份固定效应	YES	YES	YES	YES	YES	YES	YES	YES
行业固定效应	YES	YES	YES	YES	YES	YES	YES	YES
控制变量	YES	YES	YES	YES	YES	YES	YES	YES
Wald Chi-square	3249.81***	3250.56***	3249.72***	3255.66***	3283.98***	3252.15***	3282.79***	3311.08***
观测值	15239	15239	15239	15239	15239	15239	15239	15239
企业数量	2711	2711	2711	2711	2711	2711	2711	2711

注：①括号中的数字为聚类稳健标准误；②显著性水平：***表示 $p<0.01$，**表示 $p<0.05$，*表示 $p<0.10$。

表 5-10a 补贴金额的补充分析（自变量：网络伙伴补贴经验总和）

面板数据 Tobit 回归

变量	模型 1	模型 2	模型 3	模型 4	模型 5	模型 6	模型 7	模型 8
网络伙伴研发补贴经验总和	0.0371* (0.0197)	−0.0338 (0.0558)	0.0332 (0.0218)	0.0230 (0.0213)	0.0178 (0.0219)	0.0535*** (0.0199)	0.0600** (0.0296)	−0.0620 (0.0659)
网络伙伴研发补贴经验总和×财政透明度		−0.0020 (0.0014)						−0.0029* (0.0015)
网络伙伴研发补贴经验总和×要素市场扭曲			0.0192 (0.0462)					0.0138 (0.0469)
网络伙伴研发补贴经验总和×国家所有权				0.1917* (0.1116)				0.1674 (0.1154)
网络伙伴研发补贴经验总和×董事会成员政府工作背景					0.1644** (0.0813)			0.1543* (0.0851)
网络伙伴研发补贴经验总和×研发强度						−2.8765*** (0.6005)		−2.8046*** (0.6031)
网络伙伴研发补贴经验总和×专利战略							−0.0140 (0.0135)	−0.0112 (0.0137)
年份固定效应	YES	YES	YES	YES	YES	YES	YES	YES
行业固定效应	YES	YES	YES	YES	YES	YES	YES	YES
控制变量	YES	YES	YES	YES	YES	YES	YES	YES
Wald Chi-square	1752.66***	1754.60***	1752.57***	1754.88***	1755.14***	1783.82***	1753.76***	1791.17***
观测值	15239	15239	15239	15239	15239	15239	15239	15239
企业数量	2711	2711	2711	2711	2711	2711	2711	2711

注：①括号中的数字为聚类稳健标准误；②显著性水平：***表示 $p<0.01$，**表示 $p<0.05$，*表示 $p<0.10$。

表5-10b 补贴金额的补充分析（自变量：网络伙伴补贴经验异质性）

面板数据 Tobit 回归

变量	模型 1	模型 2	模型 3	模型 4	模型 5	模型 6	模型 7	模型 8
网络伙伴研发补贴经验异质性	0.0207** (0.0081)	0.0407* (0.0231)	0.0222** (0.0089)	0.0153* (0.0087)	0.0179* (0.0090)	0.0248*** (0.0082)	0.0410*** (0.0119)	0.0466* (0.0261)
网络伙伴研发补贴经验异质性×财政透明度		−0.0005 (0.0006)						−0.0002 (0.0006)
网络伙伴研发补贴经验异质性×要素市场扭曲			−0.0079 (0.0194)					−0.0169 (0.0195)
网络伙伴研发补贴经验异质性×国家所有权				0.0734* (0.0442)				0.0608 (0.0451)
网络伙伴研发补贴经验异质性×董事会成员政府工作背景					0.0297 (0.0410)			0.0164 (0.0416)
网络伙伴研发补贴经验异质性×研发强度						−0.8270*** (0.2512)		−0.7851*** (0.2526)
网络伙伴研发补贴经验异质性×专利战略							−0.0124** (0.0054)	−0.0108* (0.0054)
年份固定效应	YES	YES	YES	YES	YES	YES	YES	YES
行业固定效应	YES	YES	YES	YES	YES	YES	YES	YES
控制变量	YES	YES	YES	YES	YES	YES	YES	YES
Wald Chi-square	1472.48***	1473.63***	1472.47***	1474.41***	1472.69***	1483.83***	1477.75***	1492.80***
观测值	15239	15239	15239	15239	15239	15239	15239	15239
企业数量	2711	2711	2711	2711	2711	2711	2711	2711

注：①括号中的数字为聚类稳健标准误；②显著性水平：***表示 $p<0.01$，**表示 $p<0.05$，*表示 $p<0.10$。

研发补贴经验（经验总和、经验异质性）与中心企业获取的研发补贴规模之间的关系没有受到中心企业所在地区的政府财政透明度和要素市场扭曲程度的调节作用。进一步地，文章的假设 4a、假设 4b 以及假设 5a、假设 5b 讨论了中心企业所嵌入的政府逻辑的调节作用，基本得到了实证支持："国家所有权"与"网络伙伴研发补贴经验总和"交互项的回归系数显著为正（$\beta = 0.1917$，$p < 0.10$），"国家所有权"与"网络伙伴研发补贴经验异质性"交互项的回归系数显著为正（$\beta = 0.0734$，$p < 0.10$）。此外，"董事会成员政府工作背景"与"网络伙伴研发补贴经验总和"交互项的回归系数显著为正（$\beta = 0.1644$，$p < 0.05$），"董事会成员政府工作背景"与"网络伙伴研发补贴经验异质性"交互项的回归系数为正但在 90% 的显著性水平下不显著（$\beta = 0.0297$，$p > 0.10$）。最后，假设 6a、假设 6b、假设 7a、假设 7b 分别论述了企业所遵循的市场逻辑的调节作用，也基本与理论预期相符，具体结果如下："研发强度"和"网络伙伴研发补贴经验总和"交互项的回归系数为负且显著（$\beta = -2.8765$，$p < 0.01$），"研发强度"和"网络伙伴研发补贴经验异质性"交互项的回归系数为负且显著（$\beta = -0.8270$，$p < 0.01$）。另外，"专利战略"和"网络伙伴研发补贴经验总和"交互项的回归系数为负但在 90% 的显著性水平下不显著（$\beta = -0.0140$，$p > 0.10$），"专利战略"和"网络伙伴研发补贴经验异质性"交互项的回归系数显著为负（$\beta = -0.0124$，$p < 0.05$）。

综上所述，我们发现企业网络伙伴的研发补贴经验对中心企业是否能获得研发补贴或企业获得的研发补贴相对资金规模都有着正向的影响作用。但是，中心企业所处的制度环境特征对网络伙伴研发补贴经验与中心企业获取补贴的可能性或补贴金额之间的关系却没有发挥显著的调节作用。最后，关于中心企业所嵌入的政府逻辑和市场逻辑的调节作用，回归结果与本书的理论预期相一致。

第二节　研发补贴对企业创新的影响

一、广义精确匹配（CEM）分析

企业获取政府研发补贴并不是完全随机的，对研发补贴政策效果的评估会受到样本选择偏误的影响：一方面，创新导向的企业本身就更关注去主动申请政府研发补助；另一方面，创新表现好的企业通常也更容易成为政府补贴的对象

（Boeing，2016）。为了避免由于样本选择偏误而导致的估计结果偏差，本书采用广义精确匹配（Coarsened Exact Matching，CEM）的方法进行数据预处理，构造获取研发补贴（实验组）和未获取研发补贴（对照组）两组匹配的企业样本。匹配的目的在于尽量使不同组别的企业在可观测的特征上尽可能相似，以确保政策效果评估是基于可比较的两组企业数据的。

广义精确匹配法（CEM）是由 Gary King 等学者提出的一种非参数数据匹配方法。CEM 的基本原理是对数据进行重新编码以减少变量的分层，进而将精确匹配算法运用到数据处理过程中，并保留匹配样本的原始数据（Iacus，King and Porro，2012）。与倾向得分匹配法（Propensity Score Matching，PSM）等传统的匹配方法相比，CEM 具有一定优势：首先，CEM 利用变量的理论分布进行匹配，对模型的依赖度更低；其次，研究者可以事前选择实验组和对照组的平衡程度，并且调整一个变量的平衡性也不会影响其他变量的平衡性；最后，利用 CEM 匹配还可以最大限度地保留原来的样本，进而在效应评估时尽可能反映真实情况（Iacus，King and Porro，2012）。CEM 的匹配效果由两组数据之间的不平衡性，即统计量 L_1 来衡量，L_1 的取值介于 0 和 1 之间。若 L_1 取值为 0，则说明实验组和对照组数据完全平衡，L_1 越接近于 1 则说明两组数据的不平衡性越大（Iacus，King and Porro，2012）。

参照以往的研究，本节将匹配的过程限定在同一年度、行业单元内，选取上一期的企业年龄、企业规模、所有权性质、政治联系和企业拥有的有效专利数量等作为匹配变量（Guo，Guo and Jiang，2016；Wang，Li and Furman，2017），这些变量对企业是否获取研发补贴具有较高的预测力。基于前述匹配变量，利用 CEM 进行逐年匹配，为在 2007~2016 年获取研发补贴的企业找到具有可比性的对照组。以 2012 年为例，为获取政府研发补贴的 753 家企业匹配到了 756 家对照组企业。最终得到的匹配样本是由 2491 家企业、11569 个观测值所组成的非平衡面板数据。

随后，借助统计量 L_1 来检验匹配效果，确保两组企业在上述企业特征维度上是相似的。结果显示：每一年数据匹配后的 L_1 统计量都低于 0.30，且都远远小于匹配之前的不平衡性统计量 L_1。由此，获得研发补贴和未获得研发补贴的企业在选定的协变量之间的差异基本消除，降低了最终样本的选择性偏差（Iacus，King and Porro，2012）。此外，本节也分别对匹配前后的实验组和对照组进行 T 检验。平衡性检验结果如表 5-11 所示，匹配前的样本在多个匹配变量维度上存在统计上的差异，经过 CEM 匹配后，本研究所选择的匹配变量在 90% 的置信区间内基本不存在显著差异，可见，匹配后得到的样本可以在一定程度上消减样本自选择偏差。

表 5-11　平衡性检验

Panel A：企业年龄的平衡性检验

年份	样本	对照组	实验组	离差	t 统计量	p 值
2008	匹配前	65.64	49.41	16.23	0.88	0.38
	匹配后	45.85	45.00	0.85	0.05	0.96
2009	匹配前	57.20	44.60	12.60	0.87	0.39
	匹配后	32.42	31.79	0.62	0.06	0.96
2010	匹配前	53.85	37.93	15.92	1.36	0.18
	匹配后	37.12	36.15	0.98	0.09	0.93
2011	匹配前	43.20	34.03	9.17	0.98	0.33
	匹配后	31.01	30.11	0.90	0.10	0.92
2012	匹配前	47.24	27.54	19.71	2.31**	0.02
	匹配后	28.39	27.60	0.79	0.11	0.91
2013	匹配前	42.46	25.75	16.71	2.25**	0.02
	匹配后	27.18	26.79	0.39	0.06	0.95
2014	匹配前	37.36	29.52	7.84	1.12	0.26
	匹配后	28.11	27.10	1.01	0.15	0.88
2015	匹配前	36.00	24.23	11.77	2.1**	0.04
	匹配后	21.85	21.01	0.84	0.26	0.80
2016	匹配前	31.58	22.13	9.45	2.23**	0.03
	匹配后	22.35	21.13	1.22	0.41	0.68

Panel B：企业规模的平衡性检验

年份	样本	对照组	实验组	离差	t 统计量	p 值
2008	匹配前	7.40	7.68	−0.28	−3.06***	0.00
	匹配后	7.61	7.67	−0.55	−0.67	0.51
2009	匹配前	7.37	7.68	−0.32	−3.96***	0.00
	匹配后	7.65	7.64	0.01	0.11	0.92
2010	匹配前	7.34	7.65	−0.31	−4.50***	0.00
	匹配后	7.62	7.60	0.02	0.27	0.78
2011	匹配前	7.33	7.54	−0.22	−3.31***	0.00
	匹配后	7.54	7.56	−0.03	−0.40	0.69

Panel B：企业规模的平衡性检验

年份	样本	对照组	实验组	离差	t 统计量	p 值
2012	匹配前	7.38	7.56	-0.18	-2.94***	0.00
	匹配后	7.55	7.56	-0.01	-0.20	0.84
2013	匹配前	7.46	7.65	-0.19	-3.22***	0.00
	匹配后	7.61	7.59	0.01	0.17	0.86
2014	匹配前	7.58	7.65	-0.08	-1.37	0.17
	匹配后	7.69	7.69	0.00	0.03	0.98
2015	匹配前	7.57	7.62	-0.05	-0.87	0.38
	匹配后	7.66	7.66	0.00	-0.01	0.99
2016	匹配前	7.60	7.60	0.00	0.00	0.10
	匹配后	7.68	7.69	-0.01	-0.10	0.92

Panel C：所有权性质的平衡性检验

年份	样本	对照组	实验组	离差	t 统计量	p 值
2008	匹配前	0.46	0.34	0.13	4.12***	0.00
	匹配后	0.35	0.35	0.00	0.00	1.00
2009	匹配前	0.43	0.33	0.10	3.75***	0.00
	匹配后	0.34	0.34	0.00	0.00	1.00
2010	匹配前	0.40	0.27	0.12	6.48***	0.00
	匹配后	0.31	0.31	0.00	0.00	1.00
2011	匹配前	0.36	0.24	0.12	5.92***	0.00
	匹配后	0.30	0.30	0.00	0.00	1.00
2012	匹配前	0.35	0.22	0.13	6.60***	0.00
	匹配后	0.29	0.29	0.00	0.00	1.00
2013	匹配前	0.34	0.23	0.11	5.81***	0.00
	匹配后	0.31	0.31	0.00	0.00	1.00
2014	匹配前	0.34	0.21	0.13	6.95***	0.00
	匹配后	0.31	0.31	0.00	0.00	1.00
2015	匹配前	0.32	0.19	0.14	7.90***	0.00
	匹配后	0.30	0.30	0.00	0.00	1.00
2016	匹配前	0.30	0.16	0.14	8.64***	0.00
	匹配后	0.29	0.29	0.00	0.00	1.00

续表

Panel D：政治联系的平衡性检验

年份	样本	对照组	实验组	离差	t 统计量	p 值
2008	匹配前	0.03	0.08	-0.05	-1.31	0.19
	匹配后	0.02	0.02	0.00	0.00	1.00
2009	匹配前	0.07	0.08	0.00	-0.15	0.88
	匹配后	0.07	0.07	0.00	0.00	1.00
2010	匹配前	0.08	0.10	-0.02	-1.52	0.13
	匹配后	0.08	0.08	0.00	0.00	1.00
2011	匹配前	0.09	0.10	-0.01	-0.68	0.50
	匹配后	0.09	0.09	0.00	0.00	1.00
2012	匹配前	0.10	0.12	-0.02	-1.68*	0.09
	匹配后	0.11	0.11	0.00	0.00	1.00
2013	匹配前	0.11	0.12	-0.14	-1.02	0.31
	匹配后	0.11	0.11	0.00	0.00	1.00
2014	匹配前	0.10	0.12	-0.02	-1.71*	0.09
	匹配后	0.10	0.10	0.00	0.00	1.00
2015	匹配前	0.09	0.11	-0.02	-1.17	0.24
	匹配后	0.09	0.09	0.00	0.00	1.00
2016	匹配前	0.07	0.08	-0.01	-1.28	0.20
	匹配后	0.07	0.07	0.00	0.00	1.00

Panel E：有效专利数的平衡性检验

年份	样本	对照组	实验组	离差	t 统计量	p 值
2008	匹配前	5.23	7.50	-2.27	-1.63	0.10
	匹配后	10.21	10.90	-0.69	-0.17	0.87
2009	匹配前	8.45	8.80	-0.35	-0.23	0.82
	匹配后	12.32	16.13	-3.81	-0.75	0.45
2010	匹配前	9.70	15.67	-5.97	-3.03***	0.00
	匹配后	17.87	18.53	-0.66	-0.11	0.90
2011	匹配前	8.20	13.48	-5.28	-2.70**	0.01
	匹配后	20.17	14.15	6.02	0.81	0.42
2012	匹配前	7.88	16.08	-8.20	-4.81***	0.00
	匹配后	21.38	16.92	4.46	0.49	0.62

Panel E：有效专利数的平衡性检验

年份	样本	对照组	实验组	离差	t 统计量	p 值
2013	匹配前	10.43	20.49	-10.06	-4.40***	0.00
	匹配后	32.06	23.93	8.13	0.67	0.50
2014	匹配前	15.60	28.58	-13.98	-4.06***	0.00
	匹配后	35.91	29.47	6.44	0.50	0.62
2015	匹配前	20.66	32.35	-11.69	-2.51**	0.01
	匹配后	48.06	33.66	14.39	0.98	0.33
2016	匹配前	25.04	46.84	-21.80	-3.78***	0.00
	匹配后	57.34	43.98	13.36	0.83	0.41

注：***表示 $p<0.01$；**表示 $p<0.05$；*表示 $p<0.10$。

二、描述性统计分析

本节继而基于匹配后的样本对政府研发补贴绩效进行评估。表5-12汇报了所有变量的描述性统计分析结果。同一回归模型中所涉及变量之间的相关系数均没有超过0.7这一临界值，可以初步判断回归模型没有显著的多重共线性问题。进一步地，所有变量的方差膨胀因子值（VIF）均没有超过10这一临界值，在可以接受的范围内。

三、回归分析

表5-13为研发补贴绩效评估分析的结果。其中，模型0a~4a的因变量为下一期企业创新产出的数量，模型0b~4b的因变量为下一期企业创新产出的质量，自变量"获取研发补贴"代表某一企业当期是否受到政府研发补贴资助的哑变量，若匹配后的样本企业属于实验组且在当期受到补贴资助的取值为1，其余取值为0（Guo，Guo and Jiang，2016；Jia，Huang and Zhang，2019）。根据模型1a和1b，获取政府研发补贴不仅提高了企业创新成果的数量（$\beta=0.1750$，$p<0.01$），而且对企业创新成果的质量也有显著的正向激励作用（$\beta=0.0183$，$p<0.05$），假设8a和8b都得到了实证支持。进一步地，假设9a预期董事会股权激励负向调节研发补贴对企业创新数量的促进作用，根据模型2a，"获取研发补贴"和"董事会成员持股比例"交互项的回归系数显著为负（$\beta=-0.3035$，$p<0.01$），支持了假设9a；相反，假设9b预期董事会持股激励会

表 5-12 描述性统计分析

变量	均值	标准差	1	2	3	4	5	6	7	8	9
1. 创新数量	19.213	25.084	1								
2. 创新质量	0.440	0.311	-0.112	1							
3. 获取研发补贴	0.444	0.497	0.125	0.062	1						
4. 企业年龄	36.957	199.118	-0.004	0.014	-0.010	1					
5. 企业规模	7.538	1.419	0.399	-0.075	-0.058	0.036	1				
6. 企业绩效	0.079	0.171	0.005	0.041	0.006	-0.015	-0.149	1			
7. 组织冗余	1.680	2.050	-0.109	0.106	0.080	-0.016	-0.377	0.384	1		
8. 税收贡献	1.053	4.125	0.166	-0.027	-0.073	-0.009	0.368	0.083	-0.092	1	
9. 国家所有权	0.082	0.175	0.012	-0.014	-0.062	0.055	0.161	0.013	-0.101	0.079	1
10. 研发投入强度	-0.382	2.326	0.028	0.050	0.031	-0.064	-0.077	0.057	0.088	0.007	-0.035
11. 有效专利数	2.716	2.060	0.664	-0.117	0.174	-0.007	0.358	-0.067	-0.109	0.176	-0.092
12. 高科技产业	0.341	0.474	0.126	0.111	0.173	0.029	-0.148	0.049	0.176	-0.100	-0.155
13. 董事会成员政府工作背景	0.148	0.282	-0.089	0.006	-0.064	0.018	-0.010	0.053	-0.022	0.010	0.189
14. 董事会成员持股比例	0.194	0.208	0.020	0.032	0.079	-0.029	-0.167	0.161	0.240	-0.049	-0.218
15. 董事会规模	8.879	1.790	0.026	0.038	-0.082	0.073	0.275	-0.017	-0.153	0.061	0.168
16. 独立董事比例	0.371	0.055	0.059	-0.019	0.018	0.005	0.028	-0.010	-0.005	0.124	-0.019
17. 两职兼任	1.759	0.428	0.005	-0.025	-0.051	0.034	0.184	-0.103	-0.194	0.040	0.140
18. 市场化进程	7.499	1.723	0.102	0.034	0.016	-0.026	-0.097	0.064	0.095	0.066	-0.188
19. 财政科技支出	0.216	0.161	-0.010	0.073	-0.016	0.025	0.042	0.019	0.020	0.096	0.133

续表

变量	10	11	12	13	14	15	16	17	18	19
10. 研发投入强度	1									
11. 有效专利数	0.026	1								
12. 高科技产业	-0.065	0.193	1							
13. 董事会成员政府工作背景	0.010	-0.133	-0.148	1						
14. 董事会成员持股比例	0.060	0.029	0.159	0.007	1					
15. 董事会规模	-0.047	-0.024	-0.137	0.009	-0.107	1				
16. 独立董事比例	0.007	0.059	0.031	-0.003	-0.023	-0.356	1			
17. 两职兼任	-0.031	-0.005	-0.106	-0.047	-0.153	0.184	-0.094	1		
18. 市场化进程	0.044	0.178	0.182	-0.110	0.176	-0.132	0.034	-0.142	1	
19. 财政科技支出	0.022	-0.062	-0.018	-0.009	-0.106	0.028	0.034	0.074	-0.272	1

注：样本容量 $N=11569$。

表 5-13 研发补贴对企业创新的影响

变量	DV=创新数量					DV=创新质量				
	模型 0a	模型 1a	模型 2a	模型 3a	模型 4a	模型 0b	模型 1b	模型 2b	模型 3b	模型 4b
企业年龄	-0.0001** (0.0001)	-0.0001** (0.0001)	-0.0001** (0.0001)	-0.0001* (0.0001)	-0.0001** (0.0001)	0.0000 (0.0000)	0.0000 (0.0000)	0.0000 (0.0000)	0.0000 (0.0000)	0.0000 (0.0000)
企业规模	0.1216*** (0.0101)	0.1256*** (0.0100)	0.1246*** (0.0100)	0.1256*** (0.0100)	0.1246*** (0.0100)	-0.0072 (0.0058)	-0.0070 (0.0058)	-0.0069 (0.0058)	-0.0069 (0.0058)	-0.0069 (0.0058)
企业绩效	0.6964*** (0.0718)	0.7082*** (0.0722)	0.7073*** (0.0723)	0.7073*** (0.0722)	0.7062*** (0.0723)	-0.0440 (0.0350)	-0.0447 (0.0350)	-0.0447 (0.0350)	-0.0447 (0.0350)	-0.0446 (0.0350)
组织冗余	0.0090* (0.0051)	0.0079 (0.0051)	0.0080 (0.0051)	0.0078 (0.0051)	0.0079 (0.0051)	0.0106*** (0.0026)	0.0105*** (0.0026)	0.0105*** (0.0026)	0.0105*** (0.0026)	0.0105*** (0.0026)
税收贡献	-0.0186*** (0.0026)	-0.0179*** (0.0026)	-0.0176*** (0.0026)	-0.0179*** (0.0026)	-0.0176*** (0.0026)	0.0022 (0.0017)	0.0023 (0.0017)	0.0023 (0.0017)	0.0023 (0.0017)	0.0023 (0.0017)
国家所有权	0.1220** (0.0541)	0.1196** (0.0538)	0.1224** (0.0538)	0.1217** (0.0538)	0.1247** (0.0537)	-0.0077 (0.0262)	-0.0080 (0.0262)	-0.0081 (0.0262)	-0.0081 (0.0262)	-0.0082 (0.0262)
研发投入强度	0.0125*** (0.0035)	0.0122*** (0.0035)	0.0121*** (0.0035)	0.0123*** (0.0035)	0.0121*** (0.0035)	0.0057*** (0.0017)	0.0057*** (0.0017)	0.0057*** (0.0017)	0.0057*** (0.0017)	0.0057*** (0.0017)
有效专利数	0.4920*** (0.0067)	0.4815*** (0.0068)	0.4805*** (0.0068)	0.4817*** (0.0068)	0.4808*** (0.0068)	-0.0056 (0.0035)	-0.0065* (0.0035)	-0.0064* (0.0035)	-0.0065* (0.0035)	-0.0064* (0.0035)
高科技产业	0.1309*** (0.0222)	0.1201*** (0.0221)	0.1189*** (0.0221)	0.1198*** (0.0221)	0.1185*** (0.0221)	0.0481*** (0.0121)	0.0470*** (0.0121)	0.0470*** (0.0121)	0.0470*** (0.0121)	0.0470*** (0.0121)
董事会成员政府工作背景	-0.1171 (0.0714)	-0.1166 (0.0711)	-0.1157 (0.0711)	-0.1193* (0.0710)	-0.1185* (0.0710)	0.0057 (0.0362)	0.0048 (0.0362)	0.0046 (0.0362)	0.0049 (0.0362)	0.0047 (0.0362)

续表

变量	DV=创新数量					DV=创新质量				
	模型 0a	模型 1a	模型 2a	模型 3a	模型 4a	模型 0b	模型 1b	模型 2b	模型 3b	模型 4b
董事会规模	0.0075	0.0080	0.0079	0.0080	0.0079	0.0136***	0.0137***	0.0137***	0.0137***	0.0137***
	(0.0059)	(0.0059)	(0.0059)	(0.0059)	(0.0059)	(0.0034)	(0.0033)	(0.0033)	(0.0033)	(0.0033)
两职兼任	-0.0529**	-0.0550**	-0.0534**	-0.0544**	-0.0527**	-0.0155	-0.0153	-0.0153	-0.0153	-0.0153
	(0.0216)	(0.0215)	(0.0215)	(0.0215)	(0.0215)	(0.0114)	(0.0114)	(0.0114)	(0.0114)	(0.0114)
董事会成员持股比例	0.3365***	0.3163***	0.5112***	0.3178***	0.5171***	0.0271	0.0258	0.0205	0.0258	0.0203
	(0.0467)	(0.0465)	(0.0682)	(0.0466)	(0.0682)	(0.0267)	(0.0267)	(0.0349)	(0.0267)	(0.0349)
独立董事比例	-0.1053	-0.1013	-0.0960	0.2376	0.2708	0.0315	0.0315	0.0313	0.0109	0.0100
	(0.1729)	(0.1725)	(0.1723)	(0.2434)	(0.2437)	(0.0916)	(0.0916)	(0.0916)	(0.1224)	(0.1224)
市场化进程	0.0424***	0.0454***	0.0461***	0.0456***	0.0463***	0.0094	0.0097	0.0097	0.0097	0.0097
	(0.0105)	(0.0104)	(0.0104)	(0.0104)	(0.0104)	(0.0066)	(0.0066)	(0.0066)	(0.0066)	(0.0066)
财政科技支出	-0.0910	-0.0812	-0.0810	-0.0793	-0.0789	0.1501***	0.1507***	0.1508***	0.1508***	0.1508***
	(0.0707)	(0.0701)	(0.0701)	(0.0701)	(0.0700)	(0.0454)	(0.0453)	(0.0453)	(0.0453)	(0.0453)
获取研发补贴		0.1750***	0.2416***	0.3801***	0.4643***		0.0183**	0.0164	0.0051	0.0027
		(0.0179)	(0.0249)	(0.1072)	(0.1094)		(0.0083)	(0.0115)	(0.0526)	(0.0535)
获取研发补贴×董事会成员持股比例			-0.3035***		-0.3099***			0.0088		0.0091
			(0.0785)		(0.0785)			(0.0373)		(0.0373)
获取研发补贴×独立董事比例				-0.5532*	-0.5972**				0.0356	0.0368
				(0.2849)	(0.2853)				(0.1404)	(0.1405)
年份固定效应	YES	YES	YES	YES	YES	YES	YES	YES	YES	YES
行业固定效应	YES	YES	YES	YES	YES	YES	YES	YES	YES	YES

续表

变量	DV=创新数量					DV=创新质量				
	模型 0a	模型 1a	模型 2a	模型 3a	模型 4a	模型 0b	模型 1b	模型 2b	模型 3b	模型 4b
地区固定效应	YES	YES	YES	YES	YES	YES	YES	YES	YES	YES
截距项	−2.6857***	−2.7577***	−2.7895***	−2.8795***	−2.9226***	0.3350***	0.3284***	0.3294***	0.3354***	0.3368***
	(0.1805)	(0.1802)	(0.1804)	(0.1905)	(0.1910)	(0.1010)	(0.1010)	(0.1011)	(0.1048)	(0.1049)
Wald Chi-square	13783.64***	13927.58***	13909.30***	13930.48***	13910.50***	220.32***	225.38***	225.42***	225.44***	225.49***
观测值	11569	11569	11569	11569	11569	8544	8544	8544	8544	8544
企业数量	2491	2491	2491	2491	2491	2219	2219	2219	2219	2219

注：①括号中的数字为聚类稳健标准误；②显著性水平：*** 表示 $p<0.01$，** 表示 $p<0.05$，* 表示 $p<0.10$。

增强研发补贴对企业创新质量的正向影响，在模型 2b 中，"获取研发补贴"和"董事会成员持股比例"交互项的回归系数为正但在 90% 的置信区间内不显著（$\beta = 0.0088$，$p > 0.1$），假设 9b 未得到实证支持。最后，假设 10a 和假设 10b 分别论述了董事会独立性对研发补贴绩效的调节作用，在模型 3a 中，"获取研发补贴"和"独立董事比例"交互项的回归系数显著为负（$\beta = -0.5532$，$p < 0.1$），与假设 10a 的预测相一致；而在模型 3b 中，"获取研发补贴"和"独立董事比例"交互项的回归系数为正但在 90% 的置信区间内不显著（$\beta = 0.0356$，$p > 0.1$），假设 10b 未得到实证支持。总的来说，获取政府研发补贴不仅激励了企业增加创新产出的数量，也提高了企业创新产出的质量。除此之外，企业内部公司治理水平的提升，有助于缓解受补贴企业过分追求创新数量的倾向，然而，本书的研究并未发现公司治理实践能增强研发补贴对企业创新质量的提升作用。

四、稳健性分析

在稳健性分析部分，本节进一步检验了企业获取研发补贴的规模对企业创新的影响作用。

在表 5-14 中，自变量是企业获得的研发补贴金额（取对数后）。根据表 5-14，企业受补助金额不仅对企业创新数量具有正向影响（$\beta = 0.0115$，$p < 0.01$），而且对企业创新质量也有显著的正向促进作用（$\beta = 0.0018$，$p < 0.01$），与假设 8a、假设 8b 的预期相一致。此外，随着董事会成员持股比例和独立董事占比的增加，研发补贴资助对企业创新数量的正向作用被削弱，在模型 2a 中，"研发补贴金额"和"董事会成员持股比例"交互项的回归系数显著为负（$\beta = -0.0227$，$p < 0.01$），在模型 3a 中，"研发补贴金额"和"独立董事比例"交互项的回归系数显著为负（$\beta = -0.0492$，$p < 0.01$），分别支持了假设 9a 和假设 10a。相反地，在模型 2b 中，"研发补贴金额"和"董事会成员持股比例"交互项的回归系数为正但在 90% 的置信区间内不显著（$\beta = 0.0088$，$p > 0.1$），在模型 3b 中，"研发补贴金额"与"独立董事比例"交互项的回归系数为正但在 90% 的置信区间内不显著（$\beta = 0.0356$，$p > 0.1$），假设 9b 和假设 10b 未得到实证支持。

在表 5-15 中，以企业申请获得的研发补贴项目数作为自变量。企业获得的研发补助项目数量对企业创新数量（$\beta = 0.0147$，$p < 0.01$）和创新质量都有着显著的激励效应（$\beta = 0.0045$，$p < 0.01$），支持了假设 8a 和假设 8b。随着董事会持

股比例和独立董事占比的增加，研发补贴资助对企业创新数量的正向作用被削弱，在模型 2a 中，"研发补贴项目"和"董事会成员持股比例"交互项的回归系数显著为负（$\beta = -0.0254$, $p < 0.01$），在模型 3a 中，"研发补贴项目"和"独立董事比例"交互项的回归系数显著为负（$\beta = -0.1074$, $p < 0.01$），分别支持了假设 9a 和假设 10a。相反地，在模型 2b 中，"研发补贴项目"和"董事会成员持股比例"交互项的回归系数为正但在 90% 的置信区间内不显著（$\beta = 0.0070$, $p > 0.1$），在模型 3b 中，"研发补贴项目"与"独立董事比例"交互项的回归系数为正但在 90% 的置信区间内不显著（$\beta = 0.0098$, $p > 0.1$），假设 9b 和假设 10b 未得到实证支持。

总的来说，稳健性分析的结果与上文主要的分析结果一致，都揭示了政府研发补贴对企业创新绩效的正向激励效应，并且随着企业治理水平的提升，可以在一定程度上消减企业过度追求创新数量的倾向，尽管公司治理水平未能显著增强研发补贴对企业创新质量的促进作用。

表5-14 对研发补贴金额的补充分析

变量	DV=创新数量					DV=创新质量				
	模型0a	模型1a	模型2a	模型3a	模型4a	模型0b	模型1b	模型2b	模型3b	模型4b
企业年龄	-0.0001**	-0.0001**	-0.0001**	-0.0001*	-0.0001**	0.0000	0.0000	0.0000	0.0000	0.0000
	(0.0001)	(0.0001)	(0.0001)	(0.0001)	(0.0001)	(0.0000)	(0.0000)	(0.0000)	(0.0000)	(0.0000)
企业规模	0.1216***	0.1228***	0.1220***	0.1232***	0.1224***	-0.0072	-0.0072	-0.0072	-0.0072	-0.0072
	(0.0101)	(0.0100)	(0.0100)	(0.0100)	(0.0100)	(0.0058)	(0.0058)	(0.0058)	(0.0058)	(0.0058)
企业绩效	0.6964***	0.7016***	0.7009***	0.7002***	0.6993***	-0.0440	-0.0456	-0.0455	-0.0455	-0.0454
	(0.0718)	(0.0721)	(0.0723)	(0.0721)	(0.0723)	(0.0350)	(0.0350)	(0.0350)	(0.0350)	(0.0350)
组织冗余	0.0090*	0.0081	0.0080	0.0080	0.0080	0.0106***	0.0105***	0.0105***	0.0105***	0.0105***
	(0.0051)	(0.0051)	(0.0051)	(0.0051)	(0.0051)	(0.0026)	(0.0026)	(0.0026)	(0.0026)	(0.0026)
税收贡献	-0.0186***	-0.0183***	-0.0178***	-0.0182***	-0.0178***	0.0022	0.0023	0.0023	0.0023	0.0023
	(0.0026)	(0.0026)	(0.0026)	(0.0026)	(0.0026)	(0.0017)	(0.0017)	(0.0017)	(0.0017)	(0.0017)
国家所有权	0.1220**	0.1180**	0.1194**	0.1213**	0.1229**	-0.0077	-0.0082	-0.0083	-0.0084	-0.0085
	(0.0541)	(0.0538)	(0.0537)	(0.0538)	(0.0537)	(0.0262)	(0.0262)	(0.0262)	(0.0262)	(0.0262)
研发投入强度	0.0125***	0.0121***	0.0119***	0.0122***	0.0120***	0.0057***	0.0057***	0.0057***	0.0057***	0.0057***
	(0.0035)	(0.0035)	(0.0035)	(0.0035)	(0.0035)	(0.0017)	(0.0017)	(0.0017)	(0.0017)	(0.0017)
有效专利数	0.4920***	0.4802***	0.4793***	0.4805***	0.4796***	-0.0056	-0.0069**	-0.0069*	-0.0069*	-0.0069*
	(0.0067)	(0.0068)	(0.0068)	(0.0068)	(0.0068)	(0.0035)	(0.0035)	(0.0035)	(0.0035)	(0.0035)
高科技产业	0.1309***	0.1188***	0.1176***	0.1184***	0.1172***	0.0481***	0.0462***	0.0462***	0.0462***	0.0462***
	(0.0222)	(0.0221)	(0.0221)	(0.0221)	(0.0221)	(0.0121)	(0.0121)	(0.0121)	(0.0121)	(0.0121)
董事会成员政府工作背景	-0.1171	-0.1184*	-0.1174*	-0.1233*	-0.1225*	0.0057	0.0046	0.0044	0.0047	0.0045
	(0.0714)	(0.0711)	(0.0711)	(0.0711)	(0.0711)	(0.0362)	(0.0362)	(0.0362)	(0.0362)	(0.0362)

续表

变量	DV＝创新数量					DV＝创新质量				
	模型 0a	模型 1a	模型 2a	模型 3a	模型 4a	模型 0b	模型 1b	模型 2b	模型 3b	模型 4b
董事会规模	0.0075	0.0078	0.0076	0.0078	0.0076	0.0136***	0.0138***	0.0137***	0.0138***	0.0138***
	(0.0059)	(0.0059)	(0.0059)	(0.0059)	(0.0059)	(0.0034)	(0.0033)	(0.0033)	(0.0033)	(0.0033)
两职兼任	−0.0529**	−0.0564***	−0.0541**	−0.0552**	−0.0529**	−0.0155	−0.0153	−0.0154	−0.0153	−0.0153
	(0.0216)	(0.0215)	(0.0215)	(0.0215)	(0.0215)	(0.0114)	(0.0114)	(0.0114)	(0.0114)	(0.0114)
董事会成员持股比例	0.3365***	0.3172***	0.5301***	0.3202***	0.5375***	0.0271	0.0253	0.0192	0.0253	0.0190
	(0.0467)	(0.0465)	(0.0670)	(0.0466)	(0.0671)	(0.0267)	(0.0267)	(0.0347)	(0.0267)	(0.0348)
独立董事比例	−0.1053	−0.1052	−0.0973	0.3432	0.3756	0.0315	0.0318	0.0315	0.0162	0.0150
	(0.1729)	(0.1725)	(0.1723)	(0.2385)	(0.2388)	(0.0916)	(0.0915)	(0.0915)	(0.1216)	(0.1216)
市场化进程	0.0424***	0.0450***	0.0455***	0.0453***	0.0458***	0.0094	0.0098	0.0098	0.0098	0.0098
	(0.0105)	(0.0104)	(0.0104)	(0.0104)	(0.0104)	(0.0066)	(0.0066)	(0.0066)	(0.0066)	(0.0066)
财政科技支出	−0.0910	−0.0933	−0.0921	−0.0882	−0.0869	0.1501***	0.1493***	0.1495***	0.1493***	0.1494***
	(0.0707)	(0.0701)	(0.0701)	(0.0700)	(0.0700)	(0.0454)	(0.0453)	(0.0453)	(0.0453)	(0.0453)
研发补贴金额		0.0115***	0.0165***	0.0298***	0.0359***		0.0018***	0.0016*	0.0011	0.0009
		(0.0012)	(0.0017)	(0.0070)	(0.0071)		(0.0006)	(0.0008)	(0.0036)	(0.0037)
研发补贴金额×董事会成员持股比例			−0.0227***		−0.0232***			0.0088		0.0007
			(0.0052)		(0.0052)			(0.0026)		(0.0026)
研发补贴金额×独立董事比例				−0.0492***	−0.0518***				0.0356	0.0020
				(0.0185)	(0.0186)				(0.0096)	(0.0096)
年份固定效应	YES	YES	YES	YES	YES	YES	YES	YES	YES	YES
行业固定效应	YES	YES	YES	YES	YES	YES	YES	YES	YES	YES

续表

变量	DV＝创新数量					DV＝创新质量				
	模型 0a	模型 1a	模型 2a	模型 3a	模型 4a	模型 0b	模型 1b	模型 2b	模型 3b	模型 4b
地区固定效应	YES	YES	YES	YES	YES	YES	YES	YES	YES	YES
截距项	-2.6857***	-2.7151***	-2.7507***	-2.8808***	-2.9269***	0.3350***	0.3285***	0.3296***	0.3338***	0.3353***
	(0.1805)	(0.1800)	(0.1801)	(0.1900)	(0.1904)	(0.1010)	(0.1009)	(0.1010)	(0.1046)	(0.1047)
Wald Chi-square	13783.64***	13973.06***	13953.82***	13981.48***	13960.15***	220.32***	229.71***	229.77***	229.76***	229.82***
观测值	11569	11569	11569	11569	11569	8544	8544	8544	8544	8544
企业数量	2491	2491	2491	2491	2491	2219	2219	2219	2219	2219

注：①括号中的数字为聚类稳健标准误；②显著性水平：*** 表示 $p<0.01$，** 表示 $p<0.05$，* 表示 $p<0.10$。

表 5-15 对研发补贴项目的补充分析

变量	DV=创新数量					DV=创新质量				
	模型 0a	模型 1a	模型 2a	模型 3a	模型 4a	模型 0b	模型 1b	模型 2b	模型 3b	模型 4b
企业年龄	-0.0001** (0.0001)	-0.0001** (0.0001)	-0.0001** (0.0001)	-0.0001** (0.0001)	-0.0001** (0.0001)	0.0000 (0.0000)	0.0000 (0.0000)	0.0000 (0.0000)	0.0000 (0.0000)	0.0000 (0.0000)
企业规模	0.1216*** (0.0101)	0.1214*** (0.0100)	0.1204*** (0.0100)	0.1217*** (0.0100)	0.1207*** (0.0100)	-0.0072 (0.0058)	-0.0078 (0.0058)	-0.0076 (0.0058)	-0.0078 (0.0058)	-0.0075 (0.0058)
企业绩效	0.6964*** (0.0718)	0.6807*** (0.0719)	0.6829*** (0.0720)	0.6829*** (0.0719)	0.6853*** (0.0720)	-0.0440 (0.0350)	-0.0482 (0.0350)	-0.0481 (0.0350)	-0.0483 (0.0350)	-0.0482 (0.0350)
组织冗余	0.0090* (0.0051)	0.0091* (0.0051)	0.0091* (0.0051)	0.0089* (0.0051)	0.0089* (0.0051)	0.0106*** (0.0026)	0.0107*** (0.0026)	0.0107*** (0.0026)	0.0107*** (0.0026)	0.0107*** (0.0026)
税收贡献	-0.0186*** (0.0026)	-0.0174*** (0.0026)	-0.0172*** (0.0026)	-0.0176*** (0.0026)	-0.0174*** (0.0026)	0.0022 (0.0017)	0.0025 (0.0017)	0.0025 (0.0017)	0.0025 (0.0017)	0.0025 (0.0017)
国家所有权	0.1220** (0.0541)	0.1204** (0.0539)	0.1220** (0.0539)	0.1205** (0.0539)	0.1222** (0.0539)	-0.0077 (0.0262)	-0.0073 (0.0262)	-0.0080 (0.0262)	-0.0074 (0.0262)	-0.0082 (0.0262)
研发投入强度	0.0125*** (0.0035)	0.0120*** (0.0035)	0.0119*** (0.0035)	0.0120*** (0.0035)	0.0119*** (0.0035)	0.0057*** (0.0017)	0.0056*** (0.0017)	0.0056*** (0.0017)	0.0056*** (0.0017)	0.0056*** (0.0017)
有效专利数	0.4920*** (0.0067)	0.4864*** (0.0068)	0.4860*** (0.0068)	0.4864*** (0.0068)	0.4859*** (0.0068)	-0.0056 (0.0035)	-0.0068* (0.0035)	-0.0068* (0.0035)	-0.0068* (0.0035)	-0.0068* (0.0035)
高科技产业	0.1309*** (0.0222)	0.1223*** (0.0222)	0.1205*** (0.0222)	0.1227*** (0.0222)	0.1209*** (0.0222)	0.0481*** (0.0121)	0.0452*** (0.0121)	0.0451*** (0.0121)	0.0452*** (0.0121)	0.0451*** (0.0121)
董事会成员政府工作背景	-0.1171 (0.0714)	-0.1318* (0.0715)	-0.1317* (0.0715)	-0.1322* (0.0715)	-0.1316* (0.0715)	0.0057 (0.0362)	0.0047 (0.0362)	0.0049 (0.0362)	0.0049 (0.0362)	0.0052 (0.0362)

续表

变量	DV=创新数量					DV=创新质量				
	模型 0a	模型 1a	模型 2a	模型 3a	模型 4a	模型 0b	模型 1b	模型 2b	模型 3b	模型 4b
董事会规模	0.0075	0.0075	0.0077	0.0070	0.0072	0.0136***	0.0137***	0.0136***	0.0137***	0.0136***
	(0.0059)	(0.0059)	(0.0059)	(0.0059)	(0.0059)	(0.0034)	(0.0033)	(0.0033)	(0.0033)	(0.0033)
两职兼任	-0.0529**	-0.0559***	-0.0547**	-0.0567***	-0.0555***	-0.0155	-0.0152	-0.0152	-0.0152	-0.0152
	(0.0216)	(0.0215)	(0.0215)	(0.0215)	(0.0215)	(0.0114)	(0.0114)	(0.0114)	(0.0114)	(0.0114)
董事会成员持股比例	0.3365***	0.3352***	0.3963***	0.3336***	0.4015***	0.0271	0.0263	0.0110	0.0263	0.0104
	(0.0467)	(0.0466)	(0.0508)	(0.0466)	(0.0508)	(0.0267)	(0.0266)	(0.0291)	(0.0266)	(0.0291)
独立董事比例	-0.1053	-0.1077	-0.1104	0.1146	0.1388	0.0315	0.0317	0.0315	0.0125	0.0070
	(0.1729)	(0.1730)	(0.1730)	(0.1898)	(0.1895)	(0.0916)	(0.0915)	(0.0915)	(0.1011)	(0.1012)
市场化进程	0.0424***	0.0432***	0.0437***	0.0435***	0.0442***	0.0094	0.0099	0.0099	0.0099	0.0099
	(0.0105)	(0.0105)	(0.0105)	(0.0105)	(0.0105)	(0.0066)	(0.0066)	(0.0066)	(0.0066)	(0.0066)
财政科技支出	-0.0910	-0.0962	-0.1030	-0.0968	-0.1039	0.1501***	0.1483***	0.1493***	0.1482***	0.1493***
	(0.0707)	(0.0704)	(0.0704)	(0.0704)	(0.0704)	(0.0454)	(0.0452)	(0.0452)	(0.0452)	(0.0452)
研发补贴项目		0.0147***	0.0209***	0.0548***	0.0664***		0.0045***	0.0029*	0.0008	-0.0018
		(0.0020)	(0.0028)	(0.0147)	(0.0149)		(0.0012)	(0.0017)	(0.0083)	(0.0085)
研发补贴项目×董事会成员持股比例			-0.0254***		-0.0282***			0.0070		0.0073
			(0.0087)		(0.0087)			(0.0054)		(0.0054)
研发补贴项目×独立董事比例				-0.1074***	-0.1196***				0.0098	0.0125
				(0.0391)	(0.0387)				(0.0219)	(0.0220)
年份固定效应	YES	YES	YES	YES	YES	YES	YES	YES	YES	YES
行业固定效应	YES	YES	YES	YES	YES	YES	YES	YES	YES	YES

续表

变量	DV＝创新数量					DV＝创新质量				
	模型 0a	模型 1a	模型 2a	模型 3a	模型 4a	模型 0b	模型 1b	模型 2b	模型 3b	模型 4b
地区固定效应	YES	YES	YES	YES	YES	YES	YES	YES	YES	YES
截距项	-2.6857***	-2.6530***	-2.6600***	-2.7341***	-2.7533***	0.3350***	0.3393***	0.3400***	0.3459***	0.3483***
	(0.1805)	(0.1806)	(0.1807)	(0.1829)	(0.1830)	(0.1010)	(0.1008)	(0.1008)	(0.1019)	(0.1019)
Wald Chi-square	13783.64***	13922.72***	13930.39***	13926.18***	13933.30***	220.32***	233.97***	235.64***	234.17***	235.97***
观测值	11569	11569	11569	11569	11569	8544	8544	8544	8544	8544
企业数量	2491	2491	2491	2491	2491	2219	2219	2219	2219	2219

注：①括号中的数字为聚类稳健标准误；②显著性水平：*** 表示 $p<0.01$，** 表示 $p<0.05$，* 表示 $p<0.10$。

第六章　研究结论与贡献

第一节　研究结论

一、企业获取研发补贴的影响因素

　　首先，企业的社会网络关系是否以及如何影响企业获得政府研发补贴，是本书研究的第一个问题。本书研究发现，企业所嵌入的连锁董事网络，尤其是网络伙伴获取政府研发补贴的经验，是影响中心企业获取政府研发补贴的一个重要的因素。与有过获取政府研发补贴经验的企业联系，可以在中心企业面临类似的决策时提供指导和帮助。原因在于：企业在进行申请和获取政府研发补贴相关决策时，面临着较高的不确定性和风险，大大增加了企业响应和享受政府财政补贴的成本以及收益的不确定性。根据社会网络理论的研究观点，企业之间的社会联系是传递信息、知识和经验的重要的信息通道（Briscoe，Gupta and Anner，2015），尤其是在正式制度尚不完善的环境下，获取和学习外部网络伙伴的知识和经验可以成为企业降低经营决策不确定性的重要的非正式制度安排（Peng，2003；Borgatti and Halgin，2011）。在企业获取政府研发补贴这一研究议题之下，本书也同样发现和证实了企业间社会关系的重要作用。连锁董事网络可以传递与政府研发补贴政策相关的多个方面的信息，不仅能提高企业对政府政策的关注、知晓和理解水平，还能提供在申请、取得和使用政府财政资金过程中的有益的经验。

　　值得注意的是，本书分别从经验总和与经验异质性两个维度分析了连锁网络伙伴研发补贴经验的影响作用。根据以往研究的观点，从连锁伙伴处获得的信息、知识越多样，中心企业可借鉴的经验越多元，就越能帮助中心企业对决策内容和结果之间的因果关系做出更准确的判断，进而提高中心企业的决策质量（Beckman and Haunschild，2002）。然而，在本书的研究情境中，网络伙伴研发补贴经验的异质性并没有如假设所预测的那样显著影响中心企业获取研发补贴。原因可能是网络伙伴研发补贴经验的多样性并不会影响其所传递的信息的差异，网络伙伴的研发补贴经验从整体上就可以增加中心企业可获得的信息和知识，帮助其降低决策的不确定性。此外，也可能因为本书仅考察了网络伙伴企业在所获研发补贴项目的数量上存在的差异，而没有分析不同资助项目在资金规模、研究领域、资助资金来源（如政府层级）等方面存在的差异，未来的研究也可以从这些方面对网络伙伴的经验的异质性进行更深入的探索。

其次，中心企业所处的制度环境特征如何调节连锁网络伙伴的研发补贴经验与中心企业获取研发补贴之间的关系，也是本书尝试回答的一个问题。企业不仅嵌入在社会网络关系中，企业与网络联系者的互动关系同时也嵌入在更宏大的制度环境中（Vasudeva，Zaheer and Hernandez，2013）。尤其是在政府积极实施研发补贴等产业政策手段激励微观企业创新的背景下，讨论企业对政府政策的响应问题时，不能够忽略政府治理机制和市场发展环境等制度安排的影响作用。其中，政府财政透明度是反映政府公共治理水平的重要方面，要素市场扭曲程度则是市场化改革进程中的一个显著特征。由此，本书从政府财政透明度和要素市场扭曲程度两个方面分析了制度环境因素的调节作用。研究结果表明：政府财政透明度水平削弱了网络伙伴研发补贴经验与中心企业获取研发补贴之间的正向关系。这是因为：一方面，政府财政透明度的提升可以改善政企互动过程中的信息不对称问题，有助于改善微观企业感知、理解和响应政府宏观政策的条件与能力；另一方面，公开透明的财政信息还有助于降低企业所面临的政策不确定性与风险。因此，政府财政透明度的提升可以改善企业的信息环境，因而减少了企业对社会关系网络这一非正式信息渠道的依赖。另外，实证结果也支持了要素市场扭曲程度的调节作用，即在要素市场扭曲程度更高的地区，连锁伙伴企业的研发补贴经验对中心企业获取研发补贴的正向影响作用更强。原因在于：要素市场扭曲程度不仅影响企业对获取政府研发补贴这一决策议题的关注，还增加了企业在申请和使用政府研发补贴过程中的决策不确定性，因而增加了中心企业对连锁网络伙伴相关的经验、知识和信息的需求和学习动机。值得注意的是，本书主要的实证研究结果都没有支持政府财政透明度或要素市场扭曲程度对网络伙伴研发补贴经验异质性与中心企业获取研发补贴之间关系的调节作用。然而，再结合稳健性分析中对网络伙伴研发补贴经验的补充分析，总的来说，网络伙伴的补贴经验与中心企业获取研发补贴之间的关系会随着中心企业所处地区的政府财政透明度水平和要素市场扭曲程度的变化而变化。

最后，除了关注企业所处的整体制度环境特征之外，本书还从制度逻辑的视角出发，分析了企业自身所嵌入的制度逻辑的调节作用。当前中国企业的创新活动以及对政府创新激励政策的响应始终受到市场因素与政府因素的共同影响，企业持续地嵌入在政府逻辑和市场逻辑两种不同的制度氛围中。基于此，本书分别对政府逻辑和市场逻辑的作用进行比较分析，尤其是二者对社会网络嵌入与企业获取政府研发补贴之间关系所发挥的调节作用。一方面，企业遵循的政府逻辑正向调节连锁网络伙伴的研发补贴经验与中心企业获取研发补贴之间的关系，企业的国有股比例越高或者具有政府工作背景的董事成员比例越高，连锁网络伙伴研发补贴经验对中心企业获取研发补贴的正向影响作用越强。这是因为：受政府逻辑影响的企业本身会对政府政策配置更多的注意力资源，也更加认同政府通过财政补贴的手段干预企业创新活动，并且在合法性规则的压力下也更愿意积极响应政府的政策决策、顺应政府的政策引导。因此，对于遵循政府逻辑的企业来说，网络伙伴的政策响应行为和经验更加容易被中心企业所关注和学习。另一方面，市场逻辑也是影响商业组织的另一种重要的制度秩序。对市场逻辑调节作用的分析发现：市场逻辑的影响与政府逻辑的影响相反，企业所嵌入的市场逻辑负向调节连锁网络伙伴的研发补贴经验与中心企业获取研发补贴之间的关系，企业的研发投入强度越高、专利战略的实施程度越高，连锁网络伙伴的研发补贴经验对中心企业获取研发补贴的正向影响作用越弱，主要是因为受市场逻辑影响较大的企业，其对于网络伙伴的政策响应行为的关注程度和学习意愿都相对较弱，进而削弱了网络伙伴的研发补贴经验对中心企业获取政府研发补贴的影响作用。

二、研发补贴对企业创新的影响

针对"中国政府在转型经济背景下所实施的研发补贴政策的效果如何？"这一研究问题，本书基于 2007～2016 年沪深 A 股上市公司的样本进行实证分析，对该问题给出了正向的回答。政府研发补贴政策可以通过直接的资源支持和间接的信号传递机制积极作用于微观企业创新。特别地，本书综合了创新产出的数量和质量两个视角来评估研发补贴绩效，实证分析的结果发现：相比于未受到研发补贴支持的企业，受到研发补贴资助的企业表现出更高的创新产出水平，研发补贴对企业创新产出数量和质量均有显著的正向影响。此外，本研究还结合了公司治理的视角，特别是董事会治理因素，来分析董事会股权激励与董事会独立性对研发补贴效果的影响。实证结果表明：加强对董事会的股权激励和增强董事会的独立性能够缓解企业代理风险、提高对补贴资源的有效利用、削弱受补贴企业对创新产出数量的过度追求。虽然本书同时也预期高水平的公司治理可以引导企业将研发补贴资源转化为创新水平更高的专利产出，但在本书的研究样本中没有发现显著的影响作用。

<h1 style="text-align:center">第二节　研究贡献</h1>

一、理论贡献

在理论贡献方面，本书对现有的研究做出了以下几个方面的拓展：

第一，本书聚焦于对研发补贴分配环节的研究，探索了影响企业获取政府研发补贴的因素，弥补了现有文献的不足。长期以来，有关政府研发补贴等创新激励政策的研究大多集中在两个方面：一是争论政府研发补贴等产业政策的必要性和正当性；二是对研发补贴政策的实施效果进行评估。这些研究多是以结果为导向的、基于技术层面和事实层面的分析，其研究重点相对集中在已经得到政府补贴的企业群体上，并据此评估研发补贴政策是否以及在多大程度上提升了企业创新投入或产出。尽管对于研发补贴政策效果的讨论此起彼伏，但是关于研发补贴分配机制的讨论却在很大程度上被忽视了（Boeing，2016；Wang，Li and Furman，2017）。需要看到的是，如果政府补贴分配出现了不均衡、不公平的现象，就可能导致补贴政策低效甚至失效（宋建波、张海清，2020；Wang，Stuart and Li，2017，2021；Wang，Siegel and Li，2024）。因此，在政府研发补贴政策实践过程中，哪些因素影响了企业获取政府研发补贴，显然是非常重要的研究问题。对于这个问题的回答有助于了解政府研发补贴分配环节，从理论上为政府研发补贴政策的研究做出有益的补充。具体来说：

一方面，本书的研究首次引入了社会网络嵌入的视角，去探索影响企业获取研发补贴的成因。尽管已经有一部分研究对企业获取政府研发补贴的前因进行了解释，但是这些研究大多采取了"原子型"的视角观察企业，对企业外部社会联系的关注不足。现有的研究主要从宏观的国家治理特征（政府部门的偏好和选择）和微观层面的企业特征（包括企业的基本属性和迎合策略）两个方面对企业获得政府补贴的成因进行了解释，但是对中观层面的、企业与企业之间的社会联系的关注不足。越来越多的组织管理学者和战略管理学者逐渐认识到，企业的战略决策并不是在真空中孤立进行的，而是受到了企业所嵌入的社会网络关系的影响（Briscoe，Gupta and Anner，2015）。那么企业在进行与政府公共政策相关的决策时，应该也会受到企业之间的社会网络关系的影响。遗憾的是，目前很少有文献对企业社会网络关系的影响作用进行研究。本书弥补了这一方面的研究空白，从社会网络嵌入的视角出发，研究了企业网络伙伴获取政府研发补贴经验的影响作用，拓展了我们对研发补贴分配环节，特别是企业获取研发补贴的影响因素的认识。

此外，从社会网络的视角出发，也在一定程度上拓展了我们对研发补贴政策实施过程中政企互动关系的认识。现有研究在探寻政府研发补贴失效的原因时，经常提及政企信息不对称的问题，特别是政府在判断和选择受补贴对象时处于信息劣势地位（Dimos and Pugh，2016），然而却忽略了企业同样也可能面临信息劣势（钱蕾、周超，2024；Petersen，Hansen and Houlberg，2024）。与此同时，以往研究很少去关注企业申请和获取政府研发补贴的决策过程，其中一个原因在于：这些文献都基于一个潜在的假定，即政府出台的研发补贴等产业政策都能够被企业所知晓、理解和积极响应。本书的研究结果间接表明，仍有许多企业由于在知晓、理解和预测政策执行信息与变动趋势方面处于信息劣势地位，因而错失了本可以获得的一些优惠的政策资源。因此，区别于以往文献强调政企互动过程中政府存在信息劣势的观点，本书关注并揭示了企业面临信息劣势的原因以及可能产生的影响，丰富了我们对政企互动情形下政企信息不对称的理解。

另一方面，本书通过引入制度因素，构建了社会网络嵌入与制度嵌入交互作用的模型，不仅丰富了我们对影响企业获取研发补贴的因素的认识，也对社会网络理论与制度理论相结合的研究做出了扩展和延伸。本书首先立足于中国转型经济的特殊背景，将地区间政府治理水平和市场化改革进程存在差异的制度情境因素考虑进来，考察并发现了财政透明度和要素市场扭曲程度对网络伙伴研发补贴经验与中心企业获取研发补贴之间关系的调节作用。另外，本书还引入了制度逻辑的视角，考察了企业所嵌入的制度逻辑的复杂性及其影响。本书的研究表明，在考察企业与外部商业组织、政府公共政策之间的互动关系时，制度逻辑可以成为一个重要的理论视角。本书的研究也为制度逻辑理论在中国情境下的本土化理论发展和实证研究做出了补充。

第二，从创新产出的数量和质量的双重视角出发，评估政府研发补贴政策的效果，并结合公司治理的视角探讨公司治理特征对研发补贴绩效的影响作用，是对现有研发补贴政策评估文献的有益补充。具体来说：

一方面，本书将企业可能出现的"重创新数量而轻创新质量"的策略性创新行为纳入重点考察的范围，分别观察了研发补贴对企业创新数量与创新质量的影响，较为系统全面地评估了政府研发补贴政策对企业创新的影响作用。在推动实施创新驱动发展战略、实现创新强国的道路上，以政府研发补贴为代表的国家创新激励政策是提高我国科技创新水平、改善经济社会发展质量的重要政策手段。但是当前中国的创新实践却凸显出"创新数量多但质量低"的问题，不断增加的研发经费投入带来的却是大量创新性不足、新颖性水平较低的"专利泡沫"。追溯到微观企业的创新行为，这与高政府额补贴引起的企业扭曲行为不无关系，部分企业代理人为了追求多而快的专利产出，而牺牲了有助于企业长远发展的实质性的技术创新项目。由此引发的一个重要问题就是：政府广泛实施的研发补贴激励政策，究竟激励了企业创新数量还是创新质量？因此，在评估政府研发补贴绩效时，不仅要关注企业创新的数量，更应该关注企业技术创新的质量。

另一方面，本书还从公司内部治理的视角出发，探索公司治理质量对研发补贴绩效的影响。以往研究在公司治理对企业创新的直接影响方面已经进行了丰富的研究，但是较少关注公司治理水平对研发补贴绩效的影响作用。政府将研发补贴资金发放给企业使用，面临着双重代理的问题。特别是政府作为委托人，难以对企业创新活动进行及时、准确的监督和考核，在信息不对称和监督考核机制不健全的情况下，容易诱发企业代理人的避责、短视、政策套利等道德风险行为，最终损害了政府研发补贴绩效。本书结合公司治理的研究发现，通过增强公司代理人激励与公司价值的一致性、加强董事会的监督职能，有助于降低企业过度追求专利产出数量的倾向，政府研发补贴政策效果的提升有赖于企业内部完善公司治理机制。与以往的研究相比，本书的研究试图探究企业内部公司治理机制，特别是董事会治理，是否以及如何影响企业使用政府研发补贴的过程，可以对有关政府研发补贴政策的争论做出补充。

第三，本书选择的研究情境也拓展了既有的研究。一方面，既有关于研发补贴等产业政策的文献大多基于市场经济发达的、创新领先的发达国家背景，而来自发展中经济体的经验研究尤其是理论研究相对匮乏。另一方面，以往基于中国转型经济背景下的研究重点讨论的是政府补贴究竟对企业自身研发投入和产出是否具有促进作用，且尚未得出一致的结论。并且，这些研究大多忽略了对政府研发补贴分配过程的关注（Wang，Li and Furman，2017），也忽略了转型经济的独特的制度特征（Guo，Guo and Jiang，2016）。本书选择世界上最大的发展中国家，并且又是"新兴+转型"的经济体作为研究背景，首先关注当前研发补贴等产业政策实施特征对于企业知晓和响应公共政策的影响，揭示了企业间社会关系网络对企业获取研发补贴的重要作用。进一步地，在社会网络嵌入视角的基础上引入制度嵌入的视角，考察了制度情境嵌入因素对社会网络嵌入与企业获取研发补贴之间关系的调节作用。同时，本书的研究也考虑到，在转型经济中多元复杂的制度逻辑在企业内部共存并且深刻影响着企业经营决策，发现企业的政策响应行为同时受到政府逻辑与市场逻辑的影响，并且二者对于企业网络伙伴研发补贴经验与企业获取研发补贴之间的关系发挥着不同的调节作用。本书的研究表明，在考察企业与外部商业组织、政府公共政策之间的互动关系时，制度逻辑可以成为一个重要的理论视角。此外，本书基于中国研发补贴政策实施过程的研究，也从理论探索和实证研究上扩展了制度逻辑理论的本土化研究。总之，本书的研究有助于深入理解中国情境下社会网络关系影响企业获取政府研发补贴的特定制度情境特征及其影响机制，同时也为系统地评估政府研发补贴政策的实际效果增添了现实证据。

二、实践意义

本书的研究也具有重要的现实意义，可以为政府和企业提供一定的参考。

当前，中国各级政府积极实施研发补贴等创新激励政策，其基本立足点是要加快落实创新驱动发展的国家战略，激励和打造出具有自主创新能力和全球竞争力的高新技术企业和产业。政府作为研发补贴政策的制定者和实现政策目标的推动者，在制定和落实研发补贴政策的过程中发挥着至关重要的作用。未来可从以下几个方面持续完善和改进政府研发补贴制度，提升研发补贴政策的效率和效果：

第一，加强政策宣传与沟通，是提升企业政策获得感的重要方面。政府公共政策的透明性和稳定性有助于消除企业的各种顾虑，不仅能提高企业申请响应政府补贴政策的积极性，也能增强补贴政策的激励效果。政府及时准确地向企业等市场主体发布并解读政策信息，及时回应和解决企业的政策关切与疑惑，有助于企业及其主要决策者更好地理解现行政策、预估执行政策的成本与收益以及预判未来政策可能的走向，从而减弱企业在做出申请决策时所面临的信息劣势。比如，通过面向企业的通知公告、培训会议等形式，让企业管理者充分认知、理解政府政策，从而进行理性决策。

第二，政府研发补贴等创新激励政策的有效实施，也需要外部制度条件的密切配合。本书对比了在不同的政府财政透明度和要素市场扭曲程度下，企业网络伙伴研发补贴经验对中心企业获取研发补贴的影响，发现企业对政策环境的回应以及社会互动关系在不同的制度环境下有着明显的差异。一方面，政府信息公开透明性和主动性不足会增加企业决策的不确定性；另一方面，政府对要素市场定价权、分配权的干预和管控，也使企业面临更高的制度交易成本和决策风险。这不仅会影响企业响应政府的研发补贴政策的意愿，从长期看，也会损害政府研发补贴等创新激励政策的有效性。因此，各级政府在落实国家创新驱动发展战略的时候，也需要注意全面提升政府公共治理水平、加快推进市场化改革进程。

第三，完善上市公司治理机制，加强对上市公司连锁董事网络关系的管理以及内部治理机制的提升。随着中国资本市场的发展，上市公司的董事兼任现象越来越普遍，由此产生的连锁董事网络成为影响公司决策的一支重要力量。本书的研究表明，连锁董事网络是企业获取信息的重要渠道。对于政府颁布实施的研发补贴等公共政策，大多数企业在追求政策资源支持的同时也需要尽可能降低政策响应的不确定性，那些有过实际经历或自身很了解创新政策的网络伙伴的信息、知识或经验对企业具有重要的参考价值。因此，公共政策的制定者也需要重视连锁董事网络的信息传递功能，正确引导和充分发挥这种社会网络关系对企业发展和公共政策执行效果的积极作用。

第四，需要进一步完善对企业创新绩效的评估与考核，特别是贯彻"以高质量创新驱动高质量发展"的理念，构建科学的、可操作性的技术创新质量评估体系，改变现行研发补贴等创新激励政策以数量为量尺的现象。在选择受补贴企业时，可以适当将公司治理现状纳入补贴分配决策的考量范围，引导鼓励企业建立完善的公司治理制度，改善对公司内部代理人的激励与监督机制设计，从而增强企业对于补贴资源的合理、合规、高效利用，对于提升政府实施的研发补贴政策绩效具有重要的实践意义。

对于企业来说，政府给予的研发补贴等支持政策，可以直接缓解企业的融资约束，还可以给企业贴上被政府认可和支持的标签，进而帮助企业获得投资者、潜在合作者的青睐。因此，培育科学地评价政策供给、最大化政策利用效果等方面的能力，可以帮助企业更好地理解、获取和利用政府出台的优惠政策资源。一方面，企业应当注重培养自身政策资源利用的能力。比如，企业应当重视自身的信息化建设，提高获取、分析和利用政策信息的能力，准确评估政策的变动和对企业的影响，弥补企业在政企互动过程中的信息劣势。另一方面，企业也需要关注自身社会关系网络的建设和优化，加强与外部组织的交流互动，利用社会关系网络获取有价值的知识、信息、市场机会等资源，进而降低企业的信息获取成本、提高决策的质量。另外，企业也需要不断优化内部治理机制，提高政府财政补贴资源的使用效率和效果。除按照政府财政专项补贴项目管理规定合理合规地管理补贴资金、接受财政、审计等部门的监督检查之外，企业自身也需要加强对研发资金的管理，建立完善的监督、激励机制。由此，在提高对政府补贴资金的利用效率的同时，也能够保障企业总体创新决策的质量，以此促进企业创新水平的提升和长期竞争优势的构建。

第三节　研究局限与未来展望

本书的研究仍然存在一些不足和局限性，有待未来开展进一步的拓展研究。

第一，本书的主要研究问题之一是企业的社会网络嵌入是如何影响企业获取政府研发补贴的。对于这个问题的回答，本书主要聚焦于关系嵌入特征，即从相互联结的两家企业来理解，考察了与企业有直接联系的网络伙伴以往获取政府研发补贴的经验及其可能的影响作用。然而，社会网络理论的研究表明，企业的网络嵌入还包含了结构嵌入和认知嵌入两个方面，涉及关系强弱、网络密度、中心度、结构洞等在内的许多刻画网络嵌入特征的概念。企业的这些社会网络嵌入特征是否会影响企业申请和获取政府研发补贴政策的决策行为、其内在作用机制是怎样的，也是非常重要的研究问题。未来研究可以进一步挖掘其他的网络嵌入特征对企业政策响应行为以及政策作用效果的影响，深化我们对社会网络作用的认识，也有助于我们从中观层面（组织间关系）去理解宏观层面的公共政策影响企业微观行为的传导机制。

第二，企业在申请、获取和使用政府研发补贴时面临的信息劣势、政策知识不足等问题，是本书理论逻辑推演的重要依据。在进行原因解释时，本书的研究主要借助于以往的文献研究和案例资料，而缺少基于数据的直接分析和检验。未来可以借助问卷调查、案例研究等研究方法，直接对企业的政策知晓、理解情况，以及企业响应政府政策的偏好和策略进行测量，进而在对它们之间的关系进行理论探索的基础上佐以实证研究，可能会得到更可靠的、更有价值的发现。

第三，本书只研究了上市公司通过董事兼任而形成的连锁董事网络。理论研究和企业实践均表明连锁董事网络是影响企业行为和绩效的最重要的企业间社会关系网络之一，对于企业获取外部信息等资源、加强企业间交流合作、提升企业决策质量和绩效水平有着重要作用。然而，连锁董事网络并不是企业所嵌入的唯一的社会关系网络，企业之间还存在因战略联盟、供应链关系、投资关系等形成的社会关系网络。本书没有考虑连锁董事网络以外的其他类型的社会网络嵌入的影响作用，在一定程度上限制了本书结论的普适性。因此，未来可以对企业的其他社会网络关系进行研究，并比较不同类型社会关系网络之间可能存在的差异，也许能得到更多有趣的发现。

第四，本书的研究仅考察了以资金补贴为主的直接补贴政策，没有考虑研发费用加计扣除、高新技术企业税收减免、贴息贷款等间接的研发补贴形式。企业享受的不同类型的研发补贴激励具有突出的重叠特征，需要考虑不同类型的创新激励政策之间的交互作用。因此，全面地考察并比较当前中国政府实施的各种类型的研发补贴形式的差异及其综合效果，是未来研究的一个方向。

第五，本书的研究方法未来也需要做出改进。首先，受限于数据的可得性，以及考虑到数据的准确性、变量测量的可行性和研究的可重复性，本书将研究对象限定在中国的上市公司，未能将非上市公司样本纳入实证研究范围。相较于非上市公司，上市公司样本中政府补贴的覆盖范围相对更大。未来可将研究对象拓展到非上市公司样本，从而可以帮助我们对研发补贴政策的实施过程和结果有更全面的了解。其次，本书的研究主要利用专利数据作为衡量企业创新绩效的指标，也存在一定缺陷。专利与企业创新之间的复杂关系决定了专利不能完全代表企业创新，可能会低估企业所从事的改良性的创新、创新的商业潜力以及企业出于保护机密而未申请专利保护的创新成果等。未来研究可以进一步检验和比较政府研发补贴对不同类型创新成果的影响。

参考文献

[1] Aghion, P., Van Reenen, J., Zingales, L. Innovation and institutional ownership [J]. American Economic Review, 2013, 103 (1): 277-304.

[2] Aghion, P., Cai, J., Dewatripont, M. et al. Industrial policy and competition [J]. American Economic Journal: Macroeconomics, 2015, 7 (4): 1-32.

[3] Ahuja, G. Collaboration networks, structural holes, and innovation: A longitudinal study [J]. Administrative Science Quarterly, 2000, 45 (3): 425-455.

[4] Alecke, B., Reinkowski, J., Mitze, T. et al. Does firm size make a difference? Analysing the effectiveness of R&D subsidies in East Germany [J]. German Economic Review, 2012, 13 (2): 174-195.

[5] Amburgey, T. L., Miner, A. S. Strategic momentum: The effects of repetitive, positional, and contextual momentum on merger activity [J]. Strategic Management Journal, 1992, 13 (5): 335-348.

[6] Antonioli, D., Marzucchi, A. Evaluating the additionality of innovation policy: A review focused on the behavioural dimension [J]. World Review of Science, Technology and Sustainable Development, 2012, 9 (2-4): 124-148.

[7] Arrow, K. J. Economic welfare and the allocation of resources for invention. In: Nelson R. R. (Ed.), The rate and direction of inventive activity: Economic and social factors [M]. Princeton: Princeton University Press, 1962: 609-625.

[8] Aschhoff, B. The effect of subsidies on R&D investment and success – Do subsidy history and size matter? [J]. ZEW-Centre for European Economic Research Discussion Paper, 2009: 9-32.

[9] Aobdia, D., Koester, A., Petacchi, R. Political connections and government subsidies: State-level evidence [R]. Working Paper, 2018.

[10] Beckman, C. M., Haunschild, P. R. Network learning: The effects of partners' heterogeneity of experience on corporate acquisitions [J]. Administrative Sci-

ence Quarterly, 2002, 47 (1): 92-124.

[11] Bell, G. G., Zaheer, A. Geography, networks, and knowledge flow [J]. Organization Science, 2007, 18 (6): 955-972.

[12] Becker, B., Hall, S. G. Do R&D strategies in high-tech sectors differ from those in low-tech sectors? An alternative approach to testing the pooling assumption [J]. Economic Change and Restructuring, 2013, 46 (2): 183-202.

[13] Benito, B., Bastida, F. Budget transparency, fiscal performance, and political turnout: An international approach [J]. Public Administration Review, 2009, 69 (3): 403-417.

[14] Besharov, M. L., Smith, W. K. Multiple institutional logics in organizations: Explaining their varied nature and implications [J]. Academy of Management Review, 2014, 39 (3): 364-381.

[15] Bian, Y. Bringing strong ties back in: Indirect ties, network bridges, and job searches in China [J]. American Sociological Review, 1997, 62 (3): 366-385.

[16] Bianchi, M., Murtinu, S., Scalera, V. G. R&D subsidies as dual signals in technological collaborations [J]. Research Policy, 2019, 48 (9): 1-20.

[17] Boeing, P. The allocation and effectiveness of China's R&D subsidies-Evidence from listed firms [J]. Research Policy, 2016, 45 (9): 1774-1789.

[18] Borgatti, S. P., Halgin, D. S. On network theory [J]. Organization Science, 2011, 22 (5): 1168-1181.

[19] Briscoe, F., Gupta, A., Anner, M. S. Social activism and practice diffusion: How activist tactics affect non-targeted organizations [J]. Administrative Science Quarterly, 2015, 60 (2): 300-332.

[20] Bruton, G. D., Peng, M. W., Ahlstrom, D. et al. State-owned enterprises around the world as hybrid organizations [J]. Academy of Management Perspectives, 2015, 29 (1): 92-114.

[21] Buisseret, T. J., Cameron, H. M., Georghiou, L. What difference does it make? Additionality in the public support of R&D in large firms [J]. International Journal of Technology Management, 1995, 10 (4-6): 587-600.

[22] Burt, R. S. Structural holes: The social structure of competition [M]. Cambridge, MA: Harvard University Press, 1992.

[23] Cai, H., Fang, H., Xu, L. C. Eat, drink, firms, government: An

investigation of corruption from the entertainment and travel costs of Chinese firms [J]. The Journal of Law and Economics, 2011, 54 (1): 55-78.

[24] Cameron, A. C., Trivedi P. K. Microeconometrics: Methods and applications [M]. New York: Cambridge University Press, 2005.

[25] Chen, X., Lee, C. W. J., Li, J. Government assisted earnings management in China [J]. Journal of Accounting and Public Policy, 2008, 27 (3): 262-274.

[26] Cerulli, G., Potì, B. Evaluating the robustness of the effect of public subsidies on firms' R&D: An application to Italy [J]. Journal of Applied Economics, 2012, 15 (2): 287-320.

[27] Clausen, T. H. Do subsidies have positive impacts on R&D and innovation activities at the firm level? [J]. Structural Change and Economic Dynamics, 2009, 20 (4): 239-253.

[28] Clarysse, B., Wright, M., Mustar, P. Behavioural additionality of R&D subsidies: A learning perspective [J]. Research Policy, 2009, 38 (10): 1517-1533.

[29] Clarysse, B., Andries, P., Boone, S., Roelandt, J. Institutional logics and founders' identity orientation: Why academic entrepreneurs aspire lower venture growth [J]. Research Policy, 2023, 52 (3): 104713.

[30] Chen, Z., Z. Liu, J. Serrato, and D. Y. Xu. Notching R&D Investment with Corporate Income Tax Cuts in China [J]. American Economic Review, 2021, 111 (7): 2065-2100.

[31] Chiu, P. C., Teoh, S. H., Tian, F. Board interlocks and earnings management contagion [J]. The Accounting Review, 2013, 88 (3): 915-944.

[32] Chu, J. S. G., Davis, G. F. Who killed the inner circle? The decline of the American corporate interlock network [J]. American Journal of Sociology, 2016, 122 (3): 714-754.

[33] Clement, J., Shipilov, A., Galunic, C. Brokerage as a public good: The externalities of network hubs for different formal roles in creative organizations [J]. Administrative Science Quarterly, 2018, 63 (2): 251-286.

[34] Cohen, P., West, S. G., Aiken, L. S. Applied multiple regression/correlation analysis for the behavioral sciences (3rd ed.) [M]. Mahwah, NJ: Lawrence

Erlbaum Associates Publishers, 2003.

[35] Coleman, J. S. Social capital in the creation of human capital [J]. American Journal of Sociology, 1988 (94): S95–S120.

[36] Connelly, B. L., Johnson, J. L., Tihanyi, L. et al. More than adopters: Competing influences in the interlocking directorate [J]. Organization Science, 2011, 22 (3): 688–703.

[37] Conti, A. Entrepreneurial finance and the effects of restrictions on government R&D subsidies [J]. Organization Science, 2018, 29 (1): 134–153.

[38] Coronado, D., Acosta, M., Fernández, A. Attitudes to innovation in peripheral economic regions [J]. Research Policy, 2008, 37 (6–7): 1009–1021.

[39] Dang, J., Motohashi, K. Patent statistics: A good indicator for innovation in China? Patent subsidy program impacts on patent quality [J]. China Economic Review, 2015, 35 (1): 137–155.

[40] Davis, G. F. Agents without principles? The spread of the poison pill through the intercorporate network [J]. Administrative Science Quarterly, 1991: 583–613.

[41] Davis, G. F., Greve, H. R. Corporate elite networks and governance changes in the 1980s [J]. American Journal of Sociology, 1997, 103 (1): 1–37.

[42] Diercks, G., Larsen, H., Steward, F. Transformative innovation policy: Addressing variety in an emerging policy paradigm [J]. Research Policy, 2019, 48 (4): 880–894.

[43] DiMaggio, P. J., Powell, W. W. The iron cage revisited: Institutional isomorphism and collective rationality in organizational fields [J]. American Sociological Review, 1983, 48 (2): 147–160.

[44] Dimos, C., Pugh, G. The effectiveness of R&D subsidies: A meta-regression analysis of the evaluation literature [J]. Research Policy, 2016, 45 (4): 797–815.

[45] Ding, H., Hu, Y., Yang, X. et al. Board interlock and the diffusion of corporate social responsibility among Chinese listed firms [J]. Asia Pacific Journal of Management, 2021: 1–34.

[46] Dorobantu, S., Kaul, A., Zelner, B. Nonmarket strategy research through the lens of new institutional economics: An integrative review and future direc-

tions [J]. Strategic Management Journal, 2017, 38 (1): 114-140.

[47] Du, F. , Tang, G. , Young, S. M. Influence activities and favoritism in subjective performance evaluation: Evidence from Chinese state – owned enterprises [J]. The Accounting Review, 2012, 87 (5): 1555-1588.

[48] Dunn, M. B. , Jones, C. Institutional logics and institutional pluralism: The contestation of care and science logics in medical education, 1967—2005 [J]. Administrative Science Quarterly, 2010, 55 (1): 114-149.

[49] Falk, R. Measuring the effects of public support schemes on firms' innovation activities: Survey evidence from Austria [J]. Research Policy, 2007, 36 (5): 665-679.

[50] Feldman, M. P. , Kelley, M. R. The exante assessment of knowledge spillovers: Government R&D policy, economic incentives and private firm behavior [J]. Research Policy, 2006, 35 (10): 1509-1521.

[51] Feldman, M. , Johnson, E. V. , Bellefleur, R. , Dowden, S. Evaluating the tail of the distribution: The economic contributions of frequently awarded government R&D recipients [J]. Research Policy, 2022, 51 (7): 104539.

[52] Fisch, C. O. , Block, J. H. , Sandner, P. G. Chinese university patents: Quantity, quality, and the role of subsidy programs [J]. The Journal of Technology Transfer, 2016, 41 (1): 60-84.

[53] Freeman, L. C. Centrality in social networks conceptual clarification [J]. Social Networks, 1978, 1 (3): 215-239.

[54] Friedland, R. , Alford, R. R. Bringing society back in: Symbols, practices, and institutional contradictions. In: The new institutionalism in organizational analysis [M]. Chicago: University of Chicago Press, 1991: 232-263.

[55] Gao, Y. , Hafsi, T. Government intervention, peers' giving and corporate philanthropy: Evidence from Chinese private SMEs [J]. Journal of Business Ethics, 2015, 132 (2): 433-447.

[56] Georghiou, L. Additionality and impact of R&D subsidies [J]. IWT Studies, 2002, 40: 57-64.

[57] Glynn, M. A. , Lounsbury, M. From the critics' corner: Logic blending, discursive change and authenticity in a cultural production system [J]. Journal of Management Studies, 2005, 42 (5): 1031-1055.

［58］Gnyawali, D. R. , He, J. , Madhavan, R. Impact of co-opetition on firm competitive behavior: An empirical examination ［J］. Journal of Management, 2006, 32 (4): 507-530.

［59］Görg, H. , Strobl, E. The effect of R&D subsidies on private R&D ［J］. Economica, 2007, 74 (294): 215-234.

［60］Gormley, T. A. , Matsa, D. A. Common errors: How to (and not to) control for unobserved heterogeneity ［J］. The Review of Financial Studies, 2014, 27 (2): 617-661.

［61］Godart, F. C. , Shipilov, A. V. , Claes, K. Making the most of the revolving door: The impact of outward personnel mobility networks on organizational creativity ［J］. Organization Science, 2014, 25 (2): 377-400.

［62］Granovetter, M. Getting a Job: A Study of Contacts and Careers ［M］. Cambridge, MA: Harvard University Press, 1974.

［63］Granovetter, M. Economic action and social structure: The problem of embeddedness ［J］. American Journal of Sociology, 1985, 91 (3): 481-510.

［64］Granovetter, M. The impact of social structure on economic outcome s ［J］. Journal of Economic Perspectives, 2005, 19 (1): 33-50.

［65］Greening, D. W. , Gray, B. Testing a model of organizational response to social and political issues ［J］. Academy of Management Journal, 1994, 37 (3): 467-498.

［66］Greenwood, R. , Suddaby, R. Institutional entrepreneurshipin mature fields: The big five accounting firms ［J］. Academy of Management Journal, 2006, 49 (1): 27-48.

［67］Greenwood, R. , Raynard, M. , Kodeih, F. et al. Institutional complexity and organizational responses ［J］. Academy of Management Annals, 2011, 5 (1): 317-371.

［68］Greenwood, R. , Díaz, A. M. , Li, S. X. et al. The multiplicity of institutional logics and the heterogeneity of organizational responses ［J］. Organization Science, 2010, 21 (2): 521-539.

［69］Greve, H. R. , Zhang, C. M. Institutional logics and power sources: Merger and acquisition decisions ［J］. Academy of Management Journal, 2017, 60 (2): 671-694.

［70］ Gulati, R. , Higgins, M. C. Which ties matter when? The contingent effects of interorganizational partnerships on IPO success ［J］. Strategic Management Journal, 2003, 24 （2）: 127-144.

［71］ Guo, D. , Guo, Y. , Jiang, K. Government-subsidized R&D and firm innovation: Evidence from China ［J］. Research Policy, 2016, 45 （6）: 1129-1144.

［72］ Gümüsay, A. A. , Smets, M. , Morris, T. "God at work": Engaging central and incompatible institutional logics through elastic hybridity ［J］. Academy of Management Journal, 2020, 63 （1）: 124-154.

［73］ Hall, B. H. The financing of research and development ［J］. Oxford Review of Economic Policy, 2002, 18 （1）: 35-51.

［74］ Hall, B. H. , Lotti, F. , Mairesse, J. Innovation and productivity in SMEs: Empirical evidence for Italy ［J］. Small Business Economics, 2009, 33 （1）: 13-33.

［75］ Haunschild, P. R. Interorganizational imitation: The impact of interlocks on corporate acquisition activity ［J］. Administrative Science Quarterly, 1993, 38 （4）: 564-592.

［76］ Haunschild, P. R, Beckman, C. M. When do interlocks matter?: Alternate sources of information and interlock influence ［J］. Administrative Science Quarterly, 1998, 43 （4）: 815-844.

［77］ Heckman, J. J, Smith, J. A. The determinants of participation in a social program: Evidence from a prototypical job training program ［J］. Journal of Labor Economics, 2004, 22 （2）: 243-298.

［78］ He, J. , Wang, H. C. Innovative knowledge assets and economic performance: The asymmetric roles of incentives and monitoring ［J］. Academy of Management Journal, 2009, 52 （5）: 919-938.

［79］ He, X. , Cui, L. , Meyer, K. E. How state and market logics influence firm strategy from within and outside? Evidence from Chinese financial intermediary firms ［J］. Asia Pacific Journal of Management, 2020: 1-28.

［80］ Hewitt-Dundas, N. , Roper, S. Output additionality of public support for innovation: evidence for Irish manufacturing plants ［J］. European Planning Studies, 2010, 18 （1）: 107-122.

［81］ Howoldt, D. Characterising innovation policy mixes in innovation systems

[J]. Research Policy, 2024, 53 (2): 104902.

[82] Huang, K. G. L., Geng, X., Wang, H. Institutional regime shift in intellectual property rights and innovation strategies of firms in China [J]. Organization Science, 2017, 28 (2): 355-377.

[83] Hussinger, K. R&D and subsidies at the firm level: An application of parametric and semiparametric two-stepselection models [J]. Journal of Applied Econometrics, 2008, 23 (6): 729-747.

[84] Iacus, S. M., King, G., Porro, G. Causal inference without balance checking: Coarsened exact matching [J]. Political Analysis, 2012, 20 (1): 1-24.

[85] Jarzabkowski, P. Shaping strategy as a structuration process [J]. Academy of Management Journal, 2008, 51 (4): 621-650.

[86] Jeong, Y. C., Kim, T. Y. Between legitimacy and efficiency: An institutional theory of corporate giving [J]. Academy of Management Journal, 2019, 62 (5): 1583-1608.

[87] Jia, N., Huang, K. G., Zhang, C. M. Public governance, corporate governance, and firm innovation: An examination of state-owned enterprises [J]. Academy of Management Journal, 2019, 62 (1): 220-247.

[88] Jourdan, J., Kivleniece, I. Too much of a good thing? The dual effect of public Sponsorshipon organizational performance [J]. Academy of Management Journal, 2017, 60 (1): 55-77.

[89] Kleer, R. Government R&D subsidies as a signal for private investors [J]. Research Policy, 2010, 39 (10): 1361-1374.

[90] Kodeih, F., Greenwood, R. Responding to institutional complexity: The role of identity [J]. Organization Studies, 2014, 35 (1): 7-39.

[91] Kang, K. N., Park, H. Influence of government R&D support and inter-firm collaborations on innovation in Korean biotechnology SMEs [J]. Technovation, 2012, 32 (1): 68-78.

[92] Kok, H., Faems, D., de Faria, P. Pork Barrel or Barrel of Gold? Examining the performance implications of earmarking in public R&D grants [J]. Research Policy, 2022, 51 (7): 104514.

[93] Koka, B. R., Prescott, J. E. Designing alliance networks: The influence of network position, environmental change, and strategy on firm performance [J].

Strategic Management Journal, 2008, 29 (6): 639-661.

[94] Krause, R. , Semadeni, M. , Withers, M. C. That special someone: When the board views its chair as a resource [J]. Strategic Management Journal, 2016, 37 (9): 1990-2002.

[95] Krause, R. , Wu, Z. , Bruton, G. D. et al. The coercive isomorphism ripple effect: An investigation of nonprofit interlocks on corporate boards [J]. Academy of Management Journal, 2019, 62 (1): 283-308.

[96] Kreiser, P. , Marino, L. Analyzing the historical development of the environmental uncertainty construct [J]. Management Decision, 2002, 40 (9): 895-905.

[97] Kuran, T. The tenacious past: Theories of personal and collective conservatism [J]. Journal of Economic Behavior & Organization, 1988, 10 (2): 143-171.

[98] Levitt, B. , March, J. G. Organizational learning [J]. Annual Review of Sociology, 1988, 14 (1): 319-338.

[99] Lee, P. M. , O'neill, H. M. Ownershipstructures and R&D investments of US and Japanese firms: Agency and stewardshipperspectives [J]. Academy of management Journal, 2003, 46 (2): 212-225.

[100] Lee, E. , Walker, M. , Zeng, C. Do Chinese government subsidies affect firm value? [J]. Accounting, Organizations and Society, 2014, 39 (3): 149-169.

[101] Lee, M. D. P. , Lounsbury, M. Filtering institutional logics: Community logic variation and differential responses to the institutional complexity of toxic waste [J]. Organization Science, 2015, 26 (3): 847-866.

[102] Liang, K. Y. , Zeger, S. L. Longitudinal data analysis using generalized linear models [J]. Biometrika, 1986, 73 (1): 13-22.

[103] Link, A. N. , Siegel, D. S. Innovation, entrepreneurship, and technological change [M]. Oxford: Oxford UP, 2007.

[104] Lim, C. Y. , Wang, J. , Zeng, C. C. China's "mercantilist" government subsidies, the cost of debt and firm performance [J]. Journal of Banking & Finance, 2018 (86): 37-52.

[105] Lin, Z. , Peng, M. W. , Yang, H. et al. How do networks and learning drive M&As? An institutional comparison between China and the United States [J].

Strategic Management Journal, 2009, 30 (10): 1113-1132.

[106] Lounsbury, M. A tale of two cities: Competing logics and practice variation in the professionalizing of mutual funds [J]. Academy of Management Journal, 2007, 50 (2): 289-307.

[107] Marquis, C., Lounsbury, M. Vive la résistance: Competing logics and the consolidation of US community banking [J]. Academy of Management Journal, 2007, 50 (4): 799-820.

[108] Marquis, C., Qian, C. Corporate social responsibility reporting in China: Symbol or substance? [J]. Organization Science, 2014, 25 (1): 127-148.

[109] Marquis, C., Qiao, K. Waking from Mao's dream: Communist ideological imprinting and the internationalization of entrepreneurial ventures in China [J]. Administrative Science Quarterly, 2020, 65 (3): 795-830.

[110] Malerba, F. Increase learning, break knowledge lock-ins and foster dynamic complementarities: Evolutionary and system perspectives on technology policy in industrial dynamics. In: The new economics of technology policy [M]. Cheltenham: Edward Elgar, 2009.

[111] Mazzucato, M. The Entrepreneurial State: Debunking Public vs Private Sector Myth [M]. London: Anthem Press, 2013.

[112] Mizruchi, M. S. What do interlocks do? An analysis, critique, and assessment of research on interlocking directorates [J]. Annual Review of Sociology, 1996, 22 (1): 271-298.

[113] Mizruchi, M. S. Political economy and network analysis: An untapped convergence [J]. Sociologica, 2007 (2).

[114] Meyer, J. W., Rowan, B. Institutionalized organizations: Formal structure as myth and ceremony [J]. American Journal of Sociology, 1977, 83 (2): 340-363.

[115] Nelson, R. R. The simple economics of basic scientific research [J]. Journal of Political Economy, 1959, 67 (3): 297-306.

[116] Nee, V., Opper, S. Capitalism from below [M]. Cambridge, MA: Harvard University Press, 2012.

[117] Oh, W. Y., Barker III, V. L. Not all ties are equal: CEO outside directorships and strategic imitation in R&D investment [J]. Journal of Management, 2018,

44 (4): 1312-1337.

[118] Oliver, C. Strategic responses to institutional processes [J]. Academy of Management Review, 1991, 16 (1): 145-179.

[119] Ozmel, U., Reuer, J. J., Gulati, R. Signals across multiple networks: How venture capital and alliance networks affect interorganizational collaboration [J]. Academy of Management Journal, 2013, 56 (3): 852-866.

[120] Pache, A. C., Santos, F. Inside the hybrid organization: Selective coupling as a response to competing institutional logics [J]. Academy of Management Journal, 2013, 56 (4): 972-1001.

[121] Pahnke, E. C., Katila, R., Eisenhardt, K. M. Who takes you to the dance? How partners' institutional logics influence innovation in young firms [J]. Administrative Science Quarterly, 2015, 60 (4): 596-633.

[122] Palmer, D. A., Jennings, P. D., Zhou, X. Late adoption of the multidivisional form by large US corporations: Institutional, political, and economic accounts [J]. Administrative Science Quarterly, 1993: 100-131.

[123] Paruchuri, S. Intraorganizational networks, interorganizational networks, and the impact of central inventors: A longitudinal study of pharmaceutical firms [J]. Organization Science, 2010, 21 (1): 63-80.

[124] Peng, M. W., Heath, P. S. The growth of the firm in planned economies in transition: Institutions, organizations, and strategic choice [J]. Academy of Management Review, 1996, 21 (2): 492-528.

[125] Peng, M. W. Institutional transitions and strategic choices [J]. Academy of Management Review, 2003, 28 (2): 275-296.

[126] Peng, M. W., Sun, S. L., Pinkham, B. et al. The institution-based view as a third leg for a strategy tripod [J]. Academy of Management Perspectives, 2009, 23 (3): 63-81.

[127] Peters, M., Schneider, M., Griesshaber, T. et al. The impact of technology-push and demand-pull policies on technical change - Does the locus of policies matter? [J]. Research Policy, 2012, 41 (8): 1296-1308.

[128] Petersen, O. H., Hansen, J. R., Houlberg, K. The administrative burden of doing business with the government: Learning and compliance costs in business-government interactions [J]. Public Administration, 2024, 102 (1): 188-206.

[129] Pfeffer, J. , Salancik, G. R. The external control of organizations: A resource dependence perspective [M]. New York: Harper & Row, 1978.

[130] Podolny, J. M. Networks as the pipes and prisms of the market [J]. American Journal of Sociology, 2001, 107 (1): 33-60.

[131] Qiao, K. Institutional logics and corporate finance in China [J]. Chinese Management Studies, 2013, 7 (4): 631-646.

[132] Robinson, W. C. What is a government subsidy? [J]. National Tax Journal, 1967, 20 (1): 86-92.

[133] Radicic, D. , Pugh, G. , Hollanders, H. et al. The impact of innovation support programs on small and medium enterprises innovation in traditional manufacturing industries: An evaluation for seven European Union regions [J]. Environment and Planning C: Government and Policy, 2016, 34 (8): 1425-1452.

[134] Raghunandan A. Government subsidies and corporate misconduct [J]. Journal of Accounting Research, 2024, 62 (4): 1449-1496.

[135] Scott, W. R. Institutions and organizations: Ideas, interests, and identities [M]. Los Angeles, CA: Sage Publications, 2013.

[136] Shleifer, A. , Vishny, R. W. Politicians and firms [J]. The Quarterly Journal of Economics, 1994, 109 (4): 995-1025.

[137] Shipilov, A. V. , Greve, H. R. , Rowley, T. J. When do interlocks matter? Institutional logics and the diffusion of multiple corporate governance practices [J]. Academy of Management Journal, 2010, 53 (4): 846-864.

[138] Shi, W. , Sun, S. L. , Peng, M. W. Sub-national institutional contingencies, network positions, and IJV partner selection [J]. Journal of Management Studies, 2012, 49 (7): 1221-1245.

[139] Shropshire, C. The role of the interlocking director and board receptivity in the diffusion of practices [J]. Academy of Management Review, 2010, 35 (2): 246-264.

[140] Smith, K. Innovmion as a systemic phenomenon: Rethinking the role of policy [J]. Enterprise and Innovation Management Studies, 2000 (1): 73-102.

[141] Somaya, D. Patent strategy and management: An integrative review and research agenda [J]. Journal of Management, 2012, 38 (4): 1084-1114.

[142] Souitaris, V. , Zerbinati, S. , Liu, G. Which iron cage? Endo-and ex-

oisomorphism in corporate venture capital programs [J]. Academy of Management Journal, 2012, 55 (2): 477-505.

[143] Suchman, M. C. Managing legitimacy: Strategic and institutional approaches [J]. Academy of Management Review, 1995, 20 (3): 571-610.

[144] Sun, P., Mellahi, K., Wright, M. The contingent value of corporate political ties [J]. Academy of Management Perspectives, 2012, 26 (3): 68-82.

[145] Sun, P., Deng, Z., Wright, M. Partnering with Leviathan: The politics of innovation in foreign-host-state joint ventures [J]. Journal of International Business Studies, 2021, 52 (4): 595-620.

[146] Tanayama, T. Allocation and effects of R&D subsidies: Selection, screening and strategic behavior [D]. Helsinki: Helsinki School of Economics, 2007.

[147] Thornton, P. H., Ocasio, W. Institutional logics and the historical contingency of power in organizations: Executive succession in the higher education publishing industry, 1958-1990 [J]. American Journal of Sociology, 1999, 105 (3): 801-843.

[148] Thornton, P. H., Ocasio, W. Institutional logics. In: The Sage handbook of organizational institutionalism [M]. Los Angeles: SAGE, 2008.

[149] Thornton, P. H., Ocasio, W., Lounsbury, M. The institutional logics perspective: A new approach to culture, structure, and process [M]. Oxford: Oxford University Press on Demand, 2012.

[150] Vasudeva, G., Zaheer, A., Hernandez, E. The embeddedness of networks: Institutions, structural holes, and innovativeness in the fuel cell industry [J]. Organization Science, 2013, 24 (3): 645-663.

[151] Wallsten, S. J. The effects of government-industry R&D programs on private R&D: The case of the Small Business Innovation Research program [J]. The RAND Journal of Economics, 2000: 82-100.

[152] Wolff, G. B, Reinthaler V. The effectiveness of subsidies revisited: Accounting for wage and employment effects in business R&D [J]. Research Policy, 2008, 37 (8): 1403-1412.

[153] Wang, Y., Li, J., Furman, J. L. Firm performance and state innovation funding: Evidence from China's Innofund program [J]. Research Policy, 2017, 46 (6): 1142-1161.

［154］Wang，J. Innovation and government intervention：A comparison of Singapore and Hong Kong［J］. Research Policy，2018，47（2）：399-412.

［155］Wang，Y.，Stuart，T.，Li，J. Fraud and innovation［J］. Administrative Science Quarterly，2021，66（2）：267-297.

［156］Wang，Y.，Siegel，J.，Li，J. Who captures the state? Evidence from irregular awards in a public innovation grant program［J］. Strategic Management Journal，2024，doi：10.1002/smj.3635.

［157］Westphal，J. D.，Zajac，E. J. Decoupling policy from practice：The case of stock repurchase programs［J］. Administrative Science Quarterly，2001，46（2）：202-228.

［158］Wry，T.，York，J. G. An identity-based approach to social enterprise［J］. Academy of Management Review，2017，42（3）：437-460.

［159］Xu，D.，Zhou，K. Z.，Du，F. Deviant versus aspirational risk taking：The effects of performance feedback on bribery expenditure and R&D intensity［J］. Academy of Management Journal，2019，62（4）：1226-1251.

［160］Yeung，H. W. State intervention and neoliberalism in the globalizing world economy：Lessons from Singapore's regionalization programme［J］. The Pacific Review，2000，13（1）：133-162.

［161］Yiu，D. W.，Hoskisson，R. E.，Bruton，G. D. et al. Dueling institutional logics and the effect on strategic entrepreneurshipin Chinese business groups［J］. Strategic EntrepreneurshipJournal，2014，8（3）：195-213.

［162］You，S.，Zhou，A. J.，Zhou，S. S. et al. Organizational learning under institutional complexity：Evidence from townshipclusters in China［J］. Management and Organization Review，2021，17（4）：726-754.

［163］Zhang，J.，Marquis，C.，Qiao，K. Do political connections buffer firms from or bind firms to the government? A study of corporate charitable donations of Chinese firms［J］. Organization Science，2016，27（5）：1307-1324.

［164］Zhao，E. Y.，Lounsbury，M. An institutional logics approach to social entrepreneurship：Market logic，religious diversity，and resource acquisition by microfinance organizations［J］. Journal of Business Venturing，2016，31（6）：643-662.

［165］Zhou，K. Z.，Gao，G. Y.，Zhao，H. State ownershipand firm innovation in China：An integrated view of institutional and efficiency logics［J］. Administrative

Science Quarterly，2017，62（2）：375-404.

［166］Zona，F.，Zattoni，A.，Minichilli，A. A contingency model of boards of directors and firm innovation：The moderating role of firm size［J］. British Journal of Management，2013，24（3）：299-315.

［167］Zucker，L. G. The role of institutionalization in cultural persistence［J］. American Sociological Review，1977：726-743.

［168］Zukin，S.，DiMaggio，P. Structures of capital：The social organization of the economy［M］. Cambridge：Cambridge University Press，1990.

［169］安同良，周绍东，皮建才. R&D 补贴对中国企业自主创新的激励效应［J］. 经济研究，2009（10）：8-98，120.

［170］安志. 面向企业的政府创新激励政策效应研究［D］. 南京：南京大学博士学位论文，2019.

［171］步丹璐，郁智. 政府补助给了谁：分布特征实证分析——基于2007~2010 年中国上市公司的相关数据［J］. 财政研究，2012（8）：58-63.

［172］蔡庆丰，田霖. 产业政策与企业跨行业并购：市场导向还是政策套利［J］. 中国工业经济，2019（1）：81-99.

［173］陈仕华，卢昌崇. 企业间高管联结与并购溢价决策——基于组织间模仿理论的实证研究［J］. 管理世界，2013（5）：144-156.

［174］陈仕华，马超. 连锁董事联结与会计师事务所选择［J］. 审计研究，2012（2）：75-81.

［175］陈玲. 产业政策决策如何迎面"深度不确定性"［J］. 探索与争鸣，2017，1（2）：70-76.

［176］陈运森，郑登津. 董事网络关系，信息桥与投资趋同［J］. 南开管理评论，2017（3）：159-171.

［177］陈红，纳超洪，雨田木子等. 内部控制与研发补贴绩效研究［J］. 管理世界，2018，34（12）：149-164.

［178］陈晋，李卢真，郝斌等. 企业创新信号与政府风险投资——基于制度逻辑视角［J］. 管理学季刊，2021，6（1）：72-103.

［179］陈家建，巩阅瑄. 项目制的"双重效应"研究——基于城乡社区项目的数据分析［J］. 社会学研究，2021，36（2）：115-137.

［180］戴魁早. 要素市场扭曲如何影响出口技术复杂度？——中国高技术产业的经验证据［J］. 经济学（季刊），2019，18（1）：337-366.

［181］戴一鑫，李杏，冉征．研发补贴不平等与企业创新效率［J］．财贸研究，2019，30（7）：63-78.

［182］邓淑莲，朱颖．财政透明度对企业产能过剩的影响研究——基于"主观"与"被动"投资偏误的视角［J］．财经研究，2017，43（5）：4-17.

［183］杜运周，尤树洋．制度逻辑与制度多元性研究前沿探析与未来研究展望［J］．外国经济与管理，2013，35（12）：2-10.

［184］冯天丽，井润田．制度环境与私营企业家政治联系意愿的实证研究［J］．管理世界，2009（8）：81-91.

［185］高雨辰，柳卸林，马永浩等．政府研发补贴对企业研发产出的影响机制研究——基于江苏省的实证分析［J］．科学学与科学技术管理，2018，39（10）：51-67.

［186］高雨辰．政府研发补贴对企业研发行为与产出的影响研究：基于学习视角［D］．北京：中国科学院大学博士学位论文，2018.

［187］耿强，胡睿昕．企业获得政府补贴的影响因素分析——基于工业企业数据库的实证研究［J］．审计与经济研究，2013（6）：80-90.

［188］巩键．制度复杂性视角的家族企业战略变革研究［D］．浙江：浙江大学博士学位论文，2017.

［189］郭豫媚，陈伟泽，陈彦斌．中国货币政策有效性下降与预期管理研究［J］．经济研究，2016（1）：39.

［190］郭玥．政府创新补助的信号传递机制与企业创新［J］．中国工业经济，2018（9）：98-116.

［191］韩洁，田高良，李留闯．连锁董事与社会责任报告披露：基于组织间模仿视角［J］．管理科学，2015，28（1）：18-31.

［192］猴倩雯，蔡宁．制度复杂性与企业环境战略选择：基于制度逻辑视角的解读［J］．经济社会体制比较，2015（1）：125-138.

［193］黄先海，谢璐．中国汽车产业战略性贸易政策效果的实证研究——R&D补贴政策与出口补贴政策之比较［J］．世界经济研究，2015（12）：59-63.

［194］黄先海，宋学印．赋能型政府——新一代政府和市场关系的理论建构［J］．管理世界，2021，37（11）：41-55.

［195］孔东民，刘莎莎，王亚南．市场竞争、产权与政府补贴［J］．经济研究，2013（2）：55-67.

［196］康志勇．政府补贴促进了企业专利质量提升吗？［J］．科学学研究，

2018, 36（1）：69-80.

[197] 寇恩惠，戴敏．政策不确定性与地方政府研发补贴 [J]．中央财经大学学报，2019（4）：3-15.

[198] 江飞涛，李晓萍．直接干预市场与限制竞争：中国产业政策的取向与根本缺陷 [J]．中国工业经济，2010（9）：26-36.

[199] 贾瑞哲．WTO 框架下研发补贴政策研究 [D]．北京：对外经济贸易大学博士学位论文，2020.

[200] 廖信林，顾炜宇，王立勇．政府 R&D 资助效果，影响因素与资助对象选择——基于促进企业 R&D 投入的视角 [J]．中国工业经济，2013（11）：148-160.

[201] 李晨光．企业响应科技专项政策的资源利用机制探析 [J]．科技进步与对策，2016, 33（10）：89-95.

[202] 李婧．政府 R&D 资助对企业技术创新的影响——一个基于国有与非国有企业的比较研究 [J]．研究与发展管理，2013, 25（3）：18-24.

[203] 黎文靖，郑曼妮．实质性创新还是策略性创新？——宏观产业政策对微观企业创新的影响 [J]．经济研究，2016, 51（4）：60-73.

[204] 林伯强，杜克锐．要素市场扭曲对能源效率的影响 [J]．经济研究，2013（9）：125-136.

[205] 柳光强．税收优惠，财政补贴政策的激励效应分析——基于信息不对称理论视角的实证研究 [J]．管理世界，2016（10）：62-71.

[206] 陆国庆，王舟，张春宇．中国战略性新兴产业政府创新补贴的绩效研究 [J]．经济研究，2014, 49（7）：44-55.

[207] 李万福，杜静，张怀．创新补助究竟有没有激励企业创新自主投资——来自中国上市公司的新证据 [J]．金融研究．2017（10）：130-145.

[208] 李香菊，祝丹枫．财税政策波动如何影响中国制造业转型升级——基于信息不对称和目标冲突视角的分析 [J]．财贸研究，2018（11）：15-30.

[209] 李纪珍，李晓华，陈聪，高旭东．学术创业企业从 0 到 1 的成长 [J]．科研管理，2020（6）：139-148.

[210] 李晓华，李纪珍，高旭东．角色认同与创业机会开发：基于扎根理论的技术创业研究 [J]．南开管理评论，2022（3）：73-84, I0013, I0014.

[211] 李世奇，朱平芳．地方政府研发补贴的区域竞争 [J]．系统工程理论与实践，2019, 39（4）：867-880.

［212］刘啟仁，龙健雄，张展辉，赵灿．税收激励、研发支出与出口绩效——基于高新技术企业认定条件改革的聚束分析［J］．中国工业经济，2023（4）：79-97.

［213］吕艳滨．政府信息公开制度实施状况——基于政府透明度测评的实证分析［J］．清华法学，2014（3）：51-65.

［214］毛其淋，许家云．政府补贴对企业新产品创新的影响——基于补贴强度"适度区间"的视角［J］．中国工业经济，2015（6）：94-107.

［215］聂辉华，李光武，李琛．关于企业补贴的八个关键问题——兼评当下的产业政策研究［J］．学术月刊，2022，54（6）：47-60.

［216］邱姝敏，高雨辰，柳卸林，薛澜．外部企业股东与学术衍生企业的技术市场化：基于制度逻辑视角［J］．管理世界，2023（12）：185-203.

［217］钱蕾，周超．调而不适：政策学习的目标替代机制研究——基于科技创新券政策的案例研究［J］．公共行政评论，2024，17（3）：44-60.

［218］邵敏，包群．地方政府补贴企业行为分析：扶持强者还是保护弱者？［J］．世界经济文汇，2011（1）：56-72.

［219］申宇，黄昊，赵玲．地方政府"创新崇拜"与企业专利泡沫［J］．科研管理，2018，39（4）：83-91.

［220］宋建波，张海清．政府研发补贴的有效性：引导，竞争与规制［J］．财会月刊，2020（8）：9-15.

［221］宋建波，张海清，苏子豪．研究开发支出资本化反映了研发水平吗——基于研发补助情境［J］．会计研究，2020（6）：9-15.

［222］苏敬勤，刘畅．政府驱动逻辑与市场逻辑的关系［J］．科学学研究，2019，37（11）：1979-1989.

［223］谭劲松，赵晓阳．企业专利战略与环境匹配：前沿述评与展望［J］．外国经济与管理，2019，41（1）：3-15.

［224］唐清泉，罗党论．政府补贴动机及其效果的实证研究——来自中国上市公司的经验证据［J］．金融研究，2007（6A）：149-163.

［225］汤俊杰．企业如何争取政府研发补贴激励政策［D］．上海：华东理工大学硕士学位论文，2017.

［226］解维敏，唐清泉，陆珊珊．政府 R&D 资助，企业 R&D 支出与自主创新——来自中国上市公司的经验证据［J］．金融研究，2009（6）：86-99.

［227］解学梅，韩宇航．本土制造业企业如何在绿色创新中实现"华丽转

型"？——基于注意力基础观的多案例研究 [J]．管理世界，2022（3）：76-105．

[228] 薛澜．中国科技创新政策 40 年的回顾与反思 [J]．科学学研究，2018，36（12）：2113-2115．

[229] 许国艺，史永，杨德伟．政府研发补贴的政策促进效应研究 [J]．软科学，2014，28（9）：30-34．

[230] 杨洋，魏江，罗来军．谁在利用政府补贴进行创新？——所有制和要素市场扭曲的联合调节效应 [J]．管理世界，2015（1）：75-86．

[231] 严若森，华小丽．环境不确定性，连锁董事网络位置与企业创新投入 [J]．管理学报，2017，14（3）：373-381．

[232] 杨瑞龙，侯方宇．产业政策的有效性边界——基于不完全契约的视角 [J]．管理世界，2019（10）：82-94．

[233] 杨国超，芮萌．高新技术企业税收减免政策的激励效应与迎合效应 [J]．经济研究，2020（9）：174-191．

[234] 叶文平，朱沆，史亚雅，李新春．公有制印记与改制家族企业的内部社会责任 [J]．管理世界，2022（5）：141-155，187．

[235] 应千伟，何思怡．政府研发补贴下的企业创新策略："滥竽充数"还是"精益求精"[J]．南开管理评论，2022，25（2）：57-67．

[236] 余明桂，回雅甫，潘红波．政治联系，寻租与地方政府财政补贴有效性 [J]．经济研究，2010，45（3）：65-77．

[237] 于文超，梁平汉，高楠．公开能带来效率吗？——政府信息公开影响企业投资效率的经验研究 [J]．经济学（季刊），2020（3）：1041-1058．

[238] 于文超，王小丹．政企关系重构，政企信息不对称与企业产能利用率 [J]．产业经济研究，2020（2）：131-142．

[239] 吴文锋，吴冲锋，芮萌．中国上市公司高管的政府背景与税收优惠 [J]．管理世界，2009（3）：134-142．

[240] 吴剑峰，杨震宁．政府补贴，两权分离与企业技术创新 [J]．科研管理，2014，35（12）：54-61．

[241] 王红建，李青原，邢斐．金融危机，政府补贴与盈余操纵——来自中国上市公司的经验证据 [J]．管理世界，2014（7）：157-167．

[242] 王小鲁，樊纲，余静文．中国分省份市场化指数报告（2016）[M]．北京：社会科学文献出版社，2017．

[243] 王旭，王兰．难辞其咎的大股东：绿色创新导向下政府补贴对绿色创

新驱动乏力的新解释［J］. 研究与发展管理 . 2020（2）：24-36.

［244］吴伟伟，张天一 . 非研发补贴与研发补贴对新创企业创新产出的非对称影响研究［J］. 管理世界，2021，37（3）：137-160.

［245］郑莹，陈传明，张庆垒 . 企业政策敏感性研究——制度逻辑和企业所有权的作用［J］. 经济管理 . 2015（9）：42-50.

［246］赵璨，王竹泉，杨德明等 . 企业迎合行为与政府补贴绩效研究——基于企业不同盈利状况的分析［J］. 中国工业经济，2015（7）：130-145.

［247］张杰，周晓艳，李勇 . 要素市场扭曲抑制了中国企业 R&D？［J］. 经济研究，2011（8）：78-91.

［248］张杰 . 中国政府创新政策的混合激励效应研究［J］. 经济研究，2021，56（8）：160-173.

［249］张璐，曲廷琛，张强等 . 主导逻辑类型的形成及演化路径——基于蒙草生态的案例研究［J］. 科学学与科学技术管理，2019，40（3）：56-69.

［250］周雪光，艾云 . 多重逻辑下的制度变迁：一个分析框架［J］. 中国社会科学，2010（4）：132-150.

［251］周燕，潘遥 . 财政补贴与税收减免——交易费用视角下的新能源汽车产业政策分析［J］. 管理世界，2019，35（10）：133-149.

后　记

　　搁笔之际，诸多感慨涌上心头。回首这段围绕研发补贴政策探索的学术之旅，恰似一场漫长而艰辛的跋涉，如今，随着这本专著的完成，旅程暂告一段落，而我在学术道路上的成长与蜕变仍历历在目。一路走来，虽经历一些困难和迷茫，但幸而有诸多师友、家人的陪伴与支持，方能抵达此刻。在此，我想向他们表达我最诚挚的感激。

　　我要深深感恩我的导师李垣教授。师从李垣老师，是我此生莫大的幸运。李老师对学术研究满怀赤诚热爱，他渊博如海的学识、严谨至微的治学态度以及勇于创新的进取精神始终激励着我前行。尽管身兼诸多要职、日常工作繁忙，李老师却从未放松对我们学术成长的关注，依然雷打不动地每周带领我们精读前沿文献、研讨学术问题，事无巨细地指导师门每一人的科研工作。学术上，他以严师风范，严格要求、悉心督导我们的学业精进；生活中，又似慈父般，时刻留意、暖心关怀每个人的生活琐碎。李老师对学术的执着坚守与不懈追求，已深深烙印在我心间，成为我一生学习的楷模典范。于李老师门下的宝贵求学经历，以及他的谆谆教导，让我受益无穷，也为这本专著的诞生奠定了坚实根基。

　　同门的师兄师姐、师弟师妹们，亦是我学术征程中不可或缺的温暖力量。尽管读博之路经常遭遇挫折，但大家始终携手并肩、互帮互助，在生活上彼此关心、共渡难关。特别要感谢田龙伟师兄、鲍丰华师兄，过往每一次我带着学习上的困惑向二位求教，你们总是不厌其烦，以十足的耐心为我答疑解惑、疏导迷茫。

　　我的一众好友——甫祺娜依、瑗努尔、程婉，同样是我这段博士时光里的重要伙伴。有幸与你们相识相知，共同走过诸多人生关键节点，一起分享过的欢声笑语，在彼此深陷低谷、遭遇困境时给予的暖心鼓励与坚定支持，都成为我心底最珍贵的宝藏。

　　最让我心怀感恩的，是我坚实的家庭后盾。感谢我的父母，他们倾尽全力、毫无保留地在生活上给予我支持，尤其是母亲，不辞辛劳地帮我挑起育儿重担，还精心操持家中饮食起居。父母之爱，厚重如山，深沉似海。我的丈夫陶骥，感谢你默默为家庭付出一切，用包容、理解与支持，为我构筑安心钻研学问的港湾，让我得以心无旁骛地投身学术。还有我可爱的女儿陶亦可，你宛如一束光，是我快乐的无尽源泉，更是我砥砺奋进的不竭动力。同样感恩公公婆婆的辛勤付出与全力支持，让家庭的温暖从未缺席。

　　这本专著的问世，是我对研发补贴政策领域探索的阶段性成果，我将带着这份感恩，继续在学术道路上勇毅前行。